以仁谋天下

赵匡胤

丁振宇 著

华中科技大学出版社
http://press.hust.edu.cn
中国·武汉

图书在版编目（CIP）数据

以仁谋天下：赵匡胤 / 丁振宇著 .-- 武汉：华中科技大学出版社，2023.5

ISBN 978-7-5680-9163-3

Ⅰ.①以… Ⅱ.①丁… Ⅲ.①赵匡胤（927—976）—传记 Ⅳ.① K827=441

中国国家版本馆 CIP 数据核字（2023）第 045111 号

以仁谋天下：赵匡胤
Yi Ren Mou Tianxia: Zhao kuangyin

丁振宇　著

策划编辑：	亢博剑
责任编辑：	刘　静
责任校对：	李　弋
装帧设计：	VIOLET Q1152979738
版式设计：	赵艳霞
出版发行：	华中科技大学出版社（中国·武汉）　　电话：（027）81321913
	武汉市东湖新技术开发区华工科技园　　邮编：430223
印　　刷：	天津中印联印务有限公司
开　　本：	710mm×1000mm　1/16
印　　张：	15.5
字　　数：	210 千字
版　　次：	2023 年 5 月第 1 版第 1 次印刷
定　　价：	48.00 元

本书若有印装质量问题，请向出版社营销中心调换
全国免费服务热线：400-6679-118　竭诚为您服务
版权所有　侵权必究

前言

  公元927年,赵匡胤诞生于洛阳夹马营。时逢五代十国军阀混战,各割据势力拥兵自重,相互征伐,遍地烽火狼烟,百姓苦不堪言。赵匡胤在动乱中渐渐长大,年轻时曾如蝼蚁一般四处流浪,经历了内心的迷茫,尝遍了人世间的疾苦,目睹了各路军阀的穷兵黩武、疯狂屠戮,也见证了黎民百姓的流离失所、社会秩序的混乱不堪。或许正是这些掺杂着艰难、痛苦的生活经历,成了他称帝后施行仁政的心理根源和情感动机。

  赵匡胤受父亲的影响,自幼喜爱习武,精于骑射,为日后能征善战奠定了良好的基础。他性格坚毅、果敢、豪爽,结交了禁军中的一些高级将领,为后来积攒了基本的班底,还演绎出了许多脍炙人口的传奇佳话。

  在战场上,赵匡胤凭借过人的胆识、谋略和骁勇,在汉枢密使郭威麾下屡立战功,很快崭露头角,于公元951年拥立郭威称帝,建立后周。三年后郭威病逝,柴荣继位。此后,赵匡胤跟随柴荣征讨南唐,平扬州,下寿春,克泗州,威震江南。因为在战斗中表现英勇,成为受将士尊崇的禁军高级将领。

后周显德六年(959年)六月,周世宗柴荣驾崩。次年正月初一,忽然传来了契丹联合北汉大举入侵的消息,后周朝廷匆忙派遣殿前都点检赵匡胤迎敌。正月初三下午,赵匡胤率领主力军队到达距开封城仅数十里的陈桥驿时,以黄袍加身的方式戏剧性地登基称帝,以宋为国号。之后,赵匡胤以先南后北、先易后难的方略,逐步平定天下。

为了适应中央集权的需要,赵匡胤将国事分为政事、军务和财政三大系统,相互平行,由皇帝直接统属。另设御史台等机构,使地方权力集中到朝廷后,又进一步集中在皇帝手中。为了巩固尚在襁褓中的赵宋王朝,赵匡胤提出了"收精兵,夺其权,制钱谷"三大纲领,以"杯酒释兵权""削弱相权""罢黜支郡""强干弱枝""内外相维""三年一易""设置通判""差遣制度"等方式,牢牢控制了军权、行政权、司法权和财政权。在官制上,赵匡胤采取官、职、差遣三者分离的制度。"官"是一种等级待遇,供定薪之用,表示禄位、品级的高低;"职"只是一种虚衔,如学士等,不是职务;只有"差遣"才是实际职务,掌有实权。这一系列政治措施,一举改变了藩镇

前　言

割据、武夫乱政的状况。

赵匡胤深知武以安邦、文以治国的道理，奉行"文以靖国"，开创了"文治盛世"。他充分吸取唐朝、五代时科场积弊的教训，在科举考试中采取锁院制、弥封制、誊录制、别头试等措施。同时设立"誓牌"，采取尊孔崇儒、创设殿试、厚禄养廉等一系列举措，彻底扭转了唐末以来武夫专权的局面，使宋代的文化空前繁盛。赵匡胤很尊重和重用读书人。据说有一次，他遇到一个疑难问题，问宰相赵普，赵普回答不出来；再问学士陶谷、窦仪，他们准确地给出了答案。对此，赵匡胤深有体会地说："宰相须用读书人！"他以武力得天下，却把文治发展到一个空前的高度。陈寅恪曾说："华夏民族之文化，历数千载之演进，而造极于赵宋之世，后渐衰微，终必复振。"历史上，从来没有哪个开国皇帝能对整个王朝史产生这么大的影响力。

为了发展经济，赵匡胤发奋图强、励精图治，对黄河下了很大的力气进行治理。建隆三年（962年），他下令在黄河沿岸修堤筑坝。每年春天，他都下令仔细巡察，力求防患于未然。他还对汴河、蔡河等主要河流进行了治理，对农业经济的稳定、商品的流通起到了重要作用。乾德二年（964年），赵匡胤下令将各地所收的民租和专卖收入，除地方支用外，一律运往京师，地方不得占留。他所施行的减轻徭役、赋税专收、以法治国、兴修水利、发展生产、澄清吏治、劝奖农桑、移风易俗等一系列措施，使遭受二百年战乱的中华大地得以尽快恢复，百姓得以休养生息，也使大宋王朝快速走向空前繁荣的盛世，出现了历史上享有盛名的"建隆之治"。

赵匡胤宅心仁厚，给功臣们善终，给百姓们实惠，给文化人空间，开启了两宋三百余年的文治盛世。他韬光养晦，一心想要收复燕云失地，但抱憾而终，留下了"烛影斧声"的千古谜案。

本书以赵匡胤的生平为主线，结合权威的史料，用有细节、有温度、有深度的文字，全景式展现了其波澜壮阔的一生。

第一章　豪侠蛰伏待良机

第一节　"香孩儿"的诞生及传说　　001
第二节　显赫的氏族　　002
第三节　圣人学问还是棍棒武术？　　004
第四节　早年经历　　009
第五节　游历与流浪　　012
第六节　高僧指迷津　　015

第二章　英勇善战威名振

第一节　应征入伍　　019
第二节　高平大捷　　022
第三节　深受重用　　027
第四节　拒父入城　　033

第五节　智取二州　　036

　　第六节　雄心北伐　　046

　　第七节　周世宗的疏忽　　053

第三章　羽翼丰满显野心

　　第一节　义社十兄弟　　057

　　第二节　奇人苗训　　062

　　第三节　赵普入盟　　065

　　第四节　铲除异己　　070

　　第五节　赵府议事　　073

　　第六节　周密的计划　　077

第四章　陈桥驿黄袍加身

　　第一节　奉旨出征　　081

　　第二节　山雨欲来　　084

　　第三节　黄袍加身　　087

　　第四节　和平演变　　091

　　第五节　如愿以偿　　095

　　第六节　韩通屈死　　098

　　第七节　非凡的意义　　103

第五章　新君收服旧臣心

　　第一节　笼络旧臣　　105

第二节　严惩新贵　　113
第三节　李筠反叛　　116
第四节　开国第一仗　　119
第五节　平叛李重进　　123

第六章　以文治国施仁政

第一节　杯酒释兵权　　131
第二节　改革禁军　　135
第三节　扫清藩镇　　140
第四节　纵容边将　　145
第五节　文官分权　　147
第六节　再兴科举　　149
第七节　严惩贪腐　　153

第七章　南征北战平天下

第一节　雪夜定策　　159
第二节　收复荆南　　162
第三节　征服周保权　　169
第四节　征讨后蜀　　171
第五节　水淹太原　　183
第六节　江南收刘铱　　194
第七节　讨降南唐李煜　　202

第八章　大业未竟身先死

第一节　壮志未酬　　　　　213
第二节　兄弟之争　　　　　218
第三节　金匮之盟　　　　　220

第九章　功过留待后人评

第一节　虚心纳谏　　　　　225
第二节　为国守财　　　　　228
第三节　太祖誓碑　　　　　232
第四节　文治盛世　　　　　235

第一章

豪侠蛰伏待良机

第一节 "香孩儿"的诞生及传说

与众多帝王出生时必有吉兆出现一样,赵匡胤的诞生自然也离不开神奇而荒诞的传说。

有一天,赵弘殷的夫人杜氏做了个梦,梦见太阳落入自己怀中,之后便怀有身孕。后唐明宗天成二年(927年)三月二十一日,赵夫人临盆,洛阳夹马营的赵家宅院里红光冲天,一阵奇异的香气扩散开来,三天不消。

赵匡胤刚出生,赵弘殷就一身戎装回到家中,接生婆急忙抱着孩子到他面前,报喜说:"老爷,夫人生下了一位公子。"

赵弘殷还来不及卸下盔甲,便将儿子抱在怀中,随即便闻到一阵扑鼻的奇异香气,他禁不住说:"好香,真乃香孩儿也!"遂给儿子取乳名"香孩儿"。因为这一奇特的现象,赵匡胤做了皇帝之后,夹马营被宋人称作"香孩儿营",而赵宅所在的街道也被称作"火烧街"。

除了香气之外,还有许多关于赵匡胤出生的传说。有一首预言诗,诗中写道:"有一真人在冀州,开口张弓左右边,子子孙孙万万年。"

这里的"真人"指的就是皇帝,冀州位于河北,"开口张弓左右边"为"弘"字,最后一句的意思是江山传承千秋万代。

另外,关于赵匡胤的出生还有两个传说:一说他是天上火德星君霹雳大仙降世;二说他是西方定光佛,为拯救苍生而来到世间。细算下来,从唐代安史之乱到赵匡胤当上皇帝,中原大地战火不息,百姓流离失所,怨声载道。他们希望有人能平定天下,过上安稳的生活,而有关赵匡胤出生、登基的这些传说,正反映了当时百姓的迫切心理。

第二节 显赫的氏族

据《史记·赵世家》记载,赵氏的始祖为嬴姓,名造父,原本是伯益的后代,蜚廉四世孙。有史可查的赵匡胤的祖先,是其高祖父赵朓、曾祖父赵珽、祖父赵敬和父亲赵弘殷。大宋建立之后,宋太祖分别追尊他们为皇帝。赵匡胤祖上的这几位都是官宦出身。赵朓"以儒学显",当过幽州(今北京市、河北北部及辽宁一带)下辖的永清、文安和幽都三个县的县令。晚唐至五代十国时,社会上崇尚暴力、蔑视文化,尤其在幽州一代,尚武轻文的观念非常浓厚。赵家却反其道而行之,其族人大多热衷读书。赵珽是晚唐时期一名忠诚的文官,在幽州"历藩镇从事,累官兼御史中丞"[①]。他怀揣着儒家仁义治天下的报国思想,祈求李唐江山能够中兴。然而,地方割据势力争夺地盘,皇帝昏庸无能,不能力挽狂澜于危急之中,百姓因为战争而流离失所,这让他深感失望。

唐朝安史之乱后,幽州人深受北方善骑射的游牧民族影响,崇尚武力,君臣尊卑的观念十分淡薄,导致幽州的节度使更换频繁。除去极少数朝廷召回、自请致仕和卒于任上者之外,大多为军乱所废黜或被诛杀。晚唐名相李德裕说幽州:"旬月之内,移易三人,不可谓师有纪律

---

① 出自《宋会要辑稿·帝号一》。

矣；不俟朝旨，专自树置，不可谓人怀义心矣。"①生活在这样的地方，崇尚文治的赵氏家族什么时候才有出头之日？因此，赵珽就把刚成年的儿子赵敬送到军队，希望他练成一身好武艺，将来遇到一位中兴之主，好驰骋疆场，光宗耀祖。

赵敬没有辜负父亲的希望，他少时就胸怀大志，又能吃苦耐劳，很快在行伍间练成了一身好功夫。他曾历任营州、蓟州和涿州刺史。到了赵弘殷这一代，他只能靠祖上的名望与骑马射箭的本领来博取功名。

唐朝时期，代州以北地区活动着一个名叫"沙陀"的部族。沙陀部族世代效忠大唐皇帝，多次出兵勤王，被唐朝皇帝赐姓为李。沙陀部族后来出了一个名人，就是李克用。他自幼骁勇善战，还广结武士。他在部落中广认义子，将沙陀、突厥、回鹘、粟特等代北地区番汉各民族的雄杰之士集合在一起，组建了一支绝对效忠于他个人的武装队伍"义儿军"。唐僖宗中和三年（883年）七月，李克用率兵南下，大破黄巢起义军，从此一战成名，成为令中原军阀闻风丧胆的人物。

李克用的儿子李存勖胆识过人，英武更胜其父。公元908年正月，李克用病死，李存勖袭王位。李克用临死前，交给李存勖三支箭，嘱咐他要完成三件大事：一是讨伐叛离麾下的刘仁恭，攻克幽州；二是征讨契丹，解除北方边境的威胁；三是消灭后梁皇帝朱全忠（原名朱温，唐僖宗赐名朱全忠，即位后改名朱晃）。经过十多年的征战，李存勖完成了父亲的遗命，于公元923年灭后梁，统一北方。在魏州称帝，国号为"唐"，不久后迁都洛阳，年号"同光"，史称"后唐"。

在混乱不堪的五代时期，赵匡胤的父亲赵弘殷到军队谋职，并很快受到晋王李存勖赏识，从此走上了仕途。

赵弘殷勇武过人，年少时力大无穷，善于骑射。据说，他纵马驰骋于旷野之中，瞄向远处一排排大树，在马背上弯弓搭箭能百发百中。这

---

① 出自《全唐文·代符澈与幽州大将书意》。

一才能遗传到儿子赵匡胤身上。

在父亲赵敬死后,赵弘殷开始寻找出路。《东斋记事》中记载着这样一则故事。赵弘殷从家乡出发,打算到镇州谋前途,没想到还未到目的地,就遇上天降大雪,道路难行。为了避雪,他到了附近一户姓杜的人家。院主人心善,请他到院子里住下。杜庄主见赵弘殷虽然衣履简朴,却状貌俊伟、言谈谨慎、手脚勤快,坚信他并非池中物,将来一定大有作为,便把自己十六岁的女儿杜四娘许配给他。杜四娘就是宋太祖之母,后来的昭宪太后。

不久,新婚的赵弘殷带着妻子到达镇州,投奔到赵王王镕的麾下。

在李存勖援助王镕抗击后梁的柏乡之战中,赵弘殷奉命率领五百骑驰援李存勖,一战成名,从此成为李存勖的亲信。朱温曾感叹"生子当如李亚子",说的正是李存勖。跟随这样的英雄,赵弘殷信心十足,相信自己一定能闯出一片新天地。

赵弘殷是新兴的后唐王朝的开国功臣,被安排驻军在都城洛阳。按照五代军制,禁军都由若干支部队组成,每支部队人数多寡不一,但都分为左、右厢,每厢下辖若干军,军下辖若干指挥,指挥下辖都,都下辖将,将下辖伍。赵弘殷管辖下的"指挥"隶属于侍卫亲军马军系统的"护圣军",是一支精锐的马军部队。赵弘殷的部队由五个都(每都一百人)组成,是最基本的一级军事编制。李存勖当皇帝之后,好像将赵弘殷遗忘了,从来没有提升过他的官职。但是,他并没有因此怨天尤人,也没有结党营私,而是一直恪尽职守。赵家的日子过得还算安稳。

第三节　圣人学问还是棍棒武术?

相比其父亲赵弘殷,"香孩儿"的命运要好得多。他出生时,中原各地的社会情况已好转了很多。他所居住的洛阳本就是河洛地区的中心，是举世公认的繁华之地，同时又是儒家礼乐文化的中心，十数个王朝曾在这里定都，有非常雄厚的经济和文化基础。到了后梁时期，朱温定都开封，洛阳作为陪都，更是经济繁荣、人口稠密。

那一时期，因为后唐明宗李嗣源（称帝后更名为李亶）采取休兵息民的政策，社会相对稳定，战事稀少，百姓安居乐业，赵家的生活也相对稳定。因为父亲按月领朝廷俸禄，所以相比于平常人家的孩子，"香孩儿"的童年生活是无忧无虑的。很快，"香孩儿"到了读书的年龄，必须要取一个正式的学名了。赵弘殷想到自己的祖上辉煌一时，却于兵荒马乱中败落下来，自己练得一身好武艺，本来胸有雄心壮志，希望建功立业、光宗耀祖，然而跟随李存勖东征西讨，也只"混"了个都指挥使的差事，一干就是多年。现在自己已过而立之年，眼看升迁无望，他便将期望寄托在儿子身上，希望儿子能继承自己未了的心愿：一是匡扶天下，二是子孙满堂。子孙满堂即"胤嗣"，因此，他从两个心愿中各取一字，将"香孩儿"命名为"匡胤"。有了正式的学名，赵弘殷又为儿子请来启蒙老师，教他读书识字。那一年，赵匡胤六岁。

赵匡胤的老师名叫辛文悦，他对赵匡胤的要求很严格，教书方式也和别的先生不一样，他主张灵活学习，反对死记硬背。这种教学方式客观上保全了赵匡胤的天性，为他的全面发展创造了很好的条件。

赵匡胤自幼受到熏陶，对武术十分钟爱，经常一边读书一边满脑子寻思武术招式。有一次上课，辛文悦拿着一本书朗诵，等着赵匡胤跟着自己念，然而，等了好一阵，却没听到赵匡胤的声音。他越过书本看向对面，只见赵匡胤将书本放在课桌上，两只手偷偷地比画着什么，于是便问道："你在干什么？"

赵匡胤回答说："先生，我在想拳法中的招式。"

辛文悦早就听说自己的这个学生喜爱武术，他不但不生气，反而鼓励说："既然你这么喜爱武术，不如先去外面练一会儿，然后再回来学习。"

赵匡胤求之不得,听了老师的话,非常高兴,朝辛文悦深深作揖后,一蹦一跳到外面练武去了。

辛文悦也跟着走出来,他背抄着双手看赵匡胤练武。练了一会儿,赵匡胤收了招式,十分得意地问:"先生,我练得怎么样?"

"很好!"辛文悦夸奖道,随后话锋一转,说,"一个人要想轰轰烈烈地干一番大事业,光会武术是不行的,还必须懂得圣人之学。武将能行军打仗,在战场上发挥作用;文臣可以治理国家,安抚天下百姓。这就是武将和文臣的区别。"

赵匡胤尽管似懂非懂,但还是用力地点点头,说:"先生,请放心,学生今后定当发奋学习孔孟之道。"

不过,不知什么原因,这位辛老师并没有教授赵匡胤很长时间,但他一直受到赵匡胤的尊敬。赵匡胤当了皇帝后,对自己的这位启蒙老师念念不忘,专门将其请到都城,赐以高官厚禄。

后来,赵匡胤又进入一家私塾,拜一位姓陈的先生为师。

这位陈先生性格古板,对学生的要求异常严格。他的门下多是将帅子弟,这些孩子平时无拘无束惯了,对陈先生的严格管教很不适应,往往会想办法反抗。

有一天课间,陈先生正在批改作业,忽然一个学生跑到他面前,哭哭啼啼地说:"先生,赵匡胤打我……"

陈老师质问赵匡胤为什么打人。

赵匡胤不慌不忙地说:"谁让他欺负我的好朋友韩令坤了?"

陈先生便气呼呼地找到赵匡胤家中,向赵弘殷夫妇告了一状。赵弘殷没有发脾气,倒是杜氏将赵匡胤狠狠地揍了一顿。据说,赵匡胤在跟随陈先生读书的这段时间里,类似的事情经常发生,陈老师对他多次批评都没有效果,一气之下干脆将他开除了。关于这一点,史书记载:

"上微时尤嫉恶,不容人过,陈时时开论……"这句话说得非常委婉,实际上是指赵匡胤爱打抱不平,经常带人和别的孩子打架。

父亲是武将,长期的耳濡目染使赵匡胤对军旅生活充满了兴趣。他整日舞枪弄棒,骑马射箭,样样都能耍个三招两式。他的家教也非常好,见了和父亲年龄相近的人,就称呼人家"叔叔""伯伯",十分惹人喜爱,因此,军营中的将士们都把他当宝贝一般宠着惯着。他们每当有空闲的时候,就指导他练武,而他天资聪慧,很多东西一看就会。久而久之,便练就了一身好功夫。

有一次,赵弘殷问他道:"你将来准备做什么?"

赵匡胤回答:"我长大以后,就和父亲一样带兵打仗,建功立业。"赵弘殷听了这话,认为儿子很有志气,将来有望光耀门楣,因此颇感欣慰。

杜氏却和丈夫的想法截然相反,她希望儿子将来能够做一名文官,远离兵戈,这样更加安全。可儿子生来钟爱武术,这让她感到几分担忧。她常常强迫儿子放下刀枪棍棒去读书,并教导说:"吾儿一定要好好读书,将来考得功名,也好出人头地,光宗耀祖。不要整天只知道舞枪弄棒,耽误了学业。"

赵匡胤不以为然:"母亲,以孩儿所见,太平盛世宜读书,战乱时代习武才是最好。现在世道纷乱,到处都在打仗,孩儿之所以练习武艺,就是想有朝一日可以在马上安邦定国,同样可以出人头地,光宗耀祖。"

杜氏听到儿子小小年纪便有如此远大的抱负,很是欣慰。

赵匡胤天生胆子就大,最爱纵马狂奔,越是难以驯服的烈马,他越爱骑,而且不用马鞍和马缰,徒手就能驯服。

相传,有一天,赵匡胤正在家中闲坐,门人进来向他禀报,说有人牵了一匹马来找他。赵匡胤很是好奇,出门一看,原来是平时交好的一个朋友,于是便问道:"为什么要牵一匹马来?"

朋友回答："这匹马性格暴烈，无人能驾驭，所以牵过来让你试试。"

赵匡胤将那匹马仔细打量一番，发现和普通马没有什么区别，便说道："天下还没有我驯服不了的马，越是怪马，我越爱骑。现在咱们就去试试，看它怪在哪里！"说完，他伸手就要取朋友手中的马缰。

朋友把手向后一缩，嘱咐道："这匹马确实少见，你还是小心为好。"

赵匡胤爽快地说道："你快把马缰和马鞭给我吧，先让我骑它一个来回。"

朋友笑着说："且慢，待我取马鞍过来。"

然而，赵匡胤早已等不及，说道："还要什么马鞍，没有马鞍也行。"说完，他一把夺过马缰和马鞭，飞身跃上马背。

那马果然脾气暴烈，不等赵匡胤扬鞭，便扬蹄向前狂奔，风驰电掣，眨眼工夫跑出去五六里。再往前走，是一座城池，城内的大街上是络绎不绝的行人。赵匡胤想到，马要是进了城，难免会伤到人，不如就此勒住马头，原路返回。然而，那马偏偏不听话，加之马头上没有衔勒，根本无法控制。转眼间，那马已经奔驰到登城楼的坡道上，赵匡胤感觉不对劲，急忙抬起头来，额头刚好碰到门楣上。他只觉眼前发黑，身子不由自主地往后一仰，一个背翻便从马背上滚落下来。

朋友远远追过来，看到他跌落在地，禁不住大笑道："匡胤啊匡胤，想不到你也吃了一招，就算你的头坚硬似铁，这下恐怕也要被撞碎了。"

朋友的话音还未落，赵匡胤就一个鲤鱼打挺从地上跳起来。他站稳了身，看到那马已经跑出一箭多地，他顾不上多想，猛力追赶了一阵，靠近马身后，纵身一跃上了马背，然后用马鞭勒住马头。烈马竟然乖乖地站住了，然后回转过头，原路返回，行了不远，刚好和朋友相遇。

朋友看到赵匡胤，吃惊地说："我看到你坠马，还以为你受了伤，真想不到你毫发无损，还骑马回来了，实在佩服，佩服！"

赵匡胤用手摸着被撞痛的额头说："我身上倒是没有受伤，只是这马实在暴烈，如果不是我机灵，或许真的就破相了。"说完，他从马上跳下来，将马缰和马鞭交给朋友，径直回家去了。一路上围观的行人先是受惊躲避，后来又纷纷叫好，称赞赵匡胤胆识过人。

赵匡胤不但骑术好，箭术也很好。他可以一边纵马狂奔，一边射猎，而且百发百中。他对自己的箭术非常骄傲，晚年还特别写了一部《射诀》，整理射箭技巧，在军中推广。

除了骑马射箭外，赵匡胤的拳脚功夫也日益精进，他反复钻研，勤练不辍。传说中国武术界"六大名拳"之一的太祖长拳就是由他所创。他甚至还发明了现代人酷爱的双节棍，那时被称为"大小盘龙棍"。

第四节　早年经历

赵匡胤十二岁时，他的弟弟赵光义出生了。赵光义最初叫赵匡义，赵匡胤做了皇帝之后，为了避讳，改名赵光义。据说，赵光义出生时闹出的动静比他哥哥还大，产房里赤光如云霞般蒸腾，香气弥漫了整条街道。

《宋人轶事汇编》中记载了一个故事。有一伙从战场上败逃的士兵到了夹马营，到处烧杀抢掠，杀害了许多百姓。恰巧赵弘殷到外地公干，只有杜氏带着两个年幼的儿子在家。歹人作乱，杜氏惊慌失措，忙找来两个箩筐，让两个儿子坐进去，自己用扁担挑着箩筐，仓皇逃命。她途中巧遇隐士陈抟老祖，他禁不住大吃一惊，说道："莫道当今无天子，都将天子肩上挑。"意思是说，杜氏一肩挑了两个皇帝。

公元933年，后唐皇帝李亶身染重病，卧床不起。这时候，后唐还没有确立太子，为皇位之争埋下了隐患。皇长子李从荣为了谋取皇位，等不到父皇驾崩，便闯入宫中，企图行刺逼宫，不料反被大臣杀死。李亶受到惊吓，一命呜呼。在众臣的拥立下，皇三子李从厚继承皇位。然而，李从厚仅仅当了几个月的皇帝，就被凤翔节度使李从珂赶下台来。

李从珂幼年时跟随母亲到李家，被李亶收为养子。他身形高大，孔武有力，跟随李亶东征西战，颇得李亶的喜爱。

李从厚继位后，听从大臣的建议，将各地节度使来回调换，以削弱藩镇的势力。李从珂害怕自己的权力被剥夺，因此决定谋反。李从厚得到消息，急忙派大军前去镇压。李从珂势单力薄，很难在正面作战中取胜。他分析，朝廷派来的军队将兵骄横，贪图赏赐，便使出诱降之计，收买了许多朝廷将领，最终打败朝廷大军，夺取了帝位。

当时，李亶的女婿石敬瑭任河东节度使，他和李从珂素来不睦，看不惯李从珂的作为，有意反抗。李从珂看透了石敬瑭的心思，决定消除隐患。他采用调虎离山之计，命令石敬瑭离开自己的大本营晋阳，到郓州任职，然后再伺机铲除其势力。石敬瑭识破了李从珂的企图，联合北方的契丹攻入洛阳，李从珂无力抵挡契丹军，自焚于洛阳，后唐灭亡。

为了感谢契丹的帮助，石敬瑭把燕云十六州划给了契丹，而且认比自己小十岁的契丹首领耶律德光为义父。作为回报，公元936年，耶律德光将石敬瑭扶上了皇帝的宝座。石敬瑭建国号为"晋"，史称"后晋"。

因为石敬瑭的这一举措，燕云十六州的民众一夜之间沦为亡国奴，遭受铁蹄践踏，时间长达数百年之久。契丹人还动不动就跑到洛阳城郊烧杀抢掠，无恶不作，百姓深受其害，而朝廷对此不闻不问。不但如此，为了讨好契丹人，石敬瑭还每年向其进贡大量财物。这些财物全部被强行摊派到老百姓身上，加重了中原百姓的负担，进而激起了中原人士的强烈反对，各地接连爆发农民起义，希望推翻当朝的统治。

赵匡胤练就一身武艺，目的就是为了保家卫国。每当他看到契丹人入侵，对手无寸铁的老百姓大肆杀戮，致使血流成河、尸横遍野时，他都感到痛苦和愤怒。

在那个朝不保夕的动乱年代，大部分人都经受过与亲人生离死别的痛苦，相较而言，赵匡胤是幸运的。石敬瑭建立后晋之后，父亲赵弘殷仍然保留了原来的官职，没有受到动荡时局的波及，一家人仍然过着相对平静的生活。

后晋天福二年（937年），石敬瑭车驾进入开封。次年，赵弘殷一家也从洛阳到了开封，在东城新曹门里的寿昌坊巷内定居下来。若干年后，他和弟弟赵光义先后当了皇帝，人们为了纪念他们，便将寿昌坊巷改名为"双龙巷"。

赵匡胤初来开封时，刚满十二岁。这里的情景给他留下了非常深刻的印象，和洛阳大不同的是，这里到处一片衰败的景象，民不聊生，大街上随处可见衣衫破烂、满脸污垢的乞丐。

有一天，他和父亲在大街上行走，一群乞丐拦住了他们。看着面前一张张布满污垢的面孔和伸出的一只只脏手，赵匡胤忍不住问父亲："他们为什么会这么穷？他们难道不种地吗？"

赵弘殷苦笑道："孩子，这一切都是当朝皇帝造成的，他将燕云十六州和大量的财物拱手送给了契丹人，导致许多老百姓失去了赖以生存的土地，不得不靠乞讨过日子。"

这一场景深深地烙在赵匡胤的脑海中，直到很多年后，再回忆起这件事来，他仍然感慨万千。那时候，他将父亲的话牢记在心中，发誓一定要凭借自己的力量改变这种状况。

赵匡胤一家初到开封的那几年，开封不但经常遭到契丹人的入侵，还频繁遭遇天灾，导致粮食绝收，百姓处于水深火热之中。这时候，成德军节度使安重荣因为不满当朝统治者，发动兵变，最后被朝廷所灭，国内动荡，人心思变。

这时的赵匡胤还和以前一样,贪玩好动,每天带领一班新结识的伙伴舞枪弄棒,骑马射箭。渐渐地,他长成了一个身材魁梧、英气逼人的青年。他武艺超群,性格直爽,既讲义气,又出手阔绰,因此在同伴中间很受尊重。他的那些伙伴,有很多后来成了大宋王朝的重臣,其中就包括韩令坤和慕容延钊。

后晋天福七年(942年),石敬瑭终于走完了他罪恶的一生。因为没有子嗣,其侄石重贵继承了皇位,为后晋出帝。石重贵武艺高超,颇有头脑,并且比石敬瑭有骨气。他对契丹个人可以称"孙",但是让中原称臣绝对不行。耶律德光大发雷霆,想狠狠教训一下石重贵,于是集结重兵入侵中原。那时候,中原的形势比之前更加糟糕:朝廷内部钩心斗角,争权夺利;地方官员贪污腐败,鱼肉百姓。各地水利设施多年失修,涝灾频发,百姓流离失所,饿殍遍野。契丹人的侵犯,再次将百姓推入战争的深渊。后晋开运元年(944年)正月,契丹大军对后晋发起大规模的攻击,虽然朝廷无力抵抗,但中原百姓奋起反击,成功击退了入侵者。

此时的赵匡胤到了谈婚论嫁的年龄。赵弘殷夫妇经过商议,一致认为右千牛卫率府率贺景思的长女贺氏最适合当儿媳妇。右千牛卫率府是东宫六率府之一,贺景思又和赵弘殷是同僚,关系比较密切,可算是门当户对。据说,贺家长女天生丽质,温柔贤淑。于是,赵弘殷托人做媒,和贺景思结成了亲家。

成婚当天,赵匡胤的好友韩令坤、慕容延钊、石守信、张光翰等全都来祝贺,婚礼举办得隆重又喜庆。

第五节 游历与流浪

后晋开运三年(946年),契丹与后晋再次交战。不久,石重贵的姑父杜重威投降了契丹,随后便引契丹军攻开封。后晋大将张彦泽看到后晋大势已去，也向契丹投降，并充当先锋，率兵首先向开封发起攻击。惊慌失措的石重贵自身难保，准备自焚，耶律德光派人向其喊话："只要你能像你叔叔那样开门投降，重新称臣，我就可以饶你性命。"石重贵为求活命，只好打开城门迎接契丹军队，随后他被流放外地，后晋灭亡。公元974年，石重贵客死他乡。

五代时期，流行着一个新词——"夯市"，意思是官兵对街市上的老百姓抢劫杀戮。开封同样没有逃过这样的洗劫。张彦泽带领叛军进城烧杀抢掠，无恶不作，老百姓避之唯恐不及，家家关门闭户，但依旧难逃厄运。在这次杀戮中，赵家及时外逃，但家中财产难逃一劫，房舍被抢劫一空后又被烧毁。

契丹军离开后，赵匡胤一家逃难归来，看到家中已是舍无片瓦、炊无粒米，众人欲哭无泪。赵匡胤心中涌起巨大的悲哀之情，泱泱中华，地有千里，人有万万，却被契丹人如此欺辱，大丈夫怎能咽下这口气！于是，他再一次立下壮志：将来一定要把契丹人赶跑，让老百姓过上安稳幸福的生活。

公元947年春，后晋时的河东节度使刘知远看到时机成熟，便在晋阳称帝。他率领大军一路东进，经洛阳到达开封，在此定都，改国号为"汉"，史称"后汉"。

刘知远为山西晋阳人，祖辈是沙陀族，早年在李亶部下当兵。当时，石敬瑭还是李亶的部将。刘知远曾经两次在战场上救下石敬瑭，故而成为其帐下的牙门都校。后唐清泰三年（936年），在刘知远的策划下，石敬瑭借契丹的力量消灭后唐，在太原称帝，建立了后晋。刘知远被封为马步军都指挥使，成为兵马总管。公元941年，刘知远又改任北京留守一职。尽管他拥护石敬瑭称帝，但是，他对于石敬瑭割让燕云十六州给契丹，并称小自己十岁的耶律德光为义父之事十分不满，认为多送些金帛换取辽兵援助即可，不必以割地相许，割地将带来无穷后患。石重贵即位后，和契丹反目，双方多次激战。这时，刘知远已手握重兵。他看到后晋大势已去，便开始保存实力，为自己称帝做准备。后晋灭亡后，契丹人为泄愤大肆屠戮中原百姓，致使中原百姓对契丹人恨之入骨，时刻想将他们赶出去。刘知远手下的大将郭威看到了时机，便鼓动其称帝，以顺应民心。于是，刘知远听从建议称帝，仍沿用后晋年号，次年改年号为"乾祐"，改国号为"汉"，史称"后汉"。

就这样，赵匡胤年纪轻轻，就又经历了一朝。他深深体会到动荡不安的时局给百姓带来的沉重灾难。

后汉乾祐年间，赵弘殷出征凤翔，讨伐兴兵叛乱的王景崇，因作战有功被提拔为都指挥使。赵匡胤得知父亲立功受奖的消息，非常激动，想去凤翔寻找父亲。他跟母亲说："孩儿现在已经二十一岁了，大丈夫理应报效国家。我想跟随父亲到疆场去杀敌驱寇，干一番轰轰烈烈的事业。"

杜氏立即摇头说："外面兵荒马乱，你一个人出远门，为娘心里怎能放得下？再说，你现在已经是有家室的人了，理应好好守着自己的家才是啊。"她随后又道："我儿已经长大，也懂事了，应该知道乱世之中，单凭一身武力，最多成为一方霸主。沙场征战，数不清的血雨腥风、死里逃生。你势单力薄，要干出一番大事业，实在困难，还是在家中等待时机为好。"

然而，赵匡胤主意既定，他不顾母亲的劝说，执意辞别了妻子，踏上了人生的第一次远征。这时候，刘知远已经去世，他的儿子刘承祐继承了皇位。

这是赵匡胤第一次单独出远门，凤翔在开封的西边，可是他走了不远便迷了路，向南走去。他发现自己走错方向时，已经走了很远。他干脆将错就错，一直向前行进，去投奔父亲昔日的好友，在湖北复州的王彦超。因为出来得匆忙，他身上并没有带太多盘缠，所以没几天便用完了，只好一路风餐露宿。他经过多日跋涉，终于到了王彦超府外。他报上自己的名号，请门人往里禀报。

王彦超早就听说过赵匡胤顽劣无度，想到他不远千里投奔自己，必定是闯了大祸，因此不愿意见他，让门人用几两银子打发他快走。赵匡胤无论如何也想不到自己会遭到这样的冷遇，心中十分失望，也深深地体会到了世态炎凉。他很想将那几两银子扔到地上，但他早已身无分文，只好忍受巨大的屈辱将银子接过来，转身离开了。经受了这一件事，赵匡胤暗暗下定决心，一定要出人头地，不再遭受今天这样的屈辱。

离开复州，赵匡胤继续向南走，又到随州投奔随州刺史董宗本。董宗本同样是赵弘殷的故友，他看到赵匡胤虽落难至此，但有一身好武艺，而且气宇轩昂，心中顿生好感，便将赵匡胤留了下来，让他在自己的手下做事。

董宗本有一个儿子，名叫董遵海，自小练就了一身好武艺，而且相貌英俊，被称为"随州第一公子"，但是，董遵海狂妄自大，且嫉妒心极强。他看到赵匡胤无论是在骑射还是用兵器方面都胜自己一等，又得到父亲的赞赏，心中很不是滋味，就对赵匡胤百般刁难，十分容不下他。赵匡胤碍于董宗本的面子，不好和董遵海闹僵，但他又不愿意平白受辱，无奈之下，只好向董宗本辞行，再一次踏上了流浪的路。

赵匡胤此番浪迹天涯，不但没有找到出路，反而到处碰壁，饱尝艰辛，受尽流离之苦。不过，逆境更加锻炼了他，让他拥有了坚强不屈的性格，也让他更贴近民众的生活。他明白了，无论什么时候，只有靠自己的努力才能改变个人处境。

第六节　高僧指迷津

离开董家后，赵匡胤因为身无分文，就一边走一边乞讨，忍饥挨饿成了家常便饭，甚至还有几次饿昏在路旁。每当这时候，他就陷入了进退两难之中。如果选择后退，回到家中，虽然可以和家人相守一处，不用遭受流离之苦，但注定只能过平庸的生活，一辈子碌碌无为；如果选择前进，等待自己的也许是更糟糕的生活，也许是有朝一日飞黄腾达。不去尝试，谁也不会知道前路究竟会是怎样。他又想到，此时的赵家已不复当年，在经历了战乱之后，家中生活陷入困境，自己既然已经是一个顶天立地的男子汉，就有责任和义务担起家庭的重担。为让自己的父母、妻子、弟弟们过上好的生活，他只能继续拼搏。想到这里，他彻底放下了思想包袱，继续南下，寻找出路。

公元948年，赵匡胤到了汉水边的重镇襄阳。一日，他来到一座寺庙前，只觉得饥肠辘辘，双腿像是灌了铅一般沉重。此时对于他来说，迫在眉睫的问题是怎样填饱肚子。他四处搜寻着，突然眼前一亮，只见不远的地方长着一片鲜嫩的莴苣。他饥不择食，用最快的速度冲过去，拔出一棵，也顾不得上面还沾着泥，便大口大口地啃了起来。

赵匡胤如此奇怪的行为立即引起寺庙中一个种菜僧人的注意，他快速向赵匡胤走去，想要阻止他，但是，等他到了赵匡胤身边时，看到赵匡胤衣衫褴褛、蓬头垢面的样子，顿生怜悯之心。他双手合十，念道："阿弥陀佛，善哉善哉！"他说完这句话之后，转身走了。

赵匡胤吃完莴苣，仍不满足，又拔了一棵啃完，才算填饱肚子。他站起身来，心满意足地伸了个懒腰，抬头向西方看去，只见太阳已经落山，晚霞也即将消失。"马上又要天黑了，今晚住哪里呢？"他心中一片茫然。

这时候，那个僧人正挑着担子朝寺庙的大门口走。赵匡胤心里一动，出家人慈悲为怀，何不到寺内借宿一晚？想到这里，他加快步子，追到僧人背后，好声央告道："师父，求你行个好，能不能收留我一夜，明天就走。"

僧人警觉地对着赵匡胤上下打量了一番，面露不悦，回道："施主,对不起,本寺概不留宿陌生人,请施主离开吧。"

赵匡胤一下子急了,提高嗓门说:"你这和尚真不讲道理,我又不是坏人,在这里借宿一晚怎么了?"

僧人看到赵匡胤发火,也不客气地说道:"看施主刚才吃莴苣的样子,虽说不是坏人,也绝对说不上是好人,所以还是请施主到别的地方投宿吧。"

赵匡胤不禁火冒三丈,厉声喝道:"都说出家人慈悲为怀,度人向善,你这秃驴太过无情,识相的话快给我腾出一间屋子来,要不然我砸了你这寺庙!"

僧人也不示弱,说道:"施主好大的口气,莫不是以为自己是九五之尊的皇帝?今天小僧偏不让你在这里住,看你能怎么样?"他话音未落,右腿上便挨了一脚。他站立不住,跟跟跄跄地后退了几步,一屁股跌坐在地上。

寺内其他和尚闻声纷纷冲出来,将赵匡胤包围住,其中一个和尚向他挥出一拳,口中说道:"哪儿来的无赖,吃我一拳!"

赵匡胤看到对方的拳头到了胸前,便伸出一只手,接住了那只拳头,大喝一声:"去也!"竟将对方推出一丈开外。

其他和尚见状,再也不敢往前冲,纷纷退到院子里。

未几,只听院内有人大喊:"方丈来了!"

赵匡胤抬头看去,只见一个慈眉善目、身披红色袈裟、手拿禅杖的老者慢慢走来。他立即收敛怒气,冲方丈抱拳道:"大师在上,小生这厢冒犯了。"

方丈回了一礼,说道:"小徒无知,得罪了贵人,还请宽恕。"

赵匡胤一路奔波,辗转多地,这还是第一次被称作贵人。他心中一阵高兴,嘴上还谦虚地说:"在下不敢称贵,不过是一个路人,因囊中羞涩,想在宝刹借宿一晚,可这位师父说什么都不同意,还恶语伤人,因此发生争执，望大师原谅。"

方丈说道："点检做天子，这是定数，施主又何必谦虚？"

赵匡胤疑惑不解，问道："大师此言何意？'点检'是谁？"

方丈并不答话，将刚才和赵匡胤打架的两个和尚叫来，训斥道："你们两个实在大胆，竟敢这样对待贵人，还不快去收拾禅房！"

两个和尚听了这话，虽然一头雾水，但也不敢多问，急忙去收拾了。

赵匡胤在寺庙住了一晚，想到南方没什么机会，便转道向北，不日便到了归德府。他在此处又看到一座寺庙，名为高辛庙。

"高辛"是传说中的帝喾的代称。帝喾，姓姬，名俊，为上古五帝之一，因出生于高辛，故又称高辛氏。他"生而神灵，自言其名"，五岁便被封为辛侯。十五岁那年，他受命辅助叔父颛顼。三十岁时，颛顼去世，帝喾继位，定都于亳。

赵匡胤看到许多善男信女都入庙中跪拜，打听后得知，在帝喾的塑像前占卜非常灵验。他想到自己前途黯淡，不知道何时才能找到归宿，也有心问一问神灵。于是，他跟随众人到了庙中，跪在帝喾的塑像前，恭恭敬敬地磕了三个头，口中喃喃有词，祈祷神灵赐给自己光明的前途。之后，他拿起占卜之物，向空中掷去。占卜之物落在地上，显示的却是一个凶兆。赵匡胤心中很失望，但又不甘心，就又掷了一次，仍是凶兆。他连掷数次，尽管有几次占卜预示他会成为一位节度使，但并不是方丈所说的"天子"。他心中又气又恼，怒火腾地一下冲上了头顶，他再一次拿起占卜之物狠狠地摔在香案上，怒吼道："和尚欺我！"说完，转身就要走，然而，就在这一刻，奇迹发生了，只见那占卜之物显示出帝王之兆。赵匡胤由怒转喜，认为这是神灵暗示自己将来能登基称帝，但一统江山前还要历经许多磨难。想到这里，他浑身上下顿时充满了力量。

以现代人的眼光看，占卜这件事情，与其说是神灵对赵匡胤有所暗示，不如说是赵匡胤在经历了千辛万苦之后，对自己的前途寄予厚望。

英勇善战威名振

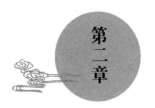
第二章

第一节　应征入伍

出了高辛庙，意气风发的赵匡胤继续往北走。他到了邺都，看到城门口围了一群人，便走过去拉住其中一个人问道："大哥，这是在干什么？"

那人回头看了赵匡胤一眼，回答："官府在招兵呢。"

赵匡胤挤到前面，问登记的官差："请问官爷，这是哪位将军在招兵？"

其中一个官差抬头看了赵匡胤一眼，回答："是大将军郭威在招兵，我们马上要和契丹人打仗了。"

听到郭威的名字，赵匡胤非常惊喜。郭威和父亲是故交，同朝为官。于是，他又对那位官差说："官爷，麻烦带一下路，我想见一见郭将军。"

那个官差没好气地说："我们郭将军日理万机，哪有时间见你？要当兵就登记，不愿当兵就赶快走。"

赵匡胤没有生气，而是耐心说道："家父和郭将军是故交，你若不信，麻烦通报一声，就说指挥使赵弘殷的长子赵匡胤求见。"

官差这才仔细地打量起赵匡胤来，发现他虽然衣衫破烂，但气宇轩昂，双目有神，不像一般的流浪汉，想来他的话或许有几分是真的。官差便暂停登记，急忙报告给郭威。郭威听说老朋友的儿子来了，颇感意外，吩咐官差快将赵匡胤带进来。赵匡胤跟随官差来到郭威的营房里，向其施礼道："伯父在上，请受侄儿一拜。"

郭威看到赵匡胤衣衫褴褛，蓬头垢面，吃了一惊，问道："侄儿为何落魄至此？"

赵匡胤将自己离家流浪的经过详细地讲述了一遍，听得郭威唏嘘不已。郭威想到赵匡胤一路奔波，肯定饿了，便让人准备酒饭，让他吃了个饱。郭威问道："都说虎父无犬子，令尊身怀高超武艺，想必侄儿也身手不凡。"

赵匡胤知道郭威是在考验自己，便回答："伯父谬赞，侄儿献丑了。"他说完，便来到天井，先耍了一套拳法，接着又练了几样兵器，直耍得虎虎生风。

郭威满意地点着头说："好啊，不愧是赵弘殷的儿子！这样吧，你跟着我当一个亲兵吧。"

郭威生于唐天祐元年（904年），是邢州尧山人，为后汉重臣。郭威出身于官宦世家，父亲郭简为晋王李克用时期的顺州刺史。在郭威才几岁的时候，割据幽州的节度使刘仁恭发动兵变，将郭简杀死。郭威随同母亲王氏逃亡潞州，王氏不幸病死途中，郭威被姓常的人家收养。长大后，他在自己的身上刺了一只飞雀，故人们又称他为"郭雀儿"。

十八岁那年，郭威从军，投奔在泽潞节度使李继韬帐下。他身形高大，力大无穷，武艺高强，深得李继韬的喜爱，但郭威身上的匪气很重。他经常违反军纪，李继韬对此稍有不悦。后来，后晋灭亡，郭威又

第二章 / 英勇善战威名振

归附河东节度使刘知远部下，同样受到赏识。

刘知远统领大军和契丹发生多次激烈交战，最终将契丹驱逐，耶律德光也死于归途。郭威得知耶律德光丧命的消息，认为时机成熟，便劝进刘知远。刘知远采纳郭威的建议，于后晋开运四年（947年）在晋阳称帝。郭威被封为执掌军务的枢密副使。

刘知远当了皇帝以后，体恤百姓，勤于朝政，制定了一系列惠民政策，堪称一代明君。可惜的是，他登基不到一年便突然暴病身亡。临终，他将郭威和大臣史宏肇召到病榻之前，嘱托他们一定要辅佐自己的儿子刘承祐管理朝政。刘知远病逝后，十七岁的刘承祐继位，史称"隐帝"。

刘承祐懦弱无能，治国毫无主张，朝中大小事务全部依赖杨邠、郭威、史宏肇、王章以及苏逢吉等几位大臣，而这些大臣又貌合神离，相互争权夺利，完全不把刘承祐放在眼里。另外，很多地方的节度使也不服从朝廷的命令，各自为政。其中，镇守河中的李守贞蔑视朝廷，联合凤翔和永兴两地节度使发动兵变。刘承祐惊慌失措，急忙派遣白文珂率军前去镇压，却没有达到预期目的。郭威自请出兵，担任招慰安抚使，招兵买马，西征李守贞。

郭威很快平定了李守贞的叛乱，得到朝廷赏赐，加官晋爵，地位高于其他几位辅政大臣。不久，刘承祐又加封郭威兼任邺都留守，掌管河北诸州的军政事务，负责抵御契丹入侵。这样，郭威便有了双重身份：一是中央内阁长官，二是地方军事长官。

郭威和养子柴荣（任天雄牙内指挥使）尽心尽责，将政务处理得井井有条。这本来是一件好事，但引起了其他几位辅政大臣的强烈嫉妒，他们在刘承祐面前说郭威的坏话。刘承祐偏听谗言，动了杀害郭威的心思。后汉乾祐三年（950年），刘承祐下诏给李弘义，命他诛杀王殷，又命郭崇诛杀郭威。不料李弘义将密诏转告于郭威。恰在此时，传召于郭崇的使者随后而至。于是郭威在枢密使院吏魏仁浦的建议下，将诛杀自己的诏令修改为令郭威杀害各将校的诏令，以此激怒他们。果然将校们群情激愤，决心反叛，愿为郭威效劳。他率领大军自澶州、滑州而出，一路过关斩将，招降纳叛，很快来到开封城下，最后破城而入，杀死刘承祐，登基称帝，建立周朝，史称"后周"。

在这一次征战中，赵匡胤屡立战功，被郭威提拔为东西班行首，做了一名禁军军官，不久又被提升为滑州驻军的副指挥使。

郭威也是位明君，他执政以后，大力改革弊政，减轻百姓负担，废除了许多残忍的刑罚，还停止了州县贡献珍美食物及特产的惯例。有一次，他在和枢密使王峻谈话时说："我出身穷苦，如今能当上皇帝，是百姓给我的机会，我怎么敢自厚奉养而害百姓？"之后，他又对诸位大臣说："我出身行伍，舞枪弄棒不在话下，治理国家却是心有余而力不足，要仰仗诸位大力协助。诸位无论有什么建议，只要对国家和百姓有利，尽管提出来，我必定采纳。"在他的治理下，国家形势得到了扭转。

郭威很少滥开杀戒。王峻因为和郭威的养子柴荣有过节，便在郭威面前说了柴荣许多坏话，挑拨二人的父子关系。郭威十分生气，认为他不守本分，便将王峻贬为商州司马。

作为一国之君，郭威的这些善举被赵匡胤看在眼里，潜移默化地影响着他，让他渐渐养成了仁慈、宽广的胸怀以及节俭、善听等诸多优点。这些优点在他当上皇帝之后，更加完美地表现了出来。

第二节　高平大捷

郭威虽然当了皇帝，可他的妻子儿女全都被刘承祐所杀，后继无人。他只好将养子柴荣视为己出，提拔重用。柴荣原本是郭威的内侄，即其妻柴氏的侄子。郭威看他聪明伶俐，心中喜爱，便将他收为养子。

因为同在郭威属下，赵匡胤和柴荣接触很多，两人关系甚密。柴荣将赵匡胤留在自己身边，担任卫士长。郭威称帝时，柴荣担任镇宁军节度使，坐镇澶州，赵匡胤就跟随在他身边。后周广顺三年（953年），柴荣被封为晋王，担任开封府尹。这时候，赵匡胤担任滑州副指挥使。柴荣特意上奏郭威，请求将赵匡胤调入开封，任开封府马直军使，时刻听候自己差遣。

后周显德元年（954年），郭威身患重病。他预感时日无多，想到天下得之不易，若不立太子，自己走后必将有内乱，危及大周江山。他命人找来养子柴荣、外甥李重进、女婿张永德和枢密副使范质等几个人，对他们说道："朕快不行了。为了大周的江山社稷，朕要立柴荣为太子，你们都是我最信任的人，将来他继承皇位，你们一定要全力辅佐他。"

李重进对于郭威的安排十分不满，他认为自己是郭威的外甥，论血缘关系要比柴荣更亲，而且从小跟随郭威南征北战，立下了汗马功劳，理应是皇位的继承人。

几天后，郭威去世，周世宗柴荣继位，时年三十三岁，仍沿用周朝"显德"年号。为了安抚民心，柴荣宣布大赦天下，并免去百姓一年租税。这时候，赵匡胤正担任宿卫将，专门负责保护周世宗柴荣的安全。恰在这时，发生了高平之战，给赵匡胤的升迁创造了好机会。

高平之战发生在柴荣继位之后。北汉刘崇联合辽国，趁新皇帝立足未稳，率领大军向后周发起大规模攻击，名义上是为侄子刘承祐报仇，实际上是想夺权。

柴荣立即召集文武百官，宣布要御驾亲征，坚决挫败北汉的阴谋。大臣们纷纷劝阻，其中四朝元老冯道说："北汉虽小，但背后有契丹相助，来势凶猛，安全起见，陛下还是留在朝中，另派大将迎敌为好。"冯道平时沉默寡言，是朝中有名的温和派，很少说出这样果决的话。

柴荣觉得自己刚当上皇帝，应该树立威信，好让百官信服。他冷笑一声，说道："刘崇一党不过乌合之众，竟敢和我大周为敌，欺我新立，朕如果不亲往，他们必定以为我大周软弱无能。"

冯道先后率领百官三次劝谏，柴荣皆不予理会，坚持亲征。

大军经过一路跋涉，来到一个名叫"高平"的地方。柴荣大军正往前行进，探子来报，说在前方发现北汉军队。于是，柴荣吩咐大军停止前进，就地安营扎寨。他让李重进、白重赞负责左路主攻，樊爱能、何徽负责右路主攻，向训、史彦超负责中路主攻，张永德和赵匡胤率禁军护驾。

双方交战伊始，后周军先处于优势，但因为后备力量没有及时跟上，很快便处于劣势。刘崇见状，非常兴奋，不听契丹将领杨衮的劝阻，执意命令张元徽向后周右军樊爱能、何徽部发动攻击。

樊爱能、何徽本是后汉宿将，骁勇善战，但北汉骑兵来势排山倒海，他们不免心生怯意。经过一阵激战，二人仓皇而逃。将校们看到主将败逃，也都跟着逃跑。正在后面观战的柴荣看到右翼形势危急，顾不上自己的安危，大呼一声："众将士跟我上！"他说完，便打马飞入敌阵。

赵匡胤看到柴荣亲自上阵，舞动手中兵刃正要往前冲，忽然又勒住战马，冲好友张永德说："永德，快带弓箭手抢占左边高地，我当从另一侧发起攻击，以救主上！"

赵匡胤率士兵冲入敌阵，与张永德左右夹击。后周将士看到柴荣亲自参战，士气大振，奋勇杀敌，很快便扭转败局。

刘崇急忙鸣金收兵，进入高平城，闭门固守。

赵匡胤一马当先，率领一支队伍冲到城门口，命令士兵用火攻。北汉军向城下射箭，柴荣胳膊上中了一箭，血流如注，他却全然不顾，仍然奋战。

契丹军队见战况胶着，便掉转马头离开了。

高平城墙坚固，后周军久攻不下，柴荣便下令停止攻城。为了防止敌人半夜偷袭或逃跑，他又下令各军彻夜巡逻，当夜共捕杀、俘虏敌军数千人。

次日天亮，柴荣再次攻城。刘崇不支，弃城逃回晋阳。

后周军大获全胜，缴获敌军辎重、兵器、驼马、乘舆、器服等不可胜数。柴荣为了显示自己的宽大胸怀，下令赐给所有降兵绢匹衣装，并放还本部。

这一场战役，后周取得了空前的胜利，极大地提升了朝廷威望。从此，大家对这个刚刚继任的新天子刮目相看。因为遭遇惨败，刘崇的力量大大衰减，无法再威胁后周的江山，使后周得到了休憩喘息的时间，为柴荣一统天下创造了条件。

在这场战役中，赵匡胤也取得了巨大的收获。柴荣目睹赵匡胤在战斗中的表现，不胜欢喜，破格封其为殿前都虞候，领严州刺史，赵匡胤成为后周朝廷中颇具实力的一位年轻将军。这时候的赵匡胤年仅二十七岁，他的官职已经高于他的父亲。

高平大捷后，柴荣有意攻打晋阳，彻底消灭刘崇统治的北汉政权，但这时候的后周情势并不太好，战争消耗了大量物资和人力。因此，文武百官都力劝柴荣休养生息，暂缓出兵。然而，柴荣心意已决，他不顾众人反对，于后周显德元年（954年）五月，亲自率军向太原城进发。大军来到太原后，恰遇天降大雨，后周军水土不服，病倒了不少。太原城墙坚固，久攻不下，柴荣无奈，只好下令退兵。让人想不到的是，刘崇竟然被后周军的气势吓病了，于该年十一月去世，其次子刘承钧继位，即刘钧。

经过这两次战役，柴荣对后周的军队有了深刻的认识，军中老弱占据了很大比例，而且军纪涣散，战斗力低下。在那个时代，朝代更替频繁，军队也直接从旧主转换到新主手中，只要有足够的饷银，军队就心甘情愿地效命，新一代的君主对此也习以为常。郭威从刘承祐手中接过军队统领权，柴荣又从郭威手中接过军队。多年之后，许多当年的青壮年已经成了头发斑白的老者，不但战斗力低下，而且军纪涣散，军士到了战场上，打得过就打，打不过就跑，或者干脆投降保命，极大地影响了整个战局。此时已到了必须改革军队的时候。于是，柴荣找到了赵匡胤，气愤地说："高平之战初败，皆因军士不堪一战，差点坏了朕的大事，实在可恨！"

赵匡胤深有同感，点头说道："陛下说得是。我军老弱居多，如果不加整顿，很难取胜。"

柴荣缓了一口气道："赵卿，如果朕让你在最短的时间内组建一支威武之师，你能否办到？"

赵匡胤听了，心中暗喜，皇帝把这么重要的任务交给自己，可见对自己是何等信任。于是，他立即拍着胸脯保证说："请陛下放心，臣一定完成任务！"

告别了柴荣，赵匡胤立即行动，他先将军队中老弱病残者尽数剔除，然后又在全国范围内选募壮士送入京师。同时，他还张榜发文，广招天下豪杰。一时间，那些身怀绝技、有志报国的壮士们纷纷报名从军，希望能在战场上一显身手。赵匡胤将这些人集中到校场上，进行大比武，校场整日彩旗飞舞、鼓乐齐鸣，引得城内日日万巷皆空，观者如潮，助威声、喝彩声震天动地。最后，他从这些比武的人中挑选最优秀者，编为一军，称为"殿前诸班"。统领指挥这支军队的将领叫"殿前都点检"，由张永德担任。赵匡胤则负责检验、选拔、扩编和训练等任务。

他坚持只选身材高大和体格健壮者，其他一概不用。挑选出来的兵士统由赵匡胤亲自训练，使他们一个个都身怀绝技，以一当十。经过整顿之后，殿前诸班的规模逐步扩大。除此之外，后周朝还有两支精锐之师，分别是铁骑和控鹤军。这三支队伍加在一起，组成了天下最强的军队,使北汉和南唐望尘莫及,甚至连契丹的铁骑也无法与之相比。

在以后很长的一段时间里,赵匡胤率领这三支军队东征西讨,取得了一次又一次重大胜利,为稳固后周朝的江山起到了至关重要的作用,也使柴荣更加清楚地看到了他的军事才能,对他更加信任了。

第三节　深受重用

围攻太原失败后,为了防止契丹军乘虚而入,周世宗在深州和冀州之间设置静安军,派大将王彦超驻守。周世宗则腾出手来进行内政的改革。他认真听取了群臣的建议,制定了许多惠民政策,减轻了百姓负担,增强了国力。

王朴在奏折中提出应该先平定南方,用南方丰富的资源供养北方的兵力,然后攻取燕幽,最后再取河东,统一大业即可完成。这份奏疏即著名的《平边策》。

周世宗认为王朴分析得很有道理,便采纳了他的建议。从公元955年到公元959年,周世宗先后征讨了后蜀、南唐、北汉和辽国,取得丰硕的成果。在这一系列的征战中,赵匡胤因战功卓著被提升为殿前都指挥使,并官拜节度使,真正跻身于大将的行列。

后周军对后蜀的征讨是在显德二年(955年)进行的。后蜀秦、凤、成、阶四州(在今陕、甘地区)本来属于后晋,被后蜀乘机夺占。周世宗这一次征讨有两个目的:一是志在夺回四州;二是声东击西,为主力进攻南唐作掩护。让他想不到的是,因为事先准备不足,物资供应出现了问题,后周军一时处于不利地位,和后蜀军的战事陷入胶着。后周的文武百官见状,纷纷劝说周世宗:"我军千里而来,粮草缺乏,军心不稳,眼下战事对我军不利,还望陛下早做撤军决断,以图来日再战。"

周世宗也意识到了问题的严重性,想要撤军,但又不愿就这么放弃。他沉思了片刻,对赵匡胤说道:"赵卿,辛苦你跑一趟,到前方探察敌情,听了你的汇报之后朕再做决断。"

赵匡胤领命,经过探察,如实汇报说:"陛下,以微臣之见,蜀主荒淫无道,百姓无心归从,无不盼望王师。只要我将兵一心,则大功可成矣。"

周世宗得了这话,甚感欣慰,于是下令继续进军。事实证明,赵匡胤的判断是准确的,后周军在经过几次征战后,先后夺回了四州。

后蜀主孟昶闻讯惊慌失措,急忙召集文武大臣议事。文武大臣最后一致认为,后蜀弱小,不具备还手之力,不如赶紧投降。孟昶立即起草降表,派人送给周世宗。周世宗接过看了看,见上面竟然还写着"大蜀皇帝谨致书于大周皇帝阁下"一行字,不由得笑起来,说道:"孟昶死要面子活受罪,既是投降,为何还要自称皇帝?若不是我后周大军准备出征南唐,必然踏平区区后蜀。"遂下令撤军。

从后蜀撤军后,经过短暂的休整,周世宗又立即投入出征南唐的战斗中。

后周显德二年(955年),后周对南唐发起全面攻击。这一次战争的战线拉得很长,北起淮河,南至长江,东临大海。王朴在《平边策》中,将第一个夺取目标定为淮河以南、长江以北的地区,称其"淮南"。以濠州为界,西边称"淮西",其中心为寿州和合肥;东边称"淮东",其中心在扬州。南京位于长江以南,和扬州、合肥形成"品"字形结构。因此,凡在南京建立的政权,无一不将江北的淮河作为屏障,将扬州、合肥、寿州等地作为战略据点,这便是常说的"守江必守淮"。在这种情况下,后周想要拿下江南广袤的土地,首先就要突破淮河,占领江北两淮地区。

在五代十国时期,各国的力量都不十分雄厚,南唐算其中最强盛的一个。南唐曾管辖三十五个州,主要包括今天的江苏、安徽、江西,以

第二章 / 英勇善战威名振

及浙江、湖北、福建的部分地区，跨越大江南北。南唐当时的统治者李璟是个比较开明的皇帝，在他的治理下，南唐综合国力不断提升，经济基础越来越稳固，大有北上消灭后周的雄心。

公元995年秋，受周世宗派遣，后周大军浩浩荡荡地开出了都城开封，向南唐的寿州出发，而到寿州就需要渡过淮河。淮河一到冬季水就变浅，甚至干涸，必须重兵把守，称为"把浅兵"。然而，南唐多年无战事，守将们有了麻痹大意的轻敌思想，寿州的监军吴廷绍竟然不顾清源节度使刘仁瞻的坚决反对，上书请求李璟撤去"把浅兵"，并获得批准。

后周军来到淮河岸边，看到河面上架着一座浮桥，桥两头竟然空无一人，便跨过桥去，直奔寿州。不日来到寿州城下，和守城的南唐大将刘仁瞻发生激烈交战。

南唐皇帝李璟得知后周大军来犯，急忙调兵遣将，派刘彦贞率援军驰援寿州，同时再派都监何延锡率百余艘战舰声援寿州。大将李谷认为，后周军不善于打水战，南唐若拆去淮河上面的浮桥，后周军就会陷入被动局面。于是，他下令撤军。

此时，周世宗也从京城出发。行军途中，听说了李谷退兵的消息，料到敌兵肯定会追击，便派大将李重进驰援，说道："南唐兵很快就会到达，兵贵神速，我方千万不可以失去正阳。"

之后，他又下令赵匡胤率领一支队伍进攻滁州，以截断寿州的南唐援军。

南唐刘彦贞不懂用兵之道，他看到李谷退兵，误以为对方畏缩不前，遂不顾刘仁瞻的劝阻，带领大军奋起追击，不料，刚好和李重进的援兵相遇。后周军来不及喘息，立刻投入战斗。李谷得知消息，也赶去助战。为了阻挡后周军的进攻，刘彦贞刻木为兽，摆放于阵前，又在地上撒满了铁蒺藜。后周军看到，纷纷嘲笑道："都说刘彦贞不学无术，原来是名副其实啊，想以这种雕虫小技阻挡王师，徒劳耳。"

两军大战，南唐果然大败，刘彦贞也死于乱军之中。

正阳大败的消息传到南唐朝廷中，朝臣大惊失色，一时间，举国上下，人心惶惶。李璟又慌忙召集十五万大军，在节度使皇甫晖、姚凤等人的率领下前去迎敌。后周显德三年（956年）正月，两军在寿州附近相遇，随之展开了激战。

这月，赵匡胤接到周世宗让他出击的命令。经过详细的策划，他决定采取先诱敌深入，再一举消灭敌军的策略。他率领一支轻骑，远远地看到山下停满了南唐水军的战船，战船绵延十几里，煞是威风。他知道，陆军想要攻打水军不是一件容易的事，便决定智取。首先，他在涡口找到一片利于伏击的地方，派一支队伍预先埋伏在那里，然后又派兵去引诱敌人。

南唐将领何延锡看到敌军来袭，为了防止中计，下令将五十艘战舰开往涡口，然后自己率军和后周军作战。两军刚一相遇，后周军即大败而逃，何延锡穷追不舍。可是，当他们来到涡口时，埋伏的后周军队蜂拥而出。这时候，南唐的战舰还未到达涡口，因此无法支援。何延锡来不及反应，便被后周军斩于马下。南唐将士看到主将已死，四散溃逃，逃不掉的就做了俘虏。此一仗，后周军大获全胜，就连随后赶来的南唐另外五十艘战舰也被赵匡胤收缴。

赵匡胤立即派人向周世宗报捷，周世宗非常高兴，当即给赵匡胤记了一个大功，随后又命令他向滁州发起进攻。

滁州依山傍水，地势险要，为淮南军事要冲，更是南唐国都金陵的一道屏障。后周军一旦拿下滁州，寿州即成一座孤城，可以从根本上改变战局。此时，由皇甫晖、姚凤统领的十五万南唐军就驻扎在滁州西南清流关。他们凭借天险，等待后周军的到来。

赵匡胤认为：以自己几千人马和南唐十五万大军交战，无异于以卵击石，因此最好的办法是避其锋芒，打其弱点。他率领队伍向清流关快速前进。

天微亮时分,大军来到清流关前。这时候,南唐军还在梦乡中,对后周军的到来毫不知情。

天彻底大亮后,清流关守将才懒洋洋地起床,派了一支小队出城侦察敌情。赵匡胤早已带人埋伏在城门口,他看到城门打开,振臂高呼:"众将士,冲啊!"遂一马当先冲了进去。南唐军猝不及防,一时大乱。后周军趁乱猛攻,南唐军丢盔弃甲,跟着皇甫晖、姚凤向滁州逃跑。

皇甫晖、姚凤率残兵败将进入滁州城内,登上城头,向来时的方向看去,只见后周军在赵匡胤的率领下紧追而来,烟尘滚滚。两人如惊弓之鸟,急忙下令拆除城外吊桥。然而,后周军下马凫水过了城壕沟,并迅速架起攻城云梯。赵匡胤更是朝战马连抽几鞭,然后猛提马缰,跃过城壕沟,转眼就到了城墙下。

皇甫晖看到城将不保,遂生一计。他在城楼上冲赵匡胤抱拳说:"赵将军,你我远日无仇,近日无怨,今两军交战,不过是各为其主,今我清流关已失,滁州又危。既然如此,请将军先后退数里,待我出城列队,与汝交战。"

赵匡胤哈哈大笑,说:"皇甫将军,我知道你这是缓兵之计,不过南唐军现在败局已定,就算我后退数里,又能怎样?"说完,他下令军队停止攻城,向后撤退,让出一片空地来。

皇甫晖也不食言,当即率领一支队伍出了城,在城门外列队备战。

赵匡胤手持大刀,大呼一声:"我只擒皇甫晖一人,他人闪开!"眨眼间便冲到皇甫晖身前,只见他手起刀落,将皇甫晖砍落马下。后周军一拥而上,生擒皇甫晖,滁州城告破。

关于清流关一战,历史上还有另外一个说法,那就是赵匡胤率军来到清流关后,对地形做了仔细研究,认为清流关易守难攻,而皇甫晖是南唐名将，骁勇善战，如果强攻，很难取胜。谋士赵普和苗训向赵匡胤建议，在清流山的后面有一条罕有人知的小路，崎岖难行，如果穿过这条小路对南唐军发起突然袭击，必定大获全胜。敌人兵败之后，必然向滁州逃跑。后周军可以趁涧水大涨之机，提前凫水南下，堵住敌人的退路，可一举歼灭敌军。

战斗的结果和赵普、苗训的设想一模一样。溃逃的南唐军看到堵截的后周军后，顿时惊慌失措，赵匡胤已经在这里布下重兵，截住了皇甫晖的退路。无奈之下，皇甫晖只好硬着头皮迎战。

赵匡胤亲率大军以排山倒海之势直扑敌军，将士们看到主帅身先士卒，也都争先恐后地向南唐军杀去。相反，南唐军本来就是败军，士气低迷，又被后周军的气势震慑，阵脚大乱。赵匡胤一马当先，一边冲杀一边大喊："我只取皇甫晖的性命，与他人无关，识相的人就退后！"南唐将士看到赵匡胤勇猛无敌，不敢与之交战，争相逃命。赵匡胤打马飞奔到皇甫晖身边，挥刀将其砍落马下，士兵一拥而上。皇甫晖束手就擒，南唐军遂大败而去，滁州告破。赵匡胤率军入城后，严禁士兵骚扰百姓，如有违反，一律严惩。

战斗结束后，赵匡胤押着皇甫晖去见周世宗。皇甫晖身受重伤，他见到周世宗，很不甘心地说道："不是我没有尽力，实在是你们的战士太勇猛了，我之前与契丹对战，也没见过这样骁勇的精兵。"周世宗哈哈一笑，道："那是你在此之前没遇见我们的赵将军。你现在遇见了，知道我后周军的厉害了吧。"周世宗很欣赏皇甫晖的才能，下令将其释放。然而，几天后，皇甫晖因伤势过重而去世。

周世宗让翰林学士窦仪清点滁州府库中的财物，账单交给赵匡胤。赵匡胤命人从里面取出许多绢匹，准备分给部下，窦仪急忙阻止说："赵将军刚入滁州时，库中所有物资尽数取走也没事。可现在这些财物已经登记造册，便成了官物，未经圣上准允，还是不动为好。"

赵匡胤听了这话，猛然惊醒，急忙道歉说："多谢学士提醒，在下莽撞了。"于是，他又将那些物资送回仓库里。

滁州一战，赵匡胤再树威名，不但让后周同僚对他刮目相看，更令南唐将士闻风丧胆。他素以勇武著称，每次打仗总是一马当先。他打仗的方式也和别人不同，总是一边挥舞兵器一边高声呐喊，在气势上震慑对手，同时也鼓舞自己的将士。

第四节　拒父入城

滁州失守、皇甫晖战死的消息传到江宁，南唐满朝文武为之震动。清流关和滁州是南唐抵御后周军的屏障，却被后周军轻易拿下，其他地方就更不用说了。如果后周军乘胜南下，国都江宁危矣。南唐士气低落，人心惶惶，他们想到单单一个赵匡胤就这么勇猛，后周军中能征善战的大将不知还有多少。南唐皇帝李璟更是坐卧难安，他召集群臣，说道："后周军如此强大，非我南唐军所能抵，与其等待亡国，不如两方讲和，于国于家于百姓都善莫大焉。"

群臣听罢，一个个神色黯然，无言以对。于是，李璟当即派使者求和，却遭到周世宗拒绝。

李璟见后周拒绝和解，遂又心生一计，决定向辽国求助，但他派出的使者刚过淮河，便被后周军擒获。

李璟再次派人求见周世宗，并表示愿意奉表称臣，只求周世宗撤军，却依然遭到周世宗的拒绝。周世宗冲使臣声色俱厉地说："回去告诉你的主子，朕要的是一统天下，不是贡品，让他快快去掉皇帝的称号，出城投降！"

使臣回到江宁，之后的君臣议事又是无疾而终，逼得李璟咬咬牙说："罢了罢了，只要他能保留朕南唐皇帝的称号，朕就把寿、濠、泗、楚、光、海六州之地给他。"

使臣又一次到江北面见周世宗，周世宗说道："想我河山本为一体，而现在四分五裂，黎民饱受战乱之苦。今朕既已掌管天下兵马，必定救黎民于水火之中。出征之前，朕已经告于郊庙社稷，并向文武百官许诺，此番不一统江山，誓不回还。"

滁州的地理位置十分重要，后周军占领这里后，不但解除了南唐军对后周军的威胁，还切断了南唐都城江宁和寿州之间的联系，将寿州孤立起来，让寿州失去后援，随时可能失守。

对于赵匡胤来说，滁州大捷是他人生中极其重要的一笔。他凭借高超的军事才能取得完全胜利，成为后周军中人人敬仰的对象。赵匡胤似乎从中受到启发，在以后的每次战争中，"必以繁缨饰马，铠仗鲜明"。为此，有人劝他说："将军如此，会使自己在千军万马中太过明显，容易被敌人认出，恐危及性命。"然而，赵匡胤不以为然，说道："我就是要让敌人看到我！"

赵匡胤站在滁州城头，翘首北望，都城开封似乎就在眼前。再回想这一路征战，两军数次交锋，各有胜负，唯有自己每战必胜，一路势如破竹，先后取得涡口、清流关、滁州三次大捷。想到这些，他心中涌出无限的豪迈之感。

为了树立威名，赵匡胤在进入滁州后，立即下了命令：所有将士不准骚扰百姓，违令者斩；所有商铺要尽快恢复营业，尽量减少老百姓因战争受到的伤害；打开官仓放粮，救济灾民。

后周军在城内秋毫无犯，老百姓的生活逐渐恢复秩序，人人都夸赞后周军是仁义之师，也对这支军队表示出极大的拥护之意。

在赵匡胤镇守滁州时，还发生过一件事情。有一天半夜，城外忽然来了一队人马，要城内将士打开城门，放军队进去。守城的将士对着城下的军队仔细观察了一阵子，认出是己方军队的旗帜，但因为是非常时期，所以不敢轻易开城放人进入。城上守军向来人说明情况，不是不让他们进城，而是主帅有令，夜间不许打开城门，以防有诈。

这时候，一位五十多岁的将领骑马来到城下，生气地说："老夫是你们主帅的父亲赵弘殷，还不快将城门打开，放我们进去！"

守城将士闻言，急忙报告给赵匡胤。赵匡胤听说父亲来了，不敢急慢，急忙穿衣起床，来到城墙上仔细瞧看，认出城下来人正是自己的父亲。他顿时非常激动，想到自己离家已近十年，戎马奔走，顾不上父母妻子，但每当闲暇之际，思念之情即油然而生。父母对他的谆谆教导、妻子对他的千叮万嘱，总是回响在耳边。多年来，他何尝不想回家看看，却因为忙于征战，无法成行。他也曾听说过，后汉乾祐年间，父亲曾在阵仓讨伐王景崇，不幸在战斗中被飞箭伤了左眼，但仍然奋勇杀敌，将王景崇打败，因此被提拔为护圣都指挥使。后周太祖广顺末年，他又转右厢都指挥，领岳州防御使。这一次征战淮南，他听说父亲也随同参战，只是不在一支队伍中，所以未能相见。他听说父亲立了不少战功，因此为父亲感到自豪，却又担心父亲的伤势。让他想不到的是，父亲竟然来了，而且就在眼前。他非常想立即打开城门，将父亲迎入城内，好好诉一诉多年的离别之苦，然而，军令如山，任何人不得违抗，包括制定命令的自己。

一旁的赵普看到赵匡胤愁眉不展，说道："老将军带兵到这里支援我们，是大好事啊，将军为何还不下令打开城门请他老人家进来？莫再犹豫了！"

赵匡胤苦笑道："我何尝不想让家父马上入城，可是军中有令，为了防止发生意外，严禁半夜开城，即便外面是我的父亲也不例外。"

赵弘殷在城外等不到城门打开，心中焦急，忽然看到儿子出现在城头，手里举着一支火把。赵弘殷大声说道："城上可是我儿匡胤？为父奉命前来支援你等，快打开城门让我们进去。"

赵匡胤说道:"父亲与众将官远道而来,一路辛苦了,但军令如山,半夜不许开城。军令不可违逆,还请父亲原谅儿子。"

赵弘殷虽然心有不悦,但他理解儿子的苦衷,说道:"既然如此,我等明天再进城吧。"随后,他下令就地宿营。

次日,不等天大亮,赵匡胤便命人打开城门,他第一个走出城门,到了父亲面前,双膝跪地,磕头请罪。赵弘殷急忙将儿子搀扶起来,笑着说道:"谨慎行军,你做得对,何罪之有呢?"

滁州大捷,让周世宗对赵匡胤更加刮目相看。他对兵部侍郎范质说:"赵卿有勇有谋,且每战必身先士卒,战无不胜,攻无不克,不愧为我军楷模,国之栋梁呀!"

范质又将赵匡胤半夜不给父亲开城门的事情汇报给周世宗,周世宗听后,大为感动,说道:"赵卿将严明的军纪、国家大事放在第一位,实乃高风亮节,不可多得呀!"

第五节 智取二州

滁州大捷增强了周世宗一统天下的信心。

后周显德三年(956年)四月,周世宗下令,大军继续南进,直取南唐首都江宁。李璟决定来个鱼死网破,他封自己的弟弟齐王李景达为元帅,挑选精兵,浩浩荡荡地向北开进,准备在扬州和后周军决一死战。

在此之前,驻守扬州的是南唐将领冯延鲁。他并无高超的军事才能,面对后周军的进攻毫无抵挡之力,扬州失守。后周负责留守的是韩令坤。扬州与江南仅有一江之隔,南唐的军队对于扬州的失守反应十分强烈,誓要将其夺回,李景达对扬州的后周军发起进攻。

和冯延鲁不同,李景达有卓越的军事才能,他对周世宗拒绝南唐的求和倍感愤怒。他率领大军渡过长江，自瓜步北上，准备与后周军交战。同时，李璟又派右卫将军陆孟俊率兵从常州出发，夺取泰、扬二州，又以许文稹为西面行营应援使，配合主力抗击后周军。李璟另派鸿胪卿潘承祐赴泉、建等地招兵买马，提高战斗力。

韩令坤看到敌人大军将至，惊慌失措，急忙向周世宗求援。柴荣接到告急文书，不敢大意，紧急调整兵力部署，命李重进为庐、寿等州招讨使，武行德为濠州城下都部署，向训为淮南节度使兼沿江招讨使，准备迎敌。另外，考虑到驻守扬州的韩令坤部兵力不及李景达，双方实力悬殊，周世宗便一面派张永德火速前往救援，一面命令赵匡胤率部镇守六合，兼援扬州。六合距离扬州不过百十里远，同样为一座军事重镇，战略位置重要。将赵匡胤安排在那里，是周世宗深思熟虑的结果。

赵匡胤得到命令，不敢怠慢，急忙带领精兵向六合飞奔。一路上，他遇到不少从扬州偷跑出来的士兵。对韩令坤的无能，他很生气，认为必须立即扭转这种不利局面，以振奋士气。他下令，再遇到从扬州逃跑的士兵，一律打断腿。同时，他修书一封，派人飞驰送入扬州城内，告诉韩令坤："再有扬州守军踏入六合之地，必将立即捉拿并砍断其足！"之后，他又给韩令坤写了一封私信："你我多年交情，我知道你勇武过人，为何现在反而胆怯了？如果扬州失守，你有何脸面再见主上，又如何面对老友？一生英名，付之东流。你务必固守城池，我不日即率援军赶到。"

韩令坤接到赵匡胤的信，脊梁骨直冒冷汗，庆幸自己没有丢下城池逃命。同时，他心里也有了底，只要有赵匡胤在，就没有打不赢的仗。就在这时，张永德率领的援军到了城下。韩令坤急忙命人打开城门迎接，双方会师一处，韩令坤更加放心了。

陆孟俊带领南唐大军从泰州气势汹汹地杀过来，在城门外列队叫阵。韩令坤因为有张永德和赵匡胤撑腰，勇气十足，冲将士们喊道：

"今天咱们生则同生,死则同死,有临阵退缩者,杀无赦!"说完,他命人打开城门,一马当先,直奔南唐军阵杀去。后周军看到主将威猛无比,士气大振,排山倒海一般跟着冲出城门。

一番激战过后,后周军大获全胜。陆孟俊也被韩令坤射落马下。后周军看到敌方主将落马,便蜂拥而上,将其擒住。

陆孟俊在扬州战败的消息传到后方李景达的耳朵里,李景达非常吃惊。他意识到后周军果然厉害,即便自己率军去攻打扬州也不见得会占到便宜,于是改变行军路线,转而进攻六合。

六合位于长江北岸,和南唐首都江宁仅一江之隔,就保护江宁而言,六合比扬州的战略位置更加重要。

当李景达率领大军来到距离六合不远的地方时,他的大军和赵匡胤的大军相遇了。

赵匡胤手下大将主动请求出战,赵匡胤却说:"敌军数万,我军若出战,必定战败。不如先派人去扬州搬救兵,我们留在这里以逸待劳,敌不动我不动。敌若进攻,我们再奋力迎战。待援军到来,取胜更有把握。"

有将官问道:"如果李景达不进攻,我们怎么办?"

赵匡胤胸有成竹道:"李景达是李璟的弟弟,他既然被封为元帅,就没有不战而退的道理。以我之见,再有两三天,他必然主动出击。"

于是,赵匡胤下令大军后撤,转移到山脚下的一片树林边,然后将部队一分为二:一部分潜伏在树林里,另一部分在树林外安营扎寨。之后,他故意让将士们在营帐外摆酒设宴,以迷惑敌人。同时,他又修书一封,派人飞驰送给韩令坤,要他派兵火速支援。

李景达完全被赵匡胤的"空城计"给迷惑住了,他看到后周军在大军临近的压力下丝毫不慌张,认为这绝非寻常,因此不敢贸然出兵。遂命令大军在六合外驻扎下来,待摸清了后周军的真实意图后再做打算。

就这样，双方都按兵不动，似乎在打一场心理战。对于赵匡胤来说，时间拖得越久就越有利，所以他耐心十足；而对于李景达来说，他求胜心切，渐渐失去了耐心。为了摸清对方的实力，李景达首先派出一队人马向后周军发起试探性的攻击。

赵匡胤看到敌人来攻，不得不出兵迎战。他仍然和往常一样，铠杖鲜明，马饰繁缨，将自己打扮得十分显眼。

一位部下劝他："将军如此装束，敌人一眼便能认出。战场上刀箭无眼，恐怕会危及您的性命。"

赵匡胤纵声笑道："本将就是要让他们知道，本将就是赵匡胤，让他们看到本将就害怕！"说完，他一马当先，向敌人冲去。

南唐将士看到有一个衣着奇特的人御马冲过来，立即便猜到他就是传说中的赵匡胤，纷纷说道："赵匡胤来了，快拦住他！"于是南唐军一窝蜂地冲向赵匡胤，将他团团围住。双方激战在一起，一时间，金鼓齐鸣，喊杀声震天，战斗从天明杀到天黑，依然没有分出胜负。赵匡胤看到双方的将士都疲倦了，便示意鸣金收兵，明日再战。李景达也没有追赶，带着将士回到己方的营寨。

赵匡胤回到营中，检查了部队的伤亡情况，得知损失了几十名士兵。他什么也没说，让将士们戴上皮笠，然后一一查看。他查看完毕，点了几个将士的名字，让他们站到自己的前面，呵斥道："你们在战场上为什么畏缩不前？推出去，斩了！"

大家都被赵匡胤这一番话惊得愣住了，不知道究竟是怎么一回事。那几个将士的同乡不忍心看到他们被杀，急忙出来替他们求情："将军息怒，临阵斩将为军中大忌，况且他们每次上阵杀敌都异常勇猛，不知将军为何要杀他们？"

赵匡胤厉声道："你们以为本将冤枉了他们吗？今天上阵时，大家都穿戴着皮笠，你们看到他们的皮笠上有剑痕吗？"

众将士急忙朝那些被点了名的将士头上、身上看去，果然见他们的皮笠上都没有剑痕。

赵匡胤又解释说："目前敌众我寡，只有众将同心，奋勇杀敌才有可能取胜。他们在战场上却畏缩不前，这一点我看得真切，但我当时不便处置。今天如果不杀了他们，以正军纪，恐怕这六合城就要拱手让人了。"

众人听了这话，恍然大悟，再也不敢求情。

为了振奋士气，他又对将士们说道："明日开战，后退者，立斩；不奋力杀敌者，立斩；蛊惑军心者，立斩。凡是勇往直前、杀敌立功者，越级提拔。"这样一来，将士们得到鼓舞，士气大增，都等着在下一场战斗中大展身手。

次日，赵匡胤招来牙将张琼，说道："之前你在寿春冒死救了我，可见你忠勇可嘉。现在，我给你一些精兵，你从小道绕到江口，截断敌人的退路。待敌人兵败渡江时，你杀他个出其不意。我们前后夹击，李景达即便不是被兵刃所杀，也会溺水而死。"张琼得了命令，率领精兵而去。

李景达重整队伍，在六合镇南城外列阵，擂鼓呐喊，向后周军叫阵。

然而，后周军按兵不动。南唐军连着叫了一个多时辰，将士们口干舌燥，渐渐失去了耐心，队形也散乱起来。

此时，赵匡胤正带领马仁瑀、马全义等一众虎将隐藏于树林之中。他见时机已到，便命人打开营门，以迅雷不及掩耳之势突然率军杀出。南唐军来不及反应，后周军已经杀到眼前，南唐军一时大乱。就在这时，韩令坤也率领精兵赶到。南唐军无法抵挡后周军的攻势，仓皇撤退，好不容易跑到江边，正要乘船渡江，突然听得一阵号炮声响。紧接着，一支队伍从斜刺里杀出。李景达猝不及防，差点从马上掉下来。他手下的大将岑楼景看到主将情况危急，急忙挺身相救，和张琼战在一起。双方杀了二十个回合，不分胜负。这时候，赵匡胤率领米信、李怀忠等人追赶过来，随即加入战斗。岑楼景自知不敌，又看到主将李景达已经乘船到了对岸，于是仓皇败退。江岸边的南唐士兵正争抢着上船，后周兵刚好赶到，一阵乱杀，南唐军顿时死伤大半，其余士兵投降的投降，投水的投水，侥幸过江者不足一半。

六合一役，赵匡胤以少胜多，堪称战争史上的经典一战。可见，军队力量的强弱固然是决定战争胜负的一个因素，但指挥者的智谋同样重要。赵匡胤以他的实际行动诠释了这个道理。周世宗听到赵匡胤胜利的消息，格外振奋，对将士们说道："只要有赵卿在，统一大业就有望了！"

在赵匡胤征战扬州、六合的同时，周世宗带着另外一支大军在寿州和南唐军展开了激烈交锋。可是，寿州防备森严，后周军久攻不下，又有南唐皇帝派兵驰援，后周军全无胜算。为了尽快结束战斗，周世宗改变策略，有意从扬州进兵，和赵匡胤汇合，但连遇几场大雨。后周军一时准备不足，又加上粮草难继，在范质的劝说下，周世宗决定只留李重进继续作战，而他率领大部分将士回朝，养精蓄锐，组建水军，以备再战。

赵匡胤也和周世宗一同返京，他凭借在清流关和六合的战功晋升为殿前都指挥使。在此之前，他虽然也是朝廷要员，但论地位和资历，仍和张永德、李重进等人有一定的差距。这次晋升后，他正式跻身于大将的行列。不久后，赵匡胤又被加授定国军节度使一职，拥有了一块真正归自己统辖的地盘。这样一来，他可以名正言顺地招兵买马，组建自己的军队。到这时，赵匡胤身边已经有了不少手握重兵的亲信，比如王审琦、马仁瑀等，其麾下有张琼、马全义、李谦溥、罗彦瓌、王彦昇等将军。他还有楚昭辅等府中幕僚，以及慕容延钊、韩令坤、石守信等这些身居要职的好友。

这一年，赵匡胤刚满三十岁，已取得如此令人瞩目的成绩，一时间风头无两。

在京城休整了一段时间后，赵匡胤建议周世宗着手组建水军，以应对南唐的水军。同时，周世宗还召集全国的工匠，建造大量军舰，以备出征。

周世宗的退兵给南唐以喘息的机会，李璟趁机组织兵力渡江北上，接连攻下了被后周军夺得的几座城市，并派兵增援寿州、滁州，加强防守。李重进奉命围攻寿州，寿州守将刘仁赡顽强抵抗，致使后周军半年没有进展。李重进遂改变策略，根据周世宗的指示，一边继续攻城，一边在寿州四周分兵把守，阻断敌军的增援部队。

后周显德四年（957年）二月，周世宗经过一番充足的准备工作后，又亲自率领水军数千人、战船几百艘，浩浩荡荡离开了开封，向寿州进发。三月，后周军的一部分水军到达寿州城下，在紫金山南安营扎寨。

驻扎在紫金山的南唐军得知后周军来犯的消息，忙登上城头，向西眺望，只见在阳光的照耀下，江面上旌旗招展，绵延数十里。南唐军兵将无不惊恐，说道："人人都说南方人善水战，北方人善马战，但后周军如此气盛，我水军犹不能及，实在让人想不到。"

紫金山地势高峻，为寿州的南大门，位置十分重要。这时的寿州已经被李重进围困了半年之久，城中粮草断绝，人心惶惶。寿州守将刘仁赡此时正身患重病，无力指挥军队，只好将作战的事情暂时交给自己的儿子刘崇谏。

刘崇谏到了城头，看到后周军气势强盛，知道城池难保，便劝父亲说："后周军来势凶猛，不达目的不罢休。与其城破身死，不如出降。"

刘仁赡对南唐一片忤心，听了儿子的话，怒不可遏，骂道："忤逆之子，再敢胡言乱语，动摇军心，定斩不赦！"

刘崇谏挨了训，表面上虽然不敢再说什么，但心中十分不服气。他出了父亲的房间，便暗中着手投降的事情。结果，事情败露，消息传到刘仁赡的耳朵里，刘仁赡气得浑身发抖，冲身边人说道："将这个逆子立即抓来，就地正法！"就这样，刘崇谏死于父亲的刀下。

李景达得知后周大军到来的消息，急忙派许文稹、朱元等率领兵将，逆水而上，驰援寿州。为了保证寿州的粮草供应，南唐军还特别修建了一条运粮通道，但遭遇李重进的攻击，损失将士和营寨，工事被迫中断，南唐军只能重新再建。这一次，有了周世宗的增援，李重进再次建议截断敌人的运粮通道。

周世宗找来赵匡胤，跟他说道："运粮通道就像人身体内的血管。如果不将它截断，城内守军就能得到粮食援助，并坚守不出；如果截断了这条通道，城内守军得不到粮食供应，如同人体内血液断流，不攻自亡。紫金山诸寨是寿州的屏障，要想拿下寿州，必须先拔掉这些营寨。"赵匡胤自然明白其中的道理，于是他领过周世宗的命令，带兵出发。

赵匡胤经过仔细勘察和分析地形之后，认为南唐军的营寨中，最容易攻破的是先锋寨和山北一寨。此二寨一旦失守，必然会对南唐军的其他营寨造成很大威胁。他当机立断，集中兵力对这两座营寨发起猛烈的攻击，但因误判形势而被南唐军围困在葫芦岛，后因得到王彦昇的支援，最终扭转战局，紧接着，赵匡胤又派兵阻断敌人的运粮通道，成功将寿州城孤立起来。

后周军强大的攻势使南唐朝廷陷入一片恐慌之中，群臣在战与降的讨论中出现了严重分歧。三月四日夜，南唐将领朱元、朱仁裕等率先带领万余人投降了后周军，使得驻扎在紫金山的其他部队更加恐慌。天亮之后，周世宗带兵阻断了南唐军的退路，同时命令其他各军向紫金山援军发动猛攻。后周军攻破南唐军营，俘获敌将许文稹、边镐、杨守忠等，迫使南唐残军沿淮河向东逃跑。周世宗还不罢休，亲率数百骑兵沿淮河北岸追击，其他几支军队沿淮河南岸追击，水军乘船追击，如此三头并进，歼敌无数，缴获战船、兵器、粮草无数。

孤守寿州城内的刘仁赡，得到援军大败的消息后，急得如热锅上的蚂蚁，却无能为力。不久后，后周军对寿州发起攻击，刘仁赡无力回天，城遂告破。

后周军攻取了寿州，战事告一段落。回到京城，赵匡胤因功被提拔为义成军节度使、检校太保兼殿前都指挥使。

经过一阵子的休整，到了冬天，周世宗决定再次南征淮南，夺取濠州、泗州两地。他仍然命赵匡胤担任先锋，率领大军向濠州进发。

为了阻挡敌军的入侵，南唐军在濠州城东北一个四面环水的十八里滩上建立营寨。周世宗亲临一线，对敌方阵地进行了详细的观察后，立即召开阵前会议。他说道："敌人以水为屏障，不易攻取，最好采用骆驼济师的方式涉水过去，不知众将以为如何？"

然而，赵匡胤认为宜速取，便说道："那样太麻烦，陛下您只管在后面观战，待末将涉水过去，攻取他的营寨！"说完，不等周世宗下令，他便飞身上马，带着自己的部下跳入水中，向敌营冲去。

南唐军看到后周军冲了过来，慌忙驱舰迎战，将赵匡胤团团围住，大呼小叫："这个就是赵匡胤，杀了他！"

赵匡胤临危不乱，奋力厮杀，硬是突破了包围，并冲入敌人营寨中，将南唐军杀得溃败而逃。随后，濠州落入后周军手中。

接下来，周世宗又率大军水陆并进，直逼泗州。赵匡胤首先率军到达泗州城外。他命人用火烧毁城门，迫使南唐守将投降。泗州也告破。

随后，周世宗将大军一分为三，由自己带领一支军队沿淮河北岸前进，赵匡胤带领一支军队沿淮河南岸前进，剩下一支军队乘船前进。三军势如破竹，征鼓之声响彻云霄。

大军来到清口（泗口，为古泗水入淮之口）附近，周世宗看到天色已晚，便下令让军队停止前进，就地安营。赵匡胤又找到周世宗，说道："探子来报，清口驻有南唐守军。他们还不知道我们到来的消息，因此我军应该抓住这一有利时机,突然袭击,一举夺下清口。"

周世宗认为赵匡胤的话很有道理,于是改变主意,让众将士暂停宿营,继续前进。为了防止被敌人发现,他命令所有人不得发出声响。

夜半时分,大军到达清口,赵匡胤命人点燃火把,然后率先向敌营冲去。

南唐军此时正在沉睡中,忽然听到外面震天的喊杀声,慌忙跑出去,却看到后周军已经冲入营寨,点燃了营房,四处火光冲天。他们被吓得丧失了抵抗意识,四散逃窜,大多成为后周军的刀下之魂。侥幸逃出的南唐士兵爬上了舰船,顺水而逃。周世宗发现后,又命人追赶。

紧接着,赵匡胤率领一支大军到达楚州。镇守楚州的是南唐将领陈承诏。经过一阵厮杀之后,陈承诏不敌赵匡胤,兵败被俘,楚州又告破。消息传出后,濠州守将郭廷谓也献城出降。

后周军继续向南挺进,随即遇到南唐军。这一次,赵匡胤同样打败了南唐军,并乘胜追击,焚烧多座南唐军营,一直打到长江南岸。赵匡胤并未停留,而是继续前行,到达瓜洲,再次摧毁多艘南唐战船。

这时候,大部分南唐水军已被歼灭,后周军队占领了淮南东部地区,将势力拓展到长江北岸,直接威胁到南唐的都城江宁。考虑到战争的消耗大,供给乏力,周世宗下令暂停进攻,班师回朝,并对这一次战争中立功者进行封赏。赵匡胤改领忠武军节度使职。

后周显德三年(956年)的一天,周世宗坐在朝堂上,看向两旁的文武大臣,问道:"众卿有什么事情要上奏吗?"

赵匡胤不慌不忙地走出班列,站在朝堂的正中间,向周世宗深深地行了一礼,说道:"陛下,臣有事启奏。"

周世宗问道:"爱卿有何事,只管说来。"

赵匡胤随即从衣袖内摸出一封信来,说道:"陛下,这是近日南唐主派人送给微臣的一封信,想说服微臣背弃大周,效忠南唐,并企图用三千两白银贿赂微臣。微臣不敢隐瞒,遂向陛下告明。"

听着赵匡胤的话,周世宗立即想起不久前发生的一件事。南唐主曾派人给李重进送去一封信,其书皆谤毁及反间之语,并奉上一份厚礼,希望收买他。李重进不为所动,将信和礼品如数上交。看来,南唐主是故伎重施。他让一旁负责传递文件的侍者将赵匡胤手中的信接过来,打开看了看,见里面的内容和前几天李重进收到的信中的内容大同小异。他将信放在一旁,冲赵匡胤微笑着说:"难得爱卿一片忠心,朕可以无忧了。"这件事过后,周世宗对赵匡胤更加信任了。

经过多年的征战,后周对南唐的战争以后周的大获全胜而结束,南唐从此再也无法对后周形成威胁,逐步走向下坡路,只能苟延残喘。相反,后周获取了淮南十四州六十县,国家人口增加到数百万户,近千万人,填补了中原政权因为丢失燕云十六州而形成的人口缺口。

赵匡胤可以说是收获颇丰。他立下赫赫战功,被一次次提拔,为以后的登基积累了丰富的政治资本。在这次战争中,他清楚地认识到,在乱世中要想有自己的立足之地,必须依靠强大的武力。

第六节　雄心北伐

淮南大捷使后周的国力得到很大提升,国内兵力雄厚,财物丰厚。周世宗雄才大略,不仅仅满足于攻下淮南十几个州,他的终极目标是统一天下。根据王朴《平边策》中先南后北的建议,在平息了与南唐的战事之后,周世宗接下来就要迎战北方的劲敌——辽国。几百年来,辽国一直与中原为敌,频繁袭扰北部边境。后唐皇帝石敬瑭更是将燕云十六州割让给了辽国。这不但使中原政权丧失了大片国土,更使其失去了北部边境的门户,让大量百姓遭受蹂躏。周世宗清楚地认识到,要想稳固江山,就必须将失去的国土重新收回来,彻底消除边境威胁。

第二章 / 英勇善战威名振

此时的周世宗已经身经百战，积累了丰富的作战经验。他对比双方的综合力量之后，认为后周已经完全有能力打败辽国了，于是决定出兵北伐。

契丹是游牧民族，彪悍好战，而且精于骑射，拥有二三十万铁骑，军力十分强盛。到了辽穆宗耶律璟的时候，辽国国力急剧衰退。耶律璟昏庸无能，据《资治通鉴》记载，他"好游戏，不亲国事，每夜酣饮，达旦乃寐，日中方起，国人谓之睡王"。他最大的爱好就是喝酒睡觉，根本没有心思管理朝政。另外，他还追求长生不老，常常杀人取胆，用来制作长生不老药。有这样的皇帝，朝政又怎能不混乱，百姓又怎能不抱怨，国力又怎能不衰退？

不过，即便如此，辽国始终保留了一支强大的骑兵队伍，并非不堪一击。

周世宗做事一向谨慎，为了以防万一，他在出发前做了系统安排。这时候，名相王朴已经去世，周世宗便命宣徽南院使吴廷祚留守京城，命三司使张美为大内都部署，负责皇宫安全。其他将领，凡是在京城者，一律跟随皇帝出征。

后周显德六年（959年）春，周世宗亲自统领三军向辽国发起猛烈进攻，首要目标就是收回被石敬瑭拱手相让的燕云十六州。考虑到从开封到辽国路途遥远，走水路可以节省将士们的体力，在大军出发之前，周世宗命侍卫马步军都虞候韩通、铁骑右厢都指挥使高怀德等人各自率领兵马以及战舰赶赴沧州，在最短的时间内打通从沧州通往辽国的水道。

后周显德三年（956年）七月，赵弘殷去世。赵匡胤异常悲痛，回籍为父丁忧。这一天，赵匡胤正跪在洛阳夹马营父亲的坟前，脸上满是悲伤。

忽然，一个家仆飞快地跑到他面前，气喘吁吁地说："老爷，有黄门官从京城里来,说是带来了皇帝的圣旨。"

赵匡胤吃了一惊,他预感到即将有大事发生,便问道:"那黄门官说没说是什么事情?"

家人摇头说:"黄门官没说,小的也没敢问。"

赵匡胤不敢怠慢,急忙跟随家仆回到府中,果然看到一位太监正坐在自己家中堂上。

太监立即取出周世宗的圣旨,说道:"陛下要起兵征讨辽国,大军即将出发,特意请将军回去,随圣上一同出战。"

自古以来,忠孝难以两全。在国家利益和家庭亲情之间,赵匡胤选择了前者。他立即命人收拾行装,告别了母亲、妻儿,之后又到父亲的坟前祭奠一番,便返回开封。

回到开封以后,周世宗任命赵匡胤为水路都部署,韩通为陆军都部署。两军即刻启程,在沧州汇合。周世宗和赵匡胤一路,一起到达沧州。赵匡胤再度担负起了保护皇帝安全的责任。

后周军继续北上,很快进入辽国地界。辽国本来就人烟稀少,而周世宗又严令禁止骚扰百姓,因此后周军沿途并没有遭遇多少抵抗。在辽国外围负责镇守的将领中,有很多是汉人,他们常年遭受歧视,对辽国贵族十分痛恨。他们早已听说周世宗以及赵匡胤、李重进、张永德等人的威名,因此对待后周军队也是睁一只眼闭一只眼,从不主动挑战。

周世宗将自己攻击的第一个目标定在了宁州。

这日,周世宗、赵匡胤等率领大军到达宁州城下,正准备安营扎寨,忽然一个小校走进来,禀报说:"启禀陛下,外面抓住一个北国的探子,从他身上搜出一封信。"

周世宗一听,心中大喜,急忙命人将信接过来,打开一看,原来是宁州刺史王洪写给耶律璟的一封求救信。周世宗仔细审问送信人后得知,宁州只是一个小小的军镇,里面并没有多少兵力。王洪因为害怕守不住，所以才向辽国朝廷求援。周世宗的目光转向赵匡胤，他问道："依赵卿之见，我们该怎么办？"

赵匡胤沉思了片刻，说道："依臣之见，宁州虽为辽国所有，但城内皆为我中原百姓，就连守将王洪也是汉人。如果强攻，必将造成大量伤亡，无异于自相残杀。'不战而屈人之兵'乃上上策，我们应该劝说王洪归顺。若王洪答应，我们则兵不血刃；若王洪不答应，我们再强攻不迟。"

周世宗点头说："此言正合我意。"于是，他亲自修书一封，让送信人带回城中，交给王洪。

次日，周世宗整合大军，正要安排攻城的具体措施，小校又满脸兴奋地来报："启禀陛下，城内已派来使者，表示愿意归顺。"

周世宗一听，也非常激动，带着赵匡胤来到前营，召见城内使者，双方商定了具体的事宜后，使者便回城去了。

午时，赵匡胤、张永德等众将领陪同周世宗来到阵前，只见城门缓缓打开，有一班赤裸上身、绳捆双臂、背插荆条的人徒步走出，走在前面的正是王洪。这些人来到周世宗等人面前，双膝跪地，磕头请罪，带头的王洪说："罪臣王洪叩见陛下，求陛下赐罪。"

周世宗开怀大笑，说："王将军深明大义，为全城百姓着想，弃暗投明，乃大功一件，何罪之有？快起，快起！"于是，他命人将王洪等人搀扶起来，当场对其封赏。

周世宗收复了宁州，但周边还有许多地方被辽国控制着，其中包括瓦桥关、益津关、莫州、瀛州、易州、涿州等地。瓦桥关、益津关和淤口关"三关"，历史上均以抗辽著称。这三关加上以南的十几个县，合称为"关南"。

后周军来不及休整，重新启程，一路向北挺进，不日便到达益津关外。由于天色已晚，周世宗下令就地宿营，明日再做打算。

吃过晚饭，周世宗将张永德、赵匡胤等高级将领召到自己的御帐里，召开军事会议。他说道："眼下，我大周兵不血刃便取得了北征的第一场胜利，下一步该怎么走？众将不妨说一说各自的想法。"

周世宗的话音刚落，王洪第一个站出来说道："启禀陛下，益津关守将佟廷辉和末将私交不错。佟廷辉不满于辽国的统治，早有归顺之心，末将愿明日出面劝降，晓以利害。此事十有八九可成。"

赵匡胤也站起身来，向周世宗施礼，并说道："陛下，王将军说得很有道理。臣以为，其他两关也可以采用这种方式收复，既避免我军伤亡，又保护了百姓的安全，足以彰显陛下的仁慈之心和宽广胸怀。"

周世宗听完赵匡胤这一番话，心里像是喝了蜜一样甜，连连点头说："好，如果三关守将都能像王将军这样识大体，主动归降，乃是我大周之幸，三关百姓之幸啊！"

他笑声未落，一个小校突然神色慌张地闯进来，说道："启禀陛下，外面来了一支辽国骑兵队伍。"

众人非常吃惊，周世宗立即从龙椅上站起来，警觉地问道："难道我们中了埋伏？"

赵匡胤马上看向王洪，厉声问道："王洪，你不会是故意诈降，引来辽兵吧？"

王洪被如此质问，心中猛然一紧，急忙回答："赵将军冤枉啊，天地可鉴，王某不是那种人。"随后，他又问小校道："来者有多少人？"

小校回答："不多，大概几百人。"

王洪吁了一口气，说道："陛下莫慌，辽国经常派骑兵过来巡逻。想必巡逻的骑兵是路过这里，只要后面没有大军就不必过惊。"

周世宗毕竟身经百战，很快便镇定下来，说道："走，咱们看看去。"说完，他率先走出了营帐。

众将领也都跟在周世宗的身后，到了前阵，看到在一堆堆篝火的照耀下，后周军已经做好了迎敌的准备，众将士的神情都十分紧张。他们再向对面看去，隐约可见一支骑兵队伍正朝这边张望。

周世宗问身边的赵匡胤道："以赵卿之见，我们该如何应对？"

赵匡胤说道："陛下，恕臣直言，目前我方尚不知道敌人具体有多少人，后面有没有援兵，因此不可轻举妄动。"

周世宗点了点头，转身吩咐身边的传令兵，让他晓谕所有人，做好战斗准备，没有命令，不可主动出击。

幸运的是，那支队伍只观望了一阵子便走了。周世宗、赵匡胤、张永德等人不由得松了一口气。

益津关守将佟廷辉得知后周军到来的消息，心中既高兴又恐慌。高兴的是自己受够了辽国的窝囊气，早已有心投奔后周，现在自己的心愿可以实现了；恐慌的是自己为辽国效力多年，后周会不会不相信自己投诚的心意？正在他一筹莫展的时候，小校来报，说："后周军已经兵临城下。"

佟廷辉不敢怠慢，急忙登上城楼，看到城墙外旌旗招展，密密麻麻都是后周军。他正要冲后周军喊话，却见后周军的队伍中走出一位骑马的将军，此人冲他一抱拳，说："佟兄，久违了，别来无恙。"

佟廷辉觉得这声音非常熟悉，忙仔细看去，正是自己的老朋友王洪。只见王洪昔日的衣冠束戴已经全然不见，取而代之的是一身后周装束。佟廷辉虽然一下子就明白了，但还是明知故问道："阁下可是归降了后周？"

王洪点头说道："是啊，佟兄，你我本来就是汉人，这里自古以来也是中原的领土。先朝无能，石敬瑭为了一己私利，不惜卖国求荣，将中原的大好河山拱手相让。现在，周主英明，胸怀光复河山之大志，而辽主昏庸无能，佟兄还犹豫什么？"

赵匡胤也在一旁说道："佟将军，在下赵匡胤。我早就听说你治军严明，体恤百姓。常言道，识时务者为俊杰，我主英明，不愿看到生灵涂炭，将军若能放下武器，百姓可免受战乱之苦。将军若执意抵抗，纵然城池坚固，也难不倒我大周将士，只怕到时候将军性命危矣，又伤及无辜。望将军三思。"

佟廷辉听了王洪和赵匡胤的一番劝说，内心大动。赵匡胤恩威并施，他说的话所包含的分量相当重。佟廷辉本来就对辽国的腐败无能十分不满，但单凭自己的力量根本无法与之抗衡，于是便爽快地答应投降，下令打开城门，主动迎接后周军入城。

不动一刀一枪就连下两城，周世宗自然快慰。稍事休整之后，他下令大军继续北上，很快便到了瓦桥关下。

连下三城，不伤一兵一卒，这根本不像是去打仗，倒像是在旅游。周世宗信心满满，遂带兵继续北上，到达莫州。镇守莫州的刺史也直接归降了后周。紧接着，后周军又到达瀛州，辽国刺史高彦晖同样未做丝毫抵抗。这样，在不到一个月的时间内，后周军兵不血刃，直接收复了三州十七县。周世宗在这里做了短暂的休整，让将士们补充体力。为了纪念这次胜利，他特意将瓦桥关改为雄州，改益津关为霸州。后来，赵匡胤做了皇帝，又改淤口关为信安。

这一天，周世宗将众将领召到自己的营帐里，说道："诸位将军，我军经过这几天的休整，将士们的体力已经恢复，个个斗志昂扬。我们接下来是不是该继续前进，收复幽州了？"

周世宗的话音刚落，两旁的文武百官便开始议论起来，主要意见分为两种：一种是主张进取，认为应该趁大军士气高涨，一鼓作气收复所有国土；另一种主张撤退，认为幽州为辽国重镇，防御门户，肯定设有重兵，绝不会像之前的三州一样唾手可得，闹不好会吃大亏，因此应该见好就收，趁辽军还没有来，全身而退。两派意见不同，吵吵嚷嚷，争论不休。

周世宗不耐烦地朝两方摆摆手，打断了他们的争论，看向距离自己最近的赵匡胤，问道："赵卿的意见呢？"

赵匡胤道:"陛下,恕臣直言,我军这一次征讨的目的是收复国土,解救百姓,树立大周国威。幽州百姓闻知我军将至,正翘首以盼,因此依微臣之见,我军应当勇往直前,一举收复失地。"

赵匡胤的话正合周世宗的心思。周世宗终于露出一点笑容,冲群臣说道:"赵卿所言极是,辽国皇帝昏庸无能,早已失去民心。我军士气正盛,理应一鼓作气,完全收复国土。"

既然皇帝已经下定决心,那些反对的大臣也不好再说什么。于是,大家重整旗鼓,准备继续北上,但周世宗突患疾病,这件事又搁置下来。

第七节　周世宗的疏忽

一天,周世宗独自在营帐内阅读文书,无意中看到在营帐的一角放着一部韦编。他心中一阵纳闷,是谁将这个东西放在这里的,自己以前怎么没有见过?他将韦编拾起,从里面掉出一块木牌。他定睛向木牌看去,只见上面写着"点检做天子"五个字。"点检"是张永德,"做天子"就是要篡位夺权,这还了得!他只觉得一团怒火冲天而起,朝身边的侍从厉声喝道:"是谁如此大胆,竟敢将木牌放在这里?"

几个侍从顿时吓得面色惨白,齐声回答:"启禀陛下,属下真的不知。"

周世宗的心中突然生出一种不祥的预感:大周江山可能会出现变故。张永德是自己的妹夫,难道他妄图抢夺大舅哥的江山?张永德此时正在镇守澶州,显然木牌不是他放进去的,那又是谁放的?既然要篡位夺权,又为什么要提前让自己知道?难道这是上天的安排,还是有人有意告诫自己?因为多了一重心事,他的病情出现反复。众臣看到皇帝病情不定,料想战事无法再进行下去,便劝他返京休养,等养好了身体再图霸业。周世宗接受了劝告,班师回朝。他犹豫再三,还是免去了张永德殿前都点检的职位,升赵匡胤为检校太傅、殿前都点检。张永德加官检校太尉、同中书门下平章事。从此,赵匡胤掌握了后周的最高军权。

回到京城后,周世宗的病情不断恶化,那块木牌留在他心中的阴影挥之不去。他想到,短短几十年间,中原经历了梁、唐、晋、汉、周五个朝代,而自己竟当了大周的皇帝。自从登基,他不敢有任何懈怠,一直勤于朝政,志在强国富民。他不敢说自己功高盖世,但也超过了前几个朝代的皇帝。难道天不佑人,连这样的朝代也不能久远吗?他越想越悲观,病情更是一天天加重。

后周显德六年(959年)六月,周世宗病情急剧恶化,他急忙召见范质、王溥、魏仁浦、赵匡胤四人,托付后事。他说道:"朕自知将不久于人世,太子宗训年幼,皇后又是妇道人家,无法处理朝政,还望众卿齐心协力,辅助太子和皇后,完成朕未了的心愿。王著为朕在藩邸时的旧属,为人忠实,当任为相。"

王著为单州单父人,性格豁达,颇有才能,后汉乾祐年间考取进士。后汉灭亡后,周世宗听闻他的大名,特予召见,并将他留在身边,先后委任他观察支使、殿中丞、度支员外郎、翰林学士之职。王著生性嗜酒,遭到范质的反感,因此,在范质的主张下,四个人将周世宗交代的这件事情隐瞒下来。

不久,周世宗驾崩,年仅三十九岁。谥曰睿武孝文皇帝,陵曰庆陵,庙号世宗。仅六岁的柴宗训灵前继位,由范质、王溥、魏仁浦并相,执掌朝政。

就这样,名噪一时的周世宗走完了他轰轰烈烈的一生。他虽然没有完成生前的愿望,光复山河,但也收复了以三关为中心的关南地区,在历史上有着非常重大的意义。从军事意义上讲,关南北依白沟河,从白沟河向南为一片湖泊众多的水网地带,是防御辽国骑兵冲击的天然屏障。假以天年,周世宗必定会越过三关,夺取幽州。只可惜他壮志未酬，饮恨而逝。后来，赵匡胤正是在周世宗北伐的基础上，和辽国形成对峙局面。周世宗在政治、经济、军事上取得的成就，为之后北宋统一中原打下了坚实的基础。

五代十国时期，周世宗可谓是最有魄力、眼光最长远的皇帝。他上台之初便提出了任何一个皇帝都不曾想到的三个"十年计划"，即十年开拓天下，十年养百姓，十年致太平。该计划的具体含义是前十年开拓疆土，而后十年发展经济，最后十年让百姓享受太平盛世的幸福生活。

周世宗刚登基时，后周的国土面积并不大，北方的燕云十六州早就割让给了辽国，南唐和后蜀也趁乱下手，抢走了不少领土，仅有的一点土地还被战争破坏得千疮百孔。所以，要想江山稳固，首先就要解决疆土问题。当时的中原在经过大半个世纪的战乱后，经济严重衰退，人口急剧减少，生产力下降。因此，发展经济是一个非常必要的任务。最后，边疆问题稳定了，经济得到发展，老百姓过上太平盛世的生活，人人安居乐业，自然对朝廷感恩戴德，不再有反叛之心。

这三个计划环环相扣，步步推进。为了实现自己的伟大构想，他采纳了王朴精心制定的"先南后北"战略。首先发动高平之战，开启第一个"十年计划"。在接下来的两年时间内，周世宗一共三次亲征南唐，夺取南唐江北十四州的土地，有效扩大了后周的疆域。对于后周来说，江北十四州有着非常重大的战略意义：首先，富庶的淮北之地可以为中原政权提供有力的经济支援；其次，因为失去了江北的战略屏障，所以南唐都城江宁直接暴露在中原王朝的威胁之下，时刻都有亡国的危险。

但令人遗憾的是，周世宗刚刚开始实施他的这些计划，便英年早逝了。在病危之际，他嘱咐大臣们辅佐幼主，为儿子的登基铺平道路。

周世宗即位后，册封符氏为皇后。符氏谋略过人，有胆有识，不失为周世宗的贤内助。然而，自古红颜多薄命，周世宗御驾亲征南唐时，符氏对丈夫时刻牵挂在心，久而久之，竟然积郁成疾，不久便亡故了。

周世宗听闻妻子病逝的消息,悲痛欲绝,从此郁郁寡欢。后来,符氏的妹妹十分仰慕姐夫的威容,也嫁给了他,但是,周世宗因为忘不了结发妻,所以一直没有册封小符氏为皇后。

直到周世宗征辽途中患病后,为了自己的儿子,也为了大周江山,他才匆忙册立小符氏为皇后,同时册封长子柴宗训为梁王。符太后被册封时还不到三十岁。周世宗之所以这样安排,有两重用意:其一,在宫中安排了一个主事的人;其二,小符氏的父亲符彦卿手握重兵,可以很好地震慑那些觊觎皇位的人。

另外,周世宗托孤的几个顾命大臣,除赵匡胤为武将之外,范质、王溥、魏仁浦皆为文人,这就相当于把大权放在了文人手中。仅此一点就和五代时期其他政权截然相反,体现了周世宗追求太平盛世的愿望。假如三位顾命大臣死心塌地地效忠后周朝廷,即便赵匡胤有意谋反,也不会成功。

周世宗自以为安排得天衣无缝,然而,智者千虑,必有一失。他错就错在太相信赵匡胤,忽视了赵匡胤的能力,以至于一失足成千古恨,最终断送了后周的命运。

第三章 羽翼丰满显野心

第一节 义社十兄弟

赵匡胤在军中历练多年,知道欲成大事,必须有一群死心塌地追随自己的人。他大量笼络人才,每一次战争取得了胜利,都论功行赏,从不忘记犒劳身边的兄弟,因此,他手下的将士都对他非常感激,愿意死心塌地地效忠于他。

高平之战后,周世宗命赵匡胤着手改革禁军。赵匡胤成为禁军首领。随着地位的提高,他的野心也渐渐膨胀。他开始暗中储备力量,最终织就一张强大的关系网。他堂而皇之地将大批自己的亲信调入禁军,并让他们担任重要职务,其中包括百发百中的神射手马仁瑀、骁勇善战的李汉超,以及殿前司最有名的猛将王彦昇等人。这些人都是赵匡胤亲手提拔的,是他的心腹。此外,罗彦瓌在郭威时期便是禁军将领,因为触犯了郭威,遭到贬黜。赵匡胤掌管禁军之后,又重新提拔了他,因此他对赵匡胤感恩戴德。在后来的陈桥兵变中,罗彦瓌表现得十分积极。

除此之外,赵匡胤还组建了著名的"义社十兄弟",包括李继勋、赵匡胤、王审琦、杨光义、石守信、刘庆义、刘守忠、刘廷让、韩重赟、王政忠十人。

据说有一天，赵匡胤、石守信等十人在一家酒店里喝酒，众人酒兴正浓时，石守信突然提议道："赵军主（赵匡胤）、李厢主（李继勋），在座的兄弟们，我们来自五湖四海，为了求个好前程，投奔到郭大帅的帐下，得以相识，实属不易。小弟想，咱们八个营指挥也学一学那'桃园三结义'，拜个把兄弟如何？刚好请赵军主、李厢主两人做个见证。"

王审琦、刘庆义、刘守忠等人听了，拍案称绝，连连叫好道："这个主意好！"

赵匡胤看到这样的好事竟然没有自己的份，有些不悦，大声道："赵某孤陋，只记得《诗经》中有一篇《无衣》道'岂曰无衣，与子同袍'。我们出生入死，有幸十人相聚在一起，这是不知多少年才能修来的缘分，凭什么只能你们八人结拜，而李厢主和我则被弃之一旁？"

众人听了这话，知道赵匡胤误会了。石守信急忙解释说："赵军主息怒，且听我说，我们不是故意将你和李厢主排除在外。你们两位的职位比我们高，我们不敢高攀啊。"

赵匡胤正色道："你这话说得太见外了，我们相识多年，情同手足，何来高攀之说？"

众人看到赵匡胤如此洒脱，十分高兴，纷纷说道："能和赵军主、李厢主结为兄弟，我等当然求之不得。"

赵匡胤得了这话，又将目光转向李继勋，问道："不知李厢主意下如何？"

李继勋哈哈一笑道："这样的美事，怎能少得了我？"

于是，众人当即按照长幼顺序自东向西一字排列开来，面对关公像跪下，由李继勋领诵誓文。众人歃血为盟，对天盟誓：一生有福同享，

第三章 / 羽翼丰满显野心

有难同当,若有背叛,天诛地灭。而后,众人将誓言写在纸上,每人一份,以作凭证。

"义社十兄弟"最初不过是一群地位相似、情趣相投的将官构成的小圈子。随着他们在朝中地位的不断提高,这个圈子越来越大,实力越来越强,渐渐地发展成一张强大的关系网,成为赵匡胤身后不可或缺的支持力量。

"义社十兄弟"中,李继勋排行"老大",屡立战功,任侍卫步军都指挥使,领昭武军节度使。在"义社十兄弟"中,李继勋年龄最长,升迁速度也最快。不过,在后周显德三年(956年)的寿州之战中,他因指挥不当导致战事失利,被免去军职,出为河阳三城节度使。次年七月,他又被免去节度使一职,改任右武卫大将军,从此位于赵匡胤之下。

李继勋因为没有参与后来的陈桥兵变,所以不算是大宋的开国元勋。建隆元年(960年)六月,李继勋出任昭义军节度使。北宋和北汉战争时期,他屡立战功,被加封为同平章事,为使相①,后又迁任天雄军节度使。赵光义即位后,李继勋升为侍中。太平兴国二年(977年),李继勋患病,回洛阳医治,被封为太子太师,不久去世,终年六十二岁,追封陇西郡王,谥庄武。

赵匡胤为"十兄弟"中的"老二","老三"便是王审琦。王审琦出生于公元925年,起初投奔在郭威帐下。郭威建立后周,王审琦担任铁骑指挥使,为石守信的部下。那时候他便认识了赵匡胤,而且两人交情深厚,被称为"布衣交"。周世宗时期,他战功卓著,担任铁骑右厢都校。周世宗死后,柴宗训继位,提拔他为殿前都虞候。赵匡胤在预谋陈

---

① 使相:官职的名称,起源于晚唐时期,当时的朝廷为了笼络那些手握重权的节度使,特别授予他们同平章事的头衔,地位与宰相相同。

桥兵变时，特意将他留在京城，和石守信一同作为内应。赵匡胤登基称帝后，他被提升为殿前都指挥使、泰宁军节度使。在平定李筠、李重进叛乱时，他立下赫赫战功。"杯酒释兵权"后，他担任忠正军节度使，为政宽简，在这个位置上连任八年。王审琦不善饮酒，但赵匡胤以共享富贵为由，每次宴会必定让他豪饮一番。开宝六年（973年），他被提升为同平章事，衔为使相。就在这一年，他"暴疾，不能语"。次年，王审琦病故，追封琅琊郡王，终年五十岁。

结义兄弟中，杨广义排行"老四"，但历史上对其人没有详细的记载。"老五"是石守信，他是"十兄弟"中最主要的人物。石守信为开封人，出生于公元928年。后汉时期，他投奔到郭威帐下。郭威当了皇帝后，他也跟着被提拔重用，官至禁军亲卫都虞候。高平之战，他立下大功，升亲卫左第一军都校，之后又升任铁骑左、右都校。周世宗南征时，石守信担任赵匡胤的先锋，先后在六合、涡口、扬州之战中立下奇功，被提拔为铁骑、控鹤四厢都指挥使。后来，他又跟随周世宗北征辽国，担任陆路副都部署。征辽结束，赵匡胤升任殿前都点检时，石守信便接替了赵匡胤殿前都指挥使的职务，成为赵匡胤最得力的副手。陈桥兵变之前，他担任殿前司留京的最高长官，是赵匡胤留在开封的内应。兵变的前夕，他接到赵匡胤派来的心腹小校郭延赟的密信，便立即开始布置，下令"将士环列待旦"，时刻准备迎接赵匡胤回京登基。正是有了他的帮助，赵匡胤才能不费一兵一卒进入开封城，夺取皇帝宝座。此外，石守信最大的功劳是很好地保护了赵匡胤的家人。据说，当时的京城留守韩通得知赵匡胤发动兵变的消息后，第一时间到达赵匡胤府中，想要以其家眷为人质要挟他。可是，杜氏、贺氏等人早已在赵匡胤出城前就被安排在城内的一座寺庙里，赵匡胤又命楚昭辅提前入城，以保护僧人的名义保护他们。石守信担心楚昭辅独力难支，又加派了一支队伍，最终抵挡住了韩通的进攻。兵变成功后，赵匡胤给石守信记了一个大功，任命其为侍卫马步军副都指挥使，并改兼归德军节度使。后来，李筠、李重进叛乱，石守信前去平叛，再立奇功，于建隆二年（961年）升任侍卫亲军马步军都指挥使。在和平时期，赵匡胤为了不重蹈覆辙，对许多功臣采取了"杯酒释兵权"的措施。赵匡胤死后，石守信被检举"专事敛财"，但他仍然被宋太宗启用。太平兴国九年（984年）七月，石守信因病去世，享年五十七岁，追封威武郡王，谥武烈。

刘庆义、刘守中分别在"十兄弟"中排行"老六""老七"，两人和"老十"王政忠在历史上都没有详细的记载。"老八"是刘廷让。刘廷让祖籍涿州范阳，本名光义，宋太宗即位后，为了避讳，改名廷让。他出身于官宦世家，其曾祖刘仁恭和祖父刘守文皆为节度使。后汉末年，他投到郭威麾下。郭威登基后，他被封为侍卫司龙捷右厢都指挥使。

建隆元年（960年）三月，李筠叛乱，刘廷让随军出征，任行营先锋使。次年，他升任侍卫马军都指挥使，领宁江军节度使。次年正月，刘廷让因为在征讨后蜀中立功，所以改领镇安军节度使。开宝六年（973年），他被罢免军职，出为镇宁军节度使。太平兴国二年（977年）五月，刘廷让辞去节度使一职，改任右骁卫上将军。雍熙三年（986年）五月，刘廷让在未获得批准的情况下，擅离治所到京城治病，因此被削夺官爵，并被发配隶商州，途中绝食身亡，终年五十八岁，追授太师。

韩重赟为"十兄弟"中的"老九"，磁州武安人，同样早年投靠在郭威麾下，因在周世宗显德元年（954年）与后汉的高平之战中立下大功，被提拔为殿前司铁骑指挥使，后担任控鹤军都指挥使。在赵匡胤发动的陈桥兵变中，韩重赟"以翊戴功"，被封为侍卫亲军司马军主力龙捷左厢都校。建隆元年（960年）五月，他因征潞州李筠有功，任侍卫马军都指挥使，领宁江军节度使。同年九月，他出征淮南，任淮南行营马步军都虞候。建隆二年（961年）七月，赵匡胤"杯酒释兵权"，他接替王审琦的职务，为殿前都指挥使，改领义成军节度使。次年，韩重赟负责监督皇城扩建。乾德四年（966年）八月，黄河滑州段决口，韩重赟负责整修。他屡负重任，遭他人妒忌，于乾德五年（967年）初被诬"私取亲兵为腹心"，险被杀头，幸得赵普力保，侥幸留下一条性命，被贬为彰德军节度使。开宝二年（969年），赵匡胤亲征北汉，韩重赟重新被启用，担任北面都部署。开宝七年（974年），韩重赟病逝。

第二节　奇人苗训

苗训，为河中人。苗训少年有志，总想长大后干一番轰轰烈烈的事业。为了实现愿望，他特意跑到华山，拜当时著名的道士陈抟老祖为师。他聪颖好学，才智过人，深得陈抟老祖的喜爱，故得陈抟老祖格外倾心的教诲。数年之后，苗训已学得满腹经纶，超越了同门师兄弟。陈抟老祖曾说："我一生教了众多弟子，将来成大器者，唯光义也。"不久，苗训辞别师父下山，周游天下，到处寻师访友，虚心求教，开阔了眼界，丰富了智识，对重大问题有自己独到的见解和分析。这时候，各地战火连绵，山河破碎，百姓饱受战乱之苦，哀鸿遍野，惨不忍睹。苗训目睹现状，心中万分愤慨，发誓一定要投靠明主，拯救黎民百姓于水火之中。

苗训回到家乡，在柳叶镇耍金桥边搭了一间简易的草棚，每日坐在里面为人算卦相面，坐诊看病。无论远近贫富，一视同仁。据说，他算卦相面十分准确，而且医术高超，药到病除。一时间，苗训名声大噪。前来问卦算命、看病求药的人络绎不绝。传闻当时柳叶镇有姓郭的一家三口，儿子常年在外经商，家中只有妻子和六十多岁的老父亲料理几亩薄田。这年四月的一天早上，其妻张氏到地里给郭公送饭，看到郭公正在田间锄草，交代了几句后便把饭挂在树枝上回家了。不料，郭公吃过饭后，当场死于树下。路人发现郭公的尸体，急忙报官。仵作验尸，判定郭公为中毒而死。官府认定张氏为凶手，当即将其逮捕入狱，决定秋后问斩。判决一出，当地便遇大旱，七十余天滴雨未下。县令亲自为民祈雨也无济于事。苗训觉得此事蹊跷，于是他来到案发现场，让人再将饭挂在树枝上，两个时辰后取下来喂狗。狗吃过饭后当场吐血而死。于是，他又命人在树下点燃蒿草松香，并将树砍倒，只见树中央的枯洞中蜷伏着一条大蛇。县令恍然大悟，急令释放张氏。当日，天降大雨，旱情遂得到缓解。因为这一事件，苗训的名声更加响亮。

苗训和赵匡胤素有渊源。据说，赵匡胤闯荡江湖时，有一天经过柳叶镇的耍金桥，看到桥边有个卦棚，两旁挂着一副对联：上联是"一笔如刀，劈开昆山分石玉"，下联是"双瞳似电，观透沧海变鱼龙"，横批是"断事如见"。卦棚下面挤满了人。赵匡胤心想："我已经流浪多日，到现在也找不到出路，既然眼前有这么好的神算子，不妨问一问他我的前途如何。"于是，他挤开众人，站在苗训面前，躬身施礼道："有劳先生也帮我卜一卦。"

苗训抬起头来，看了赵匡胤一眼，大吃一惊，急忙起身施礼，口中称道："原来是贵人驾到，都怪小人有眼不识泰山，还望贵人恕罪！"

赵匡胤一脸迷惑，自己衣着朴素、样貌平平，为何被称作"贵人"？他不禁问道："先生何出此言？"

苗训看周围闲杂人等众多，只好隐晦地回答："贵人请听，我观你双眉带煞，二目有神，料定你左肩头有一枚朱砂痣，若果真如此，乃大富大贵之相，日后必成就一番伟业。"

赵匡胤半信半疑，心中想道："他第一次见我，怎会知道我左肩头有朱砂痣？难道我真有贵相？"想到这里，他冲苗训放低了声音说："此处不是讲话所在，还请先生移步方便处细细讲来。"

苗训得了这话，忙收起了卦摊，请赵匡胤回到家中，热情款待，并解释刚才称呼他为"贵人"是避人耳目,其实他日后有望成为九五至尊。赵匡胤格外惊讶,不敢相信苗训的话。席间,苗训向赵匡胤分析了天下形势,并告诉他:"目前,汉水以南局势尚且稳定,但北方仍饱受战乱之苦,百姓生活在水深火热之中。你如果想要成就一番霸业,应当去北方,广结天下英雄豪杰,扩张势力,静待时机。"之后,苗训又告诉他,在河北邺都任后汉最高军事长官的郭威是一位英雄人物,正招兵买马,可前去投靠,以图发展。赵匡胤听后,醍醐灌顶,急忙向苗训道谢。

次日,赵匡胤向苗训辞行。苗训看到赵匡胤衣衫破烂不堪,又特意赠送衣物银两。赵匡胤为此十分感激。

后汉乾祐元年(948年),赵匡胤投奔到郭威帐下。在随后几年里,他平步青云,官越做越大,但他并没有忘记老友苗训,还派人到柳叶镇去寻找苗训。不久后,苗训到了开封,被赵匡胤推荐给当时的周太祖郭威。

苗训在朝为官后,做的第一件事便是极力推荐赵匡胤带兵出征。

赵匡胤有了独当一面的机会,立下大功,并被提拔了官职。这件事以后,苗训和赵匡胤的关系更加密切了。

有一天,夜深人静之后,赵匡胤和苗训促膝长谈。赵匡胤问道:"先生当初给在下相面,说我有天子之相,不知在何时应验?"

苗训回答说:"当今天子英明,万民归心。将军欲谋大事,切不可轻举妄动,须静待时机,否则,不但会前功尽弃,还会落个冒天下之大不韪的罪名。"

赵匡胤接受了苗训的建议,踏踏实实地跟随郭威南征北战,并向郭威请求将苗训留在自己军中,为他出谋划策。郭威死后,柴荣继位,苗训先后将文人赵普和有万夫不当之勇的郑子明推荐给赵匡胤。后来,周世宗御驾亲征南唐,赵匡胤作为军中大将,率领本部人马和敌军交战,节节胜利。重大的军事胜利使赵匡胤在军中的威望得到了很大提高，他也因此得到周世宗的提拔。直到周世宗病逝前夕，赵匡胤官拜殿前都点检，成为殿前司禁军的最高统帅，苗训也被任命为殿前都指挥使。

赵匡胤在苗训的精心运作下，拥有了文有苗训、赵普，武有潘美、高怀德、石守信、郑子明等人的集团势力，更有"义社十兄弟"中的九人紧紧团结在他的周围，帮助他成就一番大业。

第三节　赵普入盟

赵普，字则平，祖籍幽州蓟县，其曾祖父在唐末任三河县令，其祖父赵全宝在唐末任澶州司马，其父赵迥在五代时任相州司马。赵普出生于李存勖建立后唐政权的前一年。石敬瑭将燕云十六州割让给辽国，赵普的幼年便是在时局动荡中度过的。十五岁那年，他全家因受不了辽国人的侵扰，便跟随家族迁到常州居住。之后，为了躲避战乱，他们又举家搬迁到洛阳。就这样，他在颠沛流离中度过了少年和青年的时光。这种特殊的经历让他对战争产生了强烈的厌恶心理，并深刻地认识到百姓多么渴望和平生活。

因为幼年生活在辽国人的治下，赵普读书并不多，但他十分喜爱文史，有"半部《论语》治天下"的至理名言。

到了洛阳后，赵普一家的生计依然没有着落，他只好外出谋生。偶然间他到了陇州，成为凤翔节度使属下的陇州巡官。后来，赵普又到了长安，看到曾经繁华一时的昔日汉唐帝国的首都，经过战争，变得满目疮痍。赵普被深深震撼了，他似乎看到了强盛一时的文明帝国的衰落过程，感受到了战争的残酷。之后，他又投奔到刘词的幕下，担任从事，与楚昭辅、王仁赡为同僚。刘词认为赵普是个难得之才，于临终之前将其推荐给周世宗。

赵匡胤和赵普相识，相传还有这么一个故事。

滁州大捷之后，赵匡胤的部下清乡，抓捕了一百多个强盗。赵匡胤不由分说就要将这些人拉到大街上斩首示众，赵普心细，劝赵匡胤道："杀人是大事，必须审问清楚了再动刑，如此不经审问便杀头，万一冤枉了好人，岂不是酿成大错？"

赵匡胤见赵普态度坚决，便说道："先生只要不怕麻烦，尽管去审问便是。"

于是，赵普领命而去。几天后，他将一份名单递到赵匡胤面前，除了几个真正的盗贼外，其余大部分都是无辜百姓。城中的百姓听说了这件事，认为是赵匡胤的功劳，纷纷夸赞他英明仁慈。赵匡胤心知自己受之有愧，从此对赵普刮目相看，遇到事情，必定先和他商量。

赵匡胤的父亲赵弘殷率兵来滁州支援儿子，不料刚到几天竟然病倒了。就在这时，周世宗命令赵匡胤增援六合及扬州。一边是病榻上的父亲，一边是周世宗的命令，二者不能兼顾，赵匡胤十分为难，于是找来赵普商议。赵普劝慰道："自古忠孝难以两全，将军如果信得过在下，就让在下留下来替您尽孝，将军尽管放心出征。"

赵匡胤心中不忍，说道："这不是件小事，怎敢劳烦先生？"

赵普道："将军姓赵，在下也姓赵，你我本是同宗。将军若不嫌弃我，今后你的父亲就是我的父亲。儿子照顾父亲，是天经地义的事情。"

赵匡胤深受感动，对赵普深施一礼道："既然我们同宗，自此以后，你我便如同手足，此生绝不相负。"说完，他便让赵普留下，自己则带领精兵奔六合而去。

平定淮南后，赵普担任推官，与楚昭辅、王仁赡、沈义伦、刘熙古、李处耘等人一起为赵匡胤出谋划策。当时，吕余庆担任掌书记。三年后，赵匡胤改任归德军节度使，赵普接替吕余庆为掌书记，成为赵匡胤集团的核心人物。在跟随赵匡胤的这些年中，他越来越相信赵匡胤是个干大事的人，于是更加真心实意地帮助他实现愿望，并成功地策划了"点检作天子"、陈桥兵变、宋太祖登基等一系列重大政治事件。

赵匡胤登基之后，要论功行赏。以赵普的功劳和资历，他完全可以担任宰相一职，但是，赵匡胤为了拉拢后周的老臣，仍然保留了范质的宰相职务，赵普则被封为右谏议大夫，充职枢密直学士。对这样的封赏，赵普欣然接受，他非常明白赵匡胤的一片苦心。后来具体施政时，赵普其实充当了宰相的角色，主持制定了许多重要的方针政策。李筠、李重进叛乱时，赵普看到形势不乐观，为了鼓舞士气，他力荐赵匡胤御驾亲征，并随同前往，最终成功平定叛乱。

乾德二年（964年），在经过四年的治理后，宋朝的政局逐渐稳定下来，百姓安居乐业，经济逐渐走向繁荣。赵匡胤决定对朝政进行改革，他罢免了三位宰相，改任赵普为门下侍郎、同平章事，实际上仍然是宰相的职位。

赵普受到赵匡胤重用，自然感激不尽，更加尽心尽力地辅佐他。为了帮助赵匡胤实现天下一统的心愿，他精心制定了"先南后北"的征战方针。乾德五年（967年）春，赵匡胤加封赵普为右仆射和昭文馆大学士。

赵普敢于直谏，而且不达目的决不罢休。史书上记载，他遇到一个有才能的人，便极力向赵匡胤推荐，然而，赵匡胤并不喜欢这个人，于是不予录用。赵普并不罢休，第二天又找到赵匡胤，再次推荐，赵匡胤仍然不理睬。第三天，赵普再次找到赵匡胤。赵匡胤十分生气，将奏章撕掉扔在地上。赵普却面不改色地双膝跪地，将撕碎的奏章捡起来带回家中，一点点拼接完整后再一次呈给赵匡胤。赵匡胤看到赵普如此固执，心中不禁好奇，这个让赵普一再向自己举荐的人到底有何才能？于是，他派人前去调查，此人果然是个非凡的人才。他理解了赵普的一片苦心，心中惭愧不已，下令录用此人。

可以说，赵匡胤能当上皇帝，赵普功不可没。但仅仅一个赵普是远远不够的，在赵匡胤的智囊团中，还有吕余庆、沈义伦等很多人。他们各有特色，在赵匡胤发动政变以及登基后治理朝政等方面都起到了不可估量的作用。

赵匡胤非常明白，想要实现自己的远大理想，仅靠他的"义社十兄弟"和赵普、苗训两位军师是不可能完成的，还必须寻求更多伙伴。他利用一切机会，拉拢朝中的文臣武将，为将来兵变做准备。

当时，朝中有一个著名的文臣，名叫吕余庆，是幽州安次人，本名胤。其祖父为吕衮，曾任横海军节度判官。其父吕琦在后晋时担任兵部侍郎。后晋时期，吕余庆补任千牛备身，先后担任开封府参军、户曹掾、忠武军节度使石重睿的推官。后汉时期，吕余庆升任濮州录事参军。

赵匡胤早就听说了吕余庆的大名，想到自己身边缺少得力的谋士，就想将其拉拢过来，和赵普、苗训一块为自己出谋划策。于是，他便向周世宗推荐说："末将听闻吕余庆文韬武略，忠心耿耿，陛下何不考虑重用此人？"

周世宗对吕余庆略有耳闻，问道："是曾经担任濮州录事参军的吕余庆吗？"

赵匡胤点头道："正是。"

周世宗正求贤若渴，根本没有想到赵匡胤会有私心，便毫不犹豫地说："他既然是人才，就不能被埋没了，让他到朝中当个定国军掌书记吧。"

吕余庆升了官职，当然不会忘记举荐他的赵匡胤。为了进一步拉拢吕余庆，赵匡胤一直把他带在身边。作为回报，吕余庆也尽心帮赵匡胤谋划，在后来的陈桥兵变中起到很重要的作用。赵匡胤即位后，他一直担任要职，官至尚书左丞。

另外，李处耘也是赵匡胤极力拉拢的人物。李处耘为潞州上党人，其父名叫李肇，为后唐检校司徒。李处耘自幼习武，身手十分了得。后汉初期，他跟随州官折从阮处理军务，后因为被折从阮的外甥诬告，被周世宗贬为宜禄镇将，多亏折从阮上表为其昭雪，得以重归折从阮部下。

显德年间，李处耘被折从阮推荐到李继勋门下，做了一名属官，负责掌管黄河渡口。李处耘处事谨慎，经过仔细观察后，他跟李继勋汇报："这个渡口每天来往的人很多，恐怕有奸细混进来。"

李继勋说道："这件事由你负责查办，一定要把奸细找出来。"

经过几个月的调查，李处耘果然抓到了辽国的奸细，并将奸细押送到朝廷。

当时，赵匡胤担任殿前亲军的首领，他听说了李处耘的事情后主动找到周世宗，说道："李处耘明察善断，不如让他到殿前军中来，更好地为陛下效力。"

周世宗说："好啊，就让他跟着赵卿当个都押衙吧。"

从此以后，李处耘便跟随赵匡胤南征北战，忠心效力。陈桥兵变时，李处耘积极参与，与王彦昇、马仁瑀、李汉超等人在军中活动，大造声势，为赵匡胤做了许多准备工作。

另外，还有更多的军中基层官员，比如侍卫马军都指挥使韩令坤，龙捷右厢都指挥使赵彦徽、虎捷左厢都指挥使张光翰，大将高怀德、张令铎等，都为大宋的建立做出了突出贡献。没有他们的共同努力，赵匡胤登临帝位的道路也许会坎坷很多。

第四节　铲除异己

赵匡胤利用周世宗允许自己挑选精兵强将组建殿前司诸军的机会,将亲信全部安插在重要岗位上,还拉拢了一众文武,形成了一个以他个人为核心的权力圈子。

但是此时,他心中非常清楚,自己距离皇位还很远,在迈向龙椅的道路上还有几块绊脚石,除了韩通、范质、王溥、魏仁浦等朝中文武大臣外,还有两位重量级人物——张永德和李重进。

张永德是周太祖郭威的女婿,周世宗柴荣的干妹夫,担任殿前都点检的职位,直接掌管禁军。

起初,赵匡胤和张永德只是一般的同僚关系,并没有与之深交。高平之战时,由于情势危急,周世宗不顾安危,亲自披甲上阵。赵匡胤与张永德配合作战,取得胜利。

事后,因为救驾有功,赵匡胤得到提拔,从此和张永德成了好友。赵匡胤完全凭自己的本事闯出一片天地,在朝中没有根基;而张永德是皇亲国戚,和周世宗是平辈亲属,根基十分牢固。张永德因此成了赵匡胤在朝中的一把"保护伞"。

其实,张永德和赵匡胤交好,也是有原因的。据《宋史》记载,张永德迷信相术,家中供养了很多看相、算命的术士。其中一个术士告诉他,以后会有两个属猪的人出现在他身边,届时务必好好珍惜,可保富贵五十年。在那个动荡的年代,别说富贵五十年,能不能安全无虞地生活十年都不知道。尤其是王公贵族,一旦改朝换代,他们就是泥菩萨过河——自身难保。他听了术士的话,到处打听属猪的人。后来,他结识了赵匡胤，得知赵匡胤属猪，而且他的弟弟赵光义也属猪。张永德大喜过望，认为兄弟二人是上天给自己的贵人，于是特别优待赵匡胤兄弟。赵匡胤被提拔重用之后，其发妻贺氏去世，他便在京城续娶了王氏。张永德特意送去一份大礼，价值几千缗。后来赵匡胤当了皇帝，张永德出将入相，享尽荣华富贵。他七十多岁时，宋真宗执政，宋辽边境又出现摩擦，朝廷还特意请他担任顾问一职。

高平战役之后，赵匡胤和张永德的命运似乎就紧密地联系在了一起，张永德担任殿前都指挥使时，赵匡胤得到他的推荐，担任殿前都虞候。可以说，如果没有张永德的极力推荐，周世宗就不会那么快地提拔赵匡胤。

张永德虽然和赵匡胤的私交甚笃，但涉及皇权，肯定不会不闻不问。因此，赵匡胤若想当皇帝，第一块要踢开的"绊脚石"便是张永德。

于是，赵匡胤问赵普："张永德居我之上，在朝中德高望重。依先生之见，该当如何？"

赵普思索片刻，说道："最好的办法就是让圣上对张永德产生怀疑，然后把他调走，将军便可取而代之。"

赵匡胤苦笑道："张永德贵为皇亲国戚，最得陛下信任，取代他谈何容易！"

赵普用手捋着胡须，胸有成竹道："将军放心，我自有办法。"于是，周世宗的御帐内便有了"点检做天子"的木牌。

周世宗鞍马劳顿，身患重病，好不容易稍有好转，又在御帐内发现了木牌，整日心事重重，以致病情加重。就在这个节骨眼上，张永德押送大量物资来劳军。他看到周世宗病情严重，十分担心，问道："陛下龙体欠安，接下来准备继续北征还是班师回朝呢？"

周世宗本不是生性多疑的人，但他此时不得不多加留意。沉思片刻，他反问张永德："以驸马之意，我军该何去何从？"

张永德对木牌的事情毫不知情，如实回答说："大军在此停留多日，京都长期无主，人心惶惶，恐日久生变，臣以为陛下应当尽快班师回朝。"

周世宗紧紧盯着张永德，久久不语。他似乎想从张永德的脸上看出点什么，却一无所获，这更加重了他的疑虑。

次日，周世宗下令班师回朝，他坐在龙辇中，心中反复思考一个问题：张永德难道真的会造反吗？

当时，赵匡胤重新组建的侍卫亲军已经成为最强悍的军队。谁掌握了这支军队，谁就直接掌握了皇帝的性命。张永德已经连续三年执掌这支军队，军中都是他的亲信。周世宗觉得现在皇权在己手，张永德自然不会妄动，但假如有一天自己驾崩，皇位传给年幼的儿子，形势恐怕不利。

"难道那块木牌真的是在暗示张永德会当皇帝？难道是他故意派人放进朕帐中的吗？"周世宗想到这里，随即又摇头，"不可能，那样岂不是此地无银三百两。可是，不是张永德又是谁呢？赵匡胤？韩通？李重进？"想到李重进，他紧接着便想起一件往事来。

有一年，张永德向他告发，说李重进有意造反。他知道两人一直面和心不和，就没有轻易相信张永德，而是派人暗中调查，结果发现两人因为喝酒发生口角，张永德便出此下策，公报私仇。两人都是朝中重臣，又都是皇亲国戚，为了息事宁人，周世宗并没有追究，此事不了了之。事后，李重进知道了这件事，并没有对张永德采取报复行动，而是主动找到张永德，二人化干戈为玉帛。由此看来，比起张永德，李重进的城府更深。李重进在将领中资格最老，是第一个追随郭威打天下的人。总而言之，李重进买通皇帝身边的人，偷偷将木牌放在御帐里，以便诬陷张永德，也不是不可能的事。

周世宗思来想去，认为李重进更可疑，但为了以防万一，他还是撤去了张永德的都点检一职，让赵匡胤取而代之。

回到京城后，周世宗的病情恶化。临终前，他不忘将李重进调到千里之外的扬州当节度使。从此以后，李重进虽然还担任侍卫马步军都指挥使的职务，却有职无权，想要插手朝政也是心有余而力不足了。

就这样，赵匡胤巧妙地踢开了张永德和李重进这两块"绊脚石"，亲自掌管禁军，"一石三鸟"，为自己登上皇帝宝座铺平了道路。

第五节　赵府议事

后周显德六年（959年），周世宗去世，柴宗训灵前继位。赵匡胤看到小皇帝还只是一个贪玩的娃娃，难当大事，认为自己登临大位的时机到了，野心便渐渐显露出来。

此时，朝中大部分大臣还是忠于先帝的，他们很快就觉察到了赵匡胤的心思，于是纷纷劝说小皇帝尽快解除赵匡胤的兵权，以免养虎为患。可是，柴宗训完全没有危机意识，只改任赵匡胤为归德军节度使、检校太尉，并没有解除他的兵权。尽管这样，精明的赵匡胤还是有所觉察，加紧了兵变的步伐。

当时，慕容延钊、王审琦、石守信三人都是赵匡胤的心腹。几个极为关键的职位都被赵匡胤把持着。

后又经过一系列人事调整后，在整个禁军系统中，除了韩通、李重进外，其他担任要职的人几乎都是赵匡胤的亲信。李重进虽然身居高位，人却在扬州；韩通虽留守京都，却威武有余，智谋不足。除了手握重权的将领，赵匡胤身边还聚集着赵普、王仁赡、楚昭辅、李处耘等智囊人物，这些人对他的成功同样起着重要作用。

做好缜密的布局后，赵匡胤开始行动。他深知事缓则圆，凡事必须一步步来。就在这时候，发生了一个小插曲。

有一天，赵匡胤的弟弟赵光义进宫接受召见，他仗着兄长的势力，竟然不顾君臣礼节，没有给符太后和小皇帝施礼，召见完后转身就走。符太后认为赵光义傲慢无礼，找来范质和王溥诉说委屈。两人认为这件事事关朝廷威严，应当好好教训一下赵光义。于是，次日上朝，王溥当着文武百官的面参劾赵光义。赵匡胤急忙替弟弟赔罪，并保证不会再发生类似的事情，此事才算告一段落。

退朝后，赵光义愤愤不平地回到家中，越想越生气。最后，他干脆找来赵普、苗训、李处耘、王审琦等人，开始具体筹划兵变的事情。他说道："王溥实在欺人太甚，他竟然当着文武百官的面让我颜面扫地！殊不知，他已经是秋后的蚂蚱，时日无多。事成之后，看我怎么收拾他！"

赵普急忙劝慰说："此言差矣，越是到这时候，我们越是要谨慎行事，以免有破绽。"

石守信不服气地说："我们已经掌控了全国一半的军队，想要成就大业，可以说是易如反掌，先生还有什么可担心的呢？"

赵普却摇摇头，回答："我们现在虽然掌握重兵，发动兵变不成问题，不过还要看清周边形势。北有辽国，南有南唐，还有后蜀、后汉，都在觊觎我中原疆土。一旦有风吹草动，他们必然乘虚而入，坐收渔翁之利。"

听了赵普这番话,众人就像被浇了一盆冷水,瞬间沉默了下来。过了好久,李处耘才开口说道:"依先生所言,难道我们要这么一直等下去?"

赵普表情凝重地回答:"猎豹为了捕捉猎物,可以伏在草丛中一天一夜不动,时至今日,我们切不能因为一时冲动犯下不可挽回的错误。我们一定要静待时机,否则前功尽弃。"

众人都认为赵普的话有道理,纷纷点头称是。

旋即,赵普又出人意料地说:"不过,事情既然到了这步田地,我们也应该自己创造机遇。"

王审琦不明白赵普的意思,问道:"先生此话怎讲?"

赵普回答:"现在朝廷表面上风平浪静,实际上暗流汹涌,众人的目光都盯在将军身上,一旦有风吹草动,必然引起惊涛骇浪。将军虽然掌握重兵,但范质、王溥自然不会坐以待毙,肯定会对将军发难。"

慕容延钊不服气地说:"现在将军执掌大权,可随时取而代之,你我明知范质、王溥之流无法阻挡,为何不说服他们站到我们这一边,这样不就少了许多麻烦吗?"

赵普摇头道:"范质、王溥身为托孤重臣,对先帝一片忠心,要想说服他们并非易事。我们现在要做的是找到一个顺应民心的理由,让众人知道将军登基是天命所归。"

这时候,一直没有说话的苗训突然开了口:"风云雷雨,国家祥灾,都是经过长时间酝酿才形成的结果,然而,世人看到的只是爆发的当下,看不到酝酿和变化的过程。"

石守信又问道:"依先生之言,这一次的变化还要多久?"

苗训回答："近来我夜观天象，看到天上出现了两颗帝星，其中一颗越来越亮，另一颗越来越黯淡。新帝即将出现，此乃天意，不是世人能改变的。"他顿了一下，又说道："将军一生丰功伟绩，胸怀黎民苍生，可担此重任。自古以来，朝代兴衰更迭，无可避免，凡举大事者，都要杀伐果断，但将军为人宽厚，有好生之德，必定不愿意做出忤逆之事。天命难违，将军就算不站出来，他日也会有别人站出来，反倒乱了天下。不如我辈先私下里谋划好此事，等时机成熟再告诉他，那时木已成舟，他想拒绝也不行了。"

其实，苗训的一番话并非实情。赵匡胤从离家那一天开始，便立下目标。他后来遇到郭威，随着战功日益显赫，官位越来越高，野心也越来越大，最终盯上了皇帝的宝座。苗训说赵匡胤没有称帝之心，不过是在替他"打掩护"罢了。

接下来，众人便开始商量具体的行动计划。赵普说道："这一次我们举事，成败的关键在于能否控制住禁军。城中的关卡、城防，以及皇宫内的各个要道全部归石、王二位将军掌管。要想让大军顺利进城，通过各路关卡进入皇宫，一定要提前布置好自己的人马。"

石守信和王审琦同时点头说："请先生放心，我们这就回去做好布置，保证万无一失。"

赵普又审慎地环视一圈众人，说道："诸位将军，开弓没有回头箭，我们务必慎之又慎，考虑好每个环节。举事之前，我们的将士必须各就各位，只有这样才可保证万无一失。"众人齐声允诺。

安排好了这一切，赵普等人长长地吁了口气，他们走出客房，明媚的阳光刺得他们一下子睁不开眼。

第六节　周密的计划

想要成功地发动政变，首先要具备一个条件，那就是控制军队。眼下，赵匡胤虽然担任着皇帝警卫总司令的职务，但调动军队的大权仍掌握在符太后等人手中，他只有领兵的权力。年底的一天，赵普、苗训等人又一次聚在赵光义的房里，开始仔细地研究起来。

赵普说道："先帝在世时，特意安排范质、王溥、魏仁浦、韩通、李筠等人分别掌管文武大权，形成互相牵制的局面，纵使有人怀异心，也无法行动。将军如果无法离开京城，就没有举事的机会。"

苗训深有同感道："是啊，这正是先帝的高明之处。我们必须想办法让将军调动军队，绝不能这样一味地空等下去，以免夜长梦多。"

李继勋、王审琦、李处耘等一些武将纷纷点头赞同，说："两位先生所言极是，只是不知道如何才能帮助将军？"

赵普说道："年节马上要到了，按照往年惯例，宫中要大摆宴席。今年新帝登基，仪式肯定会更加隆重，我们必须抓住这次机会。"他停顿了一下，又继续说道，"多年来，辽国一直觊觎我中原国土，去年又被我大周收复了三关，更是不甘心。我们何不在这方面做点文章？"

众人听了，似有所悟，李继勋问道："先生的意思是让我们说辽国来犯，让将军带兵出征？"

王审琦不无担忧地说："小皇帝如果不让将军带兵出征，我们又该怎么办？"

苗训微笑道："我朝虽然武将不少，但能真正精通带兵打仗的，只有将军一人，所以不必担忧。"

王审琦听到这里，忍不住兴奋得大叫道："太好了，到那时，我和将军一块出兵，一定要亲手把龙袍披在将军身上。"

苗训却说:"别人可以随同将军出城,唯独你和石将军必须留在城里,做好内应,不能有任何闪失。"

王审琦先是一怔,而后和一旁的石守信对视了一眼,点头道:"也好,我们愿意听从先生的安排。"

赵普又扭脸看着张琼和李良,说道:"还要麻烦两位将军辛苦一趟,骑快马分别去镇、定二州,让那里的守将务必在正月初一那天派人到朝中送边境告急文书。"

张琼和李良同时答应:"先生放心,一定照办。"

后周显德七年(960年)正月初一,天上飘着鹅毛般的大雪,狂风呼啸。整座开封城都沉浸在新年的欢乐气氛中,皇宫内更是张灯结彩,喜气洋洋。这是柴宗训当皇帝后的第一个新年,必须好好庆祝。

一大早,柴宗训便在宫女的侍候下,换上崭新的龙袍,在符太后和范质、王溥、魏仁浦等几个顾命大臣的陪同下走出寝殿,来到朝堂,主持新年庆典仪式。

文武百官和各国的使节早已恭候在朝堂之外,他们听到内侍的召唤。文武百官排着整齐的队伍拾级而上,进入大殿,在朝堂中跪拜,齐声呼道:"万岁万岁万万岁!"

小皇帝享受着至高无上的荣耀,脸上露出童真的笑容,用稚嫩的童声道:"众卿平身!"

"谢万岁!"群臣齐应一声,起身分列两旁。

紧接着,各国使节有序进入,向小皇帝奉上精心准备的贺岁大礼。小皇帝好奇地看着造型各异的奇珍异宝,脸上笑开了花。

众人朝贺完毕,小皇帝宣布退朝,然后便在符太后和太监、宫女的簇拥下回到后宫尽情地玩耍去了。

宰相范质和王溥下了朝堂,正要回府,忽然接到边关急报,说是辽国大军压境,正气势汹汹地逼近河北重镇定州。另外,北汉也正在调

第三章 / 羽翼丰满显野心

兵遣将，有东出土门关向镇州逼近的迹象。周世宗在位时，曾在高平大战中重挫北汉军队，后又北征辽国，轻取三州，北汉和辽国因此记恨在心。如今，两方趁周世宗新丧，皇帝年幼，伺机报复也不是不可能。范质和王溥不敢怠慢，急忙向小皇帝和符太后禀报。

河北为京都的屏障，一旦河北失守，大军渡过黄河便可直逼开封，因此对于辽国和北汉的行动，朝廷不得不特别重视。符太后久居深宫，从未参与行军打仗，根本没有经历过这种事情，小皇帝年幼未经事，更是仓皇无措。能拿主意的当然还是几个顾命大臣。行军打仗是武官的事情，范质、王溥、魏仁浦，还有枢密使吴廷祚等人都是文人，不可能挂帅出征。

经过众人商议，大家一致认为，后周虽然经过多年的征战，培养出了一大批高级将领，但真正有资历、有威信、有能力的帅才并不多，其中最适合委此重任的人当属李重进。李重进是后周首任殿前都指挥使，在后周的众多将领中资历最老，地位也最高，奈何他被先帝安排在千里之外的扬州，远水解不了近渴。另外一个是张永德，他身经百战，指挥能力超群，地位高，资历深，又是皇亲国戚，但他已经失去朝廷的信任，下放到外地镇守去了。再有一个韩通，也是后周的开国元勋之一。他战功卓著，深得周世宗的信任。周世宗驾崩前，还专门下令：禁军军政多由韩通负责。可是，韩通性格鲁莽，脾气暴躁，因此不是合适的人选。最后一个就是赵匡胤了。赵匡胤虽然年轻、资历浅，但有丰富的实战经验和带兵经验，而且此人武艺高强，早在跟随周世宗征战时就让南唐和北辽闻风丧胆。另外，赵匡胤为人厚道，深受将士们的爱戴，挂帅出征再合适不过。

于是，范质、王溥、魏仁浦以及吴廷祚一致向符太后建议："现今朝中，唯有殿前都点检赵匡胤将军智勇双全，勇冠三军，可以担任统兵大元帅。副点检慕容延钊骁勇善战，可为先锋。圣上可令其他各镇将军集结兵马,由赵匡胤统领,北面迎敌,再由侍卫亲军副都指挥使韩通出任在京巡检,留守开封。如此安排,大周无忧矣!"

符太后听完几位大臣的分析后觉得有理,想到自己的亲妹妹又嫁给了赵光义,赵匡胤也算是皇亲国戚,定然死心塌地保卫大周江山。于是,她当即应允,执笔写下一道圣旨,命赵匡胤做统兵大元帅、慕容延钊为先锋,调度全国各镇兵马,会师北征。凡出征将士,统一归赵匡胤一人调遣。

这相当于是把全国的军队都交到了赵匡胤手中。有了这道圣旨,赵匡胤无异于拿到了制胜法宝,万事俱备,那一袭龙袍似乎正在慢慢地向他飘过去。

陈桥驿黄袍加身

第四章

第一节　奉旨出征

　　这时候的赵匡胤正坐在家中,和赵普、苗训一边品茶,一边静待传旨官的到来。这本来就是他们精心设计的一出戏。起初,赵匡胤被赵普等人蒙在鼓里,但赵普和苗训眼见计划已谋定,需要付诸实施了,再遮掩下去恐怕生变,所以便将计划和盘托出。

　　自周世宗患病以来,后周便停止征战,到现在已经近一年的时间了,边关平安无事,将士们也松懈下来。赵普和苗训正是看准了这一时机,派亲信李良和张琼悄悄骑马出城到定州,和镇守那里的韩令坤一起伪造了一份边关告急文书,送入京城。他们如此周密的安排成功地骗过了一向精明老练的范质、王溥和魏仁浦三位顾命大臣,更骗过了深宫内的小皇帝柴宗训和符太后,制造了边关危急的假象。他们比范质、王溥、魏仁浦更加精于算计,料定此时朝中除了赵匡胤之外,再没有第二个人可以带兵出征。果然,门人进来通报说:"老爷,门外有黄门官前来传达圣上口谕。"

　　三人相视一笑,赵匡胤冲门人吩咐道:"快快有请!"

片刻,一位宫中近侍来到厅堂,向赵匡胤传达皇帝口谕:"奉圣上口谕,殿前都点检赵匡胤立即到大殿面见圣上。"

赵匡胤急忙更换朝服,跟随黄门官来到朝堂。他看到皇帝、符太后已经重新上朝,文武百官也全部到来,朝臣们各个面色凝重,气氛非常紧张。他和平常一样向小皇帝和符太后叩头行礼,随后由一旁的黄门官宣读圣旨:"今国主年幼,外敌入侵,情势危急,特命赵匡胤领兵出征,消除外患,即刻启程。"

赵匡胤接过圣旨,义愤填膺地喝道:"贼寇趁我主年幼、立足未稳之际,图谋我大周疆土,岂不是痴心妄想!太后、陛下请放心,微臣定不负所托!"

范质、王溥、魏仁浦等朝臣无不为赵匡胤昂扬的"表演"深深感动,纷纷点头称赞道:"赵将军大义凛然,果然是大周的忠臣啊!"

小皇帝更是亲自走下丹墀,来到赵匡胤身边,双手将他搀扶起来,说道:"大周的江山就全靠爱卿了!"

赵匡胤告别皇帝、太后和诸位大臣,手捧圣旨下殿去了。众人都以为有赵匡胤出征,可以高枕无忧,便也退朝各自归家。殊不知,危险正在向他们迅速逼近。

赵匡胤回到家中,立即和赵普、苗训按照事先的计划进行安排:石守信和王审琦留守京城,准备接应;赵普、苗训、高怀德、张令铎、郑恩、张光翰、赵彦徽等随大军出征。赵匡胤命先锋慕容延钊率领前军先行,正月初二离开开封,开拔前线。自己率领大军于初三出发。

其实,朝廷中的大臣们也并非全被蒙骗,其中有一人就看透了赵匡胤的阴谋,这个人就是韩微。韩微是韩通的儿子,因为小时候生了一场病,落下后遗症,成了驼背,绰号"小诸葛橐驼儿"。他早就看出赵匡胤必定会兴风作浪,因此多次劝说父亲除掉赵匡胤,以绝后患,但韩通没有同意。这一次,他又苦口婆心地劝说父亲:"父亲难道忘了前几日回报的消息吗？稍一辨析，便知是李良和张琼把赵匡胤的信送到了边关，然后串通边关守将做了假情报。那辽国皇帝整日只知道喝酒、睡觉、杀人，寻求长生不老药。当初先帝北征，轻取三州十七县，辽国都没有要讨回之意，现在又怎么会突然攻打中原呢？再说，经过先帝的几次征讨，北汉已经无力自保，更不可能兴兵南下，做以卵击石的蠢事。赵匡胤野心勃勃，表面上对朝廷一片忠心，实际上早有谋变意图。他在朝中遍布党羽，一手遮天，现在又掌控了全国兵力，如此形势之下，想要推翻大周的江山，简直易如反掌。我们目前唯一的办法就是立即将他和他的党羽除掉，否则悔之晚矣！"

韩通一脸无奈地说道："你说的这些，为父岂能不知，只是没有确凿的证据，我们不好妄断。事已至此，依你之见，我们应该如何除掉赵匡胤？"

韩微沉思良久说："赵匡胤后日出征，明日必定来向父亲辞行，请父亲挑选武功高强的武士，提前埋伏在家中，待赵匡胤来时，我们以摔杯为号，将其生擒活拿。"

韩通认为此计可行，便挑选了几十名刀斧手藏于帐后，一切安排妥当，只等赵匡胤到来。

但让韩微失望的是，韩通的这一计划并没有实行。韩通考虑到赵匡胤意图谋反只是猜测，并没有确凿的证据，在大军出征前将赵匡胤擒拿，反而会落个残害忠良的罪名，而且赵匡胤武功高强，随从也都身手不凡，万一动起手来，他们也没有必胜的把握。所以犹豫再三后，他还是放走了赵匡胤。最终，这次失败的行动给韩通父子埋下了祸根。

然而，就在大军出征前，京城里忽然传出流言，说"出军之日，当立点检做天子"。这句话不知从何而起，却在短时间内传得人尽皆知。可惜，小皇帝年幼无知，符太后身处深宫，对这些传言暂不知情。

据说，赵匡胤听到这句流言后心里万分紧张，害怕流言传到太后的耳朵里，再被那些朝臣们知道，自己恐怕就什么也干不成了。那一刻，他开始犹豫起来：想要举事，又害怕事情暴露；想要放弃，又不甘心就这么半途而废，白白丢失了来之不易的大好时机。经过再三思量，他决定去见自己的母亲，征求她老人家的意见。到了后堂，他先给母亲杜氏磕头行礼，然后不安地问道："母亲，外面盛传孩儿有谋反之心，不知您老人家如何看待此事？"

天下母子一条心，杜氏早就看穿了儿子的心思，她听了赵匡胤的话，不慌不忙地说："我儿顶天立地，胸怀天下，大丈夫当断则断，莫做那前怕狼后怕虎的事情。"

恰在这时，赵匡胤的妹妹从外面走进来，听到哥哥的话，面带愠色地说："男子汉大丈夫，天塌了自己顶着，为什么还要让母亲替你担忧！"

听了母亲和妹妹的话，赵匡胤的心突然坚定起来，他不再恐慌，不再退缩，决心按照众人共同设定的路线走下去。

第二节　山雨欲来

后周显德七年（960年）正月初三，乌云低垂，天空中还零星飘着雪花。赵匡胤披战袍，穿铠甲，手执盘龙棍，胯下一匹战马，身后跟着一支队伍。告别了前来送行的太后、皇帝和文武百官，后周军雄赳赳气昂昂地出了开封城，一路向北而去。

离京之后，行军的速度突然慢了下来。赵匡胤、赵普、苗训、高怀德、张令铎等人一边走，一边谈笑风生，还时不时停下来观赏沿途的风景。他们仿佛不是要去战场，而是外出游历。走着走着，雪悄悄停了，乌云逐渐散去，天上露出淡白色的太阳。

救边御寇，本应急如星火。按照正常的行军速度，军队一天要急行

第四章 / 陈桥驿黄袍加身

七八十里路,而赵匡胤却一反其"日夜兼程、麾师疾驰"的惯常做法,一路走走停停,到了陈桥驿便突然不走了。赵匡胤下令就地安营扎寨,并交代将士一些必须注意的事项,然后便独坐军帐中,命人做了酒菜,自斟自饮一番后和衣而卧,昏昏睡去。

这时候,苗训站在军帐外,望着眼前皑皑白雪,想到即将发生的事,不禁思潮翻涌。

忽然,一个人到了苗训身边,轻声问道:"先生在想什么呢?"

苗训扭头看去,见是赵匡胤身边的侍卫楚昭辅,便急忙将目光投向西方,并用手指着道:"楚兄请看,那落日之下又出一日,此罕见天象颇为诡异,恐有大事要发生啊!"

楚昭辅虽然也是赵匡胤的心腹爱将,但没有直接参与苗训和赵普、赵光义等人的设计,因此听了苗训的话后一头雾水。他顺着苗训手指的方向看去,西方蒙蒙云雾中,夕阳欲落不落,却并不见第二个太阳,便说道:"先生,请恕在下眼拙,在下实在看不出另一日在何处。"

苗训微微笑道:"实在抱歉,是在下轻率了,这种天生异象之事只有修炼过的人才看得见,楚兄未经修炼,自然看不见。"他顿了一下,又详细解释说,"楚兄请细看,那两日一上一下,一白一黑,白日在上,黑日在下。二日正在激战,白日刚刚气势强盛,现在却渐渐衰弱,恐将力竭而败。"说到这里,他突然闭口不言,双目凝视着西方。

楚昭辅听了苗训这一番绘声绘色的描述后,忙又拭目细看,好像真的看见西山上有一黑一白两个太阳在打架。他被眼前的情景吓得大气也不敢出,就那么呆愣愣地看着。

过了一阵,苗训突然惊呼:"白日坠落了,黑日大获全胜!"

楚昭辅被苗训的惊呼吓得一激灵,突然回过神来,再细看去,果然有一个太阳不见了,剩余的那个太阳正射出万道光芒,映照云端,尽成红紫灿烂之色,正是祥云缭绕、气成五彩、壮美绝伦之景。他忙问道:

"依先生之见，这是什么兆头？"

苗训双目微闭，掐指算了一会儿，又睁开眼来，面色沉重地摇头道："不好说呀，此兆在此为吉，在彼为凶。"

楚昭辅不解地问："先生此言何意？"

苗训耐心解释说："日为天，代表主上，即天子。二日突现，说明除了当今天子，天下又出了个新天子。二日相争，代表这两个天子在争夺权位。白日是当今主上，黑日应是将军（赵匡胤）……"说到这里，他又突然闭口不言。

楚昭辅立刻明白了，心中突然一紧，忙问道："不知先生所言何时应验？"

此时苗训已知楚昭辅被说动了，便有意放低了声音，说道："天象已垂，应验就在眼前，我们必须帮助将军成就大业。事成之后，你我便是开国功臣！"

听到这里，楚昭辅顿时兴奋起来，忙问道："请先生明示，我们该怎么做？"

苗训遂让楚昭辅附耳过来，如此这般交代了几句后，楚昭辅会意地点点头，转身走了。

二日相争的消息不胫而走，不多时便传遍全军，一时间，众人哗然，人心骚动。高怀德、张令铎等将领们早已做好准备，命令各自的心腹们全部操刀在手，凡有私自妄动者，立斩不饶。刚刚还平静如水的军营霎时间气氛紧张起来，大有"山雨欲来风满楼"的意味。

这时，赵匡胤似乎对外面的事情一概不知，仍然躺在自己的营帐中酣睡。其实他根本睡不着，而是竖起耳朵捕捉外面的动静。这是他和苗训、赵普、慕容延钊以及弟弟赵光义等几个最知心的兄弟精心设计的兵变计划，所有的运作皆由其他人负责执行，自己则负责扮演局外人的角色。这是个堪称完美无缺的计划。成，他是最大的受益者；败，他又是最无辜的人。不出意外,等到明天早上,他便可以黄袍加身,登取大位。为了这一天,他和他的兄弟们等得太久了。他们含辛茹苦,忍辱负重,终于到了要出手的时候了。他似乎已经看到胜利的曙光。

赵匡胤之所以选择在陈桥驿发动兵变,有他自己的考虑。首先,在京城内发动政变是不可能的,必须将军队拉到京城外,因为"将在外,君命有所不受"。他本来就掌握着全军的指挥大权,可以名正言顺地控制全军。其次,打仗讲究兵贵神速,发动兵变也一样。如果距京城太远,一旦走漏风声,朝廷就有很多时间做好防备,赵匡胤以及兵变士兵的亲属们极有可能遭劫。就陈桥驿的地理位置考虑,这里距离京城不远也不近,一旦决定举事,只需急行半天就可到达京都,让朝廷措手不及。赵匡胤之所以行军缓慢,就是为了拖延时间,让军队不离京城太远。

关于镇、定二州告急的事情,后人查遍《辽史》,唯有这一次军事行动找不到记载。只有在宋人编著的如《旧五代史》《新五代史》《资治通鉴》等史书中出现了辽国联合北汉南下侵犯的记载。一向聪敏机警的范质、王溥、魏仁浦等人却并未疑心,至少没有采取有效措施,这就给了赵匡胤可乘之机,最终断送了大周江山。

赵匡胤兵变之处陈桥,在唐朝时名为"板桥",这里有朝廷设置的一个驿站,名为"上元驿",也作"上源驿"。唐朝末期,五代之前,朱温曾在这里对李克用发动突然袭击,即历史上著名的"上源驿之变"。几十年后,赵匡胤又在这里发动政变,即历史上著名的"陈桥兵变"。

第三节 黄袍加身

白天苗训的精彩表演使军营中立刻充斥着赵匡胤是"黑日降世"的传言,到了晚上,赵匡胤的其他亲信们也纷纷上场。王彦昇、罗彦瓌、马仁瑀、李汉超等人争先恐后地在军中散布议论。

一个说:"现在的皇帝还是个黄牙孺子,整日贪玩,对朝政大事一概放任,这样的小儿有什么资格当皇帝呢?"

另一个说:"符太后乃女流之辈,头发长见识短,不配母仪天下。"

又一个说:"我们拼着性命到前线打仗,小皇帝和太后根本不顾念我们,只当是理所当然,与其这样,不如我们从自己人当中推举一人当皇帝算了!"

这时候,李处耘站出来说:"苗先生已经说过,天有二日相争,白日败,黑日胜,此为天象要变,黑日便应在将军身上。将军德高望重,拿我们将士当兄弟,不如就推举他为皇帝,也算是顺应天意。"

李处耘在军中的威望很高,他振臂一呼,将士们纷纷响应。就这样,全军上下的情绪被成功地煽动起来。李处耘看到时机成熟,便带领将士们向赵光义的营帐走去。

赵光义是这次兵变最积极的参与者,但为了避嫌,他始终在暗处活动。此刻,他正焦急地在自己帐里来回踱步。看到众将士吵吵嚷嚷地涌进来,他暗想事情已经办得八九不离十了,便表面上佯装不知,一脸惊讶地问道:"兄弟们如此喧哗,是为何事?"

于是,李处耘便代表将士们把要拥立赵匡胤当皇帝的想法讲了出来。赵光义故作惊慌诧异之态,转而又沉思良久,然后对众人正色道:"开弓没有回头箭,大家可要考虑好了再做决定!"

众人异口同声回答说:"我们考虑好了,成则同富贵,败则共生死,将军不要再有顾虑了。"

赵光义用力点点头说:"好吧,既然如此,我们顺应天命就是。"说罢,他带领大家到赵普的营帐中。

赵普看到将士们情绪高昂,心中暗喜,却假装愠怒地指着众将士说:"太尉一向对朝廷忠心耿耿,绝无背叛之意,现在尔等陷太尉于不义之中，太尉若是知道，定然饶不了你们！"之后又说，"即便要拥立太尉登基，也应该等击退辽国的军队后，此事要从长计议。"将士们听了这番话，纷纷陷入沉默之中。

李处耘看到场面冷下来，又急忙烧了一把火。他忽然拔出宝剑来，高声说道："兄弟们，谋变之事非同小可。如果等打完仗再举事，恐会走漏消息，到时我们都将性命难保，不如快刀斩乱麻，现在就拥立太尉登基！"众人觉得李处耘的话有道理，群起响应。

赵普见状，表情严肃地问道："谋变为大事，切不可轻举妄动，必须慎之又慎，做好周密计划，大家可愿意听我的安排？"

众人齐声回答："愿意听从先生吩咐！"

赵普满意地点点头，他在众人的注视下走了几圈，之后慷慨激昂地说："如今，大好河山交于一个七岁娃娃和软弱妇人手中，上违天意，下悖民心。周朝气数已尽，回天无力。太尉德高望重，胸怀宽广，为真龙降世，登基称帝是顺应天意、拯救黎民百姓之举。将士们当一心一意追随太尉，共襄义举，待成功之时，可同享荣华富贵！"

赵普这番话看似说得轻巧，实际上却相当有分量，其中包含三层意思：第一，赵匡胤是真命天子，众将士拥立他登基是顺应天意，理所应当；第二，赵匡胤登基是为了拯救天下苍生，不是为了杀戮，因此必须保证黎民百姓的安全；第三，必须严明军纪，不准有二心。这是标准的恩威并施的策略，在场的人无不了然于胸。

听完赵普的话，众人纷纷高喊："愿意追随太尉，绝无二心！"

这个时候，兵变的"一号人物"赵匡胤似乎喝醉了酒，躺在自己的营帐中酣然大睡，仿佛对外面发生的一切浑然不知。

但实际上，这一夜，赵匡胤在脑中翻来覆去地思考兵变的每个环节，生怕出现一点纰漏，导致前功尽弃。天刚蒙蒙亮的时候，他正盘腿坐在床上，忽然听到外面传来一阵喧哗之声，料定是苗训、赵普事已办成，于是慌忙往床上一躺，假装鼾声如雷。片刻，只听营帐外的守卫兵厉声呵斥道："你们吵什么吵，休要惊扰了太尉的好梦！"

有将士道："今天是个吉祥的日子，我们要拥护太尉登基做天子，太尉怎么还有心思睡觉！快进去通报，让太尉出来！"

守卫对于举事一说尚不知情，听了这话，惊慌失措地跑进营帐向赵匡胤禀报。守卫连叫了赵匡胤几声，他才假装睁眼，伸了个懒腰后迷迷瞪瞪地问发生了什么事情。守卫遂将众将士的话重复了一遍，赵匡胤佯装大吃一惊，赶忙穿衣下床，走到营帐外，只见面前一排排将士个个手执兵器，整齐地排列着。他又故作疑惑地问道："诸位这是要干什么？"

众将士看到赵匡胤出现，立即齐刷刷跪倒一片，高声回答："当今圣上年幼，无法肩负大任，国家危亡之际，须有德高望重者主持大局，此大任唯太尉莫属！"

赵匡胤正要推辞，赵光义、赵普两人拿着一件精美的黄袍从人群中站起身来，走到他身边，将黄袍披在他身上。所有将士叩头行礼，山呼万岁。

此时的赵匡胤还是一脸不解的表情，再三推辞不就。赵普不失时机地说道："太尉一向爱护我等，将我等视如亲兄弟，因此我等才自发做出如此举动，若太尉推辞，我等恐将落得个大逆不道的罪名，死无葬身之地，太尉又于心何忍？"

"请太尉为众将士的身家性命考虑，不要再推辞了！"其他将士异口同声地说道。

在众人殷切的恳求下，赵匡胤终于被"感动"了。他沉默了许久，点头答应道："既然如此，那赵某就恭敬不如从命了。"说到这里，他话锋一转，突然又说："你们拥立我，无非有两种情况：一是希望得到高官厚禄，他日享受荣华富贵；二是真心实意地追随我，愿意与我生死与共。无论出于何意，赵某都感激不尽。不过，常言道，没有规矩不成方圆，各位既然选择了我赵某,那就必须听从我的命令,否则,我坚辞不就。"

将士不约而同地说:"请太尉放心,我等愿意听从吩咐。"

"那好,"赵匡胤满意地点点头,郑重地说道,"现在我传达两条军令:第一,大军返回京城后,所有人都不得惊扰百姓,绝不许抢掠;第二,少帝和太后都是世宗的遗属,世宗当初待我恩重如山,我当铭记在心,公卿大臣都是我的同僚,我们互相敬重,因此所有人都不得伤害他们。我们此举本来就已经背叛了世宗,绝不能再滥杀无辜。不遵令者,立斩!"

众将士听到赵匡胤这一番话,无不对他肃然起敬,更坚定了要追随他的决心。

到这时,这一场黄袍加身的精彩大戏才宣告落幕。赵匡胤重整黄袍,立即传达下一道命令:楚昭辅、潘美两人先行回京,由潘美向当朝文武百官宣布"点检做天子"已经成为现实,楚昭辅则负责保护赵匡胤一家人的安全,以防有人不服,挟持其家人作为人质。两人得令后,快马扬鞭,向京城飞奔而去。

第四节　和平演变

潘美和楚昭辅二人骑着快马,不到一个时辰便到了京都城门下,把守城门的将士是王审琦和石守信事先安排好的,两人没有遇到任何阻拦便进入城内。按照各自的任务,楚昭辅立即带领一队人马到定力院,以保护寺内僧人的名义,实则保护赵匡胤家人的安全;潘美则直奔皇宫,向皇帝、太后,以及文武大臣传达消息。

石守信、王审琦得到兵变的消息,立即调兵遣将,以殿前都点检公署为据点,把皇宫围得水泄不通。

这时候,除了王审琦和石守信等一少部分将领外,其余文武百官和皇帝、太后还都沉浸在新年的欢乐气氛中。潘美下马直接到了午门外，敲响了朝堂外的登闻鼓，突如其来的鼓声惊动了玩兴正浓的小皇帝、太后，也惊动了那些正在家中饮酒作乐的文武百官。

皇帝、太后，以及文武百官听到鼓声，不知道发生了什么事情，顿时惊慌失措起来。众人急忙来到朝堂，只见潘美已经提前站在那里。待来人齐聚，潘美向大家郑重宣布："当今天子年幼无知，不适合担大任，新天子赵匡胤已经在陈桥驿做了顺应天意之举，取而代之。此时大军正向京城而来，即刻便到。请皇帝做好让位的准备，文武百官亦做好迎接新帝登基的准备。"

这一席话无异于晴天霹雳，把所有人都惊呆了。符太后无论如何也不敢相信，周世宗在世时最信任的大臣就这样背叛了后周朝廷，她忍不住放声大哭，边哭边向三位顾命大臣道："三位爱卿，你们快想想办法啊，我们母子的性命和大周的江山可全都指望你们了！"

宰相范质不敢相信这是真的，但事实又容不得他怀疑。他极其懊恼，追悔莫及。他使劲抓住王溥的手，连连跺脚道："只怪我们仓促点将，酿成今日大祸。我们愧对先帝啊！"说着，止不住痛哭流涕起来。

王溥站在那里呆若木鸡，一句话也说不出来，手被范质掐出了血也浑然不知。魏仁浦也呆立一旁，束手无策。

正在众人不知所措的时候，一个如雷的声音突然响起："岂有此理！先帝生前待尔等不薄，现在有人公然造反，尔等却在这里坐以待毙，枉费先帝当年的一番苦心，有种的就跟我去杀了那伙叛贼！"

众人循着声音看过去，见说话的是韩通。然而，大家都怯于潘美之威，没有一个人敢应声。

韩通看到没有一个人回应，既失望又愤怒地退出朝堂，朝家中飞奔而去，准备搬来救兵，抵挡叛军。就在这时，王彦昇也到了朝堂，他得知韩通有意和赵匡胤为敌，二话不说便带领将士朝韩通家中追去。

第四章 / 陈桥驿黄袍加身

这天上午，天已放晴，阳光灿烂。赵匡胤骑着高头大马，身披黄袍，在赵普、苗训、高怀德等一众谋士武将的簇拥下，带领着一支见头不见尾的队伍，旌旗招展、浩浩荡荡地进入京城。

赵匡胤这时候的心情非常复杂，既有事业成功后的志得意满，也有盗取他人江山的惭愧和内疚。想当初，周世宗对他恩重如山，两人情同手足，而周世宗刚去世半年，尸骨未寒，自己竟背叛了他，实在不光彩。不过，他又转念一想，自五代以来，几十年间，政权交替，后朝推翻前朝，发生了多少流血事件，甚至于兄弟反目，父子成仇。相比起来，他利用和平演变的方式，避免了流血冲突，已经非常难得。再想想，他跟随周世宗南征北战，为的就是将来有一天实现他的远大志向，统一天下，使百姓安居乐业。现在，周世宗已去，新帝年幼，无法完成先帝的遗愿。等自己坐稳了江山，要做的第一件事就是完成周世宗未竟的事业，以告慰他的在天之灵。想到这里，赵匡胤心中的愧疚感渐渐消失了。他对一旁的赵普说道："想当初，先帝时常教诲我们，一定要爱惜百姓，光复国土。我今日得志，仍需继承先帝遗志，不辜负先帝的期望。"

赵普立即附和说："先帝志在江山一统，百姓安居乐业，建立太平盛世，但可惜天不假年，未能如愿。今陛下志存高远，若能收复国土，重整山河，便是完成了先帝的遗愿，也算是对先帝恩德的回报了。"

"不错。"赵匡胤点了点头，又转头看另一侧的苗训，问道，"先生可有什么高见？"

苗训沉思了片刻，回答说："陛下，依属下之见，目前于我们而言，最关键是要做好四件事。"

赵匡胤微微一愣，问道："是哪四件事？先生不妨明言。"

苗训道："第一，还是那句话，必须严明军纪，一路上不能有骚扰百姓的事情发生，只有这样才能让百姓体会到新天子爱民如子的胸怀。

第二，京城内虽然有王审琦、石守信两位将军镇守，但别忘了还有韩通。大军进入城内，两方难免相遇，一定要避免正面交锋，确保不发生流血事件，以体现陛下的好生之德。第三，城内的皇帝和太后，陛下不但要保他们的性命，还要好生相待，不能为难他们，以体现陛下慈悲心怀。第四，朝中文武百官大多是先帝时期的老臣，忠心耿耿，陛下务必好好对待他们，让他们为陛下效力，能用则用，不能用也不勉强，可以让他们衣锦还乡，以体现陛下的宽大胸怀。若能做好这四件事，陛下登基就可以兵不血刃，获得万民称颂。"

很快，大队人马到达开封城下，他们首先来到陈桥门。把守城门的两位队长一个姓陆，一个姓乔。他们本来是石守信的部下，已经接到石守信的命令，让他们待大军一到便立即开城迎接。然而，两人商议后决定忠于后周朝廷，无论如何也不开门。赵匡胤火冒三丈，对部下道："这两个不知好歹的东西也太大胆了，给我拿下！"

一旁的赵普急忙阻拦道："将军且慢，我们现在最紧要的是赶快入城，如果把时间耗费在攻城上，不但拖延时间，让城内有所准备，还会造成伤亡，和将军的仁慈之名不符。我们不如先绕道其他城门，同样可以入城。"

赵匡胤听了这话，醍醐灌顶，急忙下令停止攻城，快速朝北面的封丘门前进。把守封丘门的是石守信的心腹，他们早就接到了石守信的命令，看到大军到来，便立即打开城门，迎接赵匡胤等人入内。

然而，赵匡胤并不急于入城，而是吩咐大军在城外安营扎寨，且不许随意走动，之后他只带领一小支卫队跟随自己入城。入城后，他也不急于去朝堂宣布登基的事，而是按照预先计划，骑着一匹马回家去了。

赵匡胤的这一举动很容易令人联想到三国时期的魏文帝曹丕。曹丕明明是迫不及待地要当皇帝，多次派大臣威逼汉献帝让位，但汉献帝每一次让位，曹丕都要虚情假意地推辞一番，直到第三次才半推半就地

"勉强"答应登基。赵匡胤也一样,他不去皇宫亲自逼迫小皇帝让位,而是回家等待赵普、苗训、高怀德等人把朝中的事情处理完毕,请他出面。其意不言而明:其一,这个皇帝并不是我想当的,而是有人请我来当的;其二,让那些反对他的大臣放松下来,稳定人心。

赵普等一班文臣武将到了皇宫,王审琦、石守信已经将朝堂的各个出口牢牢把守住,小皇帝和太后正坐在龙椅上抽泣,大臣们立于两侧窃窃私语。符太后看到赵普等人进门,顿时怒不可遏,对他们严厉斥责,骂他们忘恩负义,忤逆不忠。赵普一声不响地听着,直等到太后骂完,才不慌不忙地开始分析形势:"太后息怒,容臣详禀。当下,我大周内忧外患。在外,北有辽、汉,南有南唐、南汉,西有后蜀等强国,都在觊觎中原国土;在内,江山初定,百废待兴,百姓渴望安居乐业。如此非常时期,陛下年幼,难掌大局,唯有英明君主方可担此大任。太尉心雄胆大,德高望重,胸怀天下,是最好的人选,因此我们才拥立太尉登基。望陛下和太后明鉴,主动退位禅让,太尉定然可保你们一生荣华富贵。"

符太后看到事情已成定局,尽管心里百般不愿,但还是不得不按照赵普的意思,答应禅位给赵匡胤。赵普见达到了目的,立即跑到赵匡胤府上汇报消息。

赵匡胤正焦急地在家中等待,听了赵普的汇报后,终于长长地舒了一口气说:"我心无忧矣,不用做对不起周世宗的事了。"

第五节 如愿以偿

在赵普等一干人的簇拥下,赵匡胤雄心万丈地走出了赵府,一路向崇元殿走去。到了崇元殿门口,赵匡胤突然又心虚起来。他似乎看到周世宗就站在大门中央,正对自己怒目而视,愧疚感又一次充塞心间,同时还伴随着强烈的恐惧。他不由自主地放慢了脚步，看看左右，只见他们一个个都满脸兴奋，他壮了壮胆子，迈开大步走进崇元殿。

小皇帝、太后和文武百官还没有散去，小皇帝和太后坐在龙案之后，百官聚集在朝堂上，一片嘈杂。范质看到赵匡胤，禁不住怒气冲天，从人群中挤出来，颤抖地指着他，厉声喝道："好你个赵匡胤，先帝在位时待你不薄，你反倒恩将仇报，趁先帝新丧，幼帝初继位，造反举事，实乃大逆不道，当天诛地灭！"

赵匡胤非但不恼，反而显得痛心疾首，他涕泪横流地对众人说道："多年来，先帝待我恩重如山，我没齿难忘。然今日之事，实非我心甘情愿，而是受将士拥立，不得已而为之，我愧对先帝！"

范质并不罢休，还要再说些什么，一旁的罗彦瓌眼疾手快，突然拔出宝剑，厉声喝道："今日事已成定局，新天子即将登位，有不服者，莫怪刀剑无眼！"

赵匡胤呵斥罗彦瓌退后。罗彦瓌非但不退，反而来到范质面前，对他怒目而视。范质看着宝剑，心中惊恐万分，再也不敢言语。其他大臣也都被罗彦瓌这杀气腾腾的气势给镇住了，谁也不敢说一句话。这时候，善于见风使舵的王溥突然跪下向赵匡胤磕头，口中大呼："新天子登基，顺应天意，我等愿意效忠，万岁万岁万万岁！"

范质见状，也赶忙双膝跪地，跟着王溥喊万岁。其他文武百官看到两个顾命大臣都已经倒戈，也不敢怠慢，纷纷磕头朝拜，山呼万岁。

赵匡胤见此情景，急忙弯下腰，一手搀扶范质，另一手搀扶王溥，谦虚道："两位大人快快请起，我赵匡胤是个粗人，只是略懂些行伍间的事，并不懂得如何治理天下，以后朝政大事还要仰仗两位鼎力相助才是！"赵匡胤这句话看似是说给范质和王溥听，其实也是给其他官员吃下"定心丸"。

范质、王溥等人听了这话，心下稍定。随后，两人便和赵匡胤、赵

第四章／陈桥驿黄袍加身

普商量接下来的事，决定由小皇帝效法尧禅位给舜之事，将皇位让给赵匡胤，而赵匡胤也向群臣保证，绝对保证幼主和太后的生命安全，并且永远以臣子的身份侍奉太后和废帝。

无论如何，太后和小皇帝的命算是保住了，这是不幸中的万幸。太后无奈之下牵着小皇帝的手恋恋不舍地走下龙椅。

做好了这一切，已近黄昏，大殿里光线昏暗。近侍进来点明灯烛，将士也点亮火把，将整个朝堂内外照得灯火通明。文武百官重新排列整齐，赵匡胤站在朝堂之上，心潮澎湃地等待那激动人心的一刻来临。然而，赵普突然发现，一干人只顾忙着安抚朝臣，忘记拟写禅位诏书了。正在气氛尴尬的时候，陶谷走上前来，从怀中掏出一张草稿，说道："诏书已草拟完成，可以宣读了。"大家这才松了一口气。

宣读完诏书，赵匡胤双手接过诏书，禅让仪式宣告结束。在宰相的陪同下，他坐上龙椅，范质、王溥等文臣武将再次跪倒在地，连呼万岁。赵匡胤让众人平身，正式宣布一个新的王朝诞生。

这一天是公元960年正月初五。这一年，赵匡胤三十三岁。

仔细梳理事件的每个细节，从"点检做天子"、边关告急、挂帅出征、缓慢行军、天有二日、赵普劝进，到最后的黄袍加身，可以看出这是一场蓄谋已久的政变。因为准备充分，组织严密，保密工作做得到位，所以政变进行得十分顺利。值得肯定的是，赵匡胤以其高超的智慧完成了一场兵不血刃的政变，避免了流血冲突，创造了中国古代历史上不流血而开创一个王朝的奇迹。

随着岁月的流逝，很多人已忽略了赵匡胤从孤儿寡母手中夺得政权这一不光彩事实。至于在陈桥兵变中赵匡胤是被动参与还是主动参与，历史上说法不一。有人认为，陈桥兵变是一次巧合，是在赵匡胤不知情的情况下发动的。他们的依据是，在《宋史》《续资治通鉴长编》《辽国国志》等史书中找到了镇、定二州的急报，证明当时北汉的确勾结辽国入侵。另外，清代赵翼认为，五代时期的诸帝大都由军士拥立，周太祖郭威、唐废帝李从珂、唐明宗李嗣源都是这样，因此，赵匡胤很可能也是由军士拥立。

但大部分人认为赵匡胤是主动参与兵变，其主要依据为以下四点。

第一，据《涑水纪闻》等书记载，京城中传言，赵匡胤出师之日便是他被拥立为天子的日子，许多大户人家携家带口逃出京城，而皇宫内对此毫不知情。古诗言道："黄袍不是寻常物，谁信军中偶得之。"从这里不难看出，军队还未到陈桥，兵变之事已经被吵得沸沸扬扬。

第二，赵匡胤身为主帅，不会不懂得醉酒误事的道理，又怎能在大军出城后便酒醉不醒？可见这是在故意拖延时间。

第三，据《宋史·杜太后传》中记载，杜太后得知儿子黄袍加身并返回京师后，说："吾儿素有大志，今果然。"她说儿子有"大志"，当然指的是做皇帝。还有，杜氏一家本来住在自己家中，赵匡胤出征前，却把他们安排在定力院，分明是为兵变提前做准备。兵变之后，赵匡胤又派楚昭辅先行，配合留在京城内的亲信，以保护僧人的名义到庙内保护杜氏等家人。

第四，清代学者在《汴梁杂诗》的尾联中写道："千秋疑案陈桥驿，一着黄袍便罢兵。"边境告急，非同小可，救兵如救火，因此登基称帝后第一件事应是处理边境危机。可是，赵匡胤登基后，对边境战事不闻不问，不得不令人怀疑战报的真假。兵变之地选在具有象征意义的陈桥驿，也绝非巧合。

第六节　韩通屈死

赵匡胤成功发动了一场政变，以极小的冲突取得了最大的胜利。纵观整个政变过程，唯一让赵匡胤感到遗憾的是韩通的死。

第四章 / 陈桥驿黄袍加身

韩通为山西太原人，从小身强力壮，二十岁入伍从军，因作战英勇被提拔为骑军队长。后晋开福元年（947年），辽军攻入开封，河东节度使刘知远称帝于晋阳，韩通遂投奔到刘知远的麾下，后追随刘知远到了开封，被封为检校左仆射。韩通为人忠厚，很快便被刘知远的手下大将郭威看中。郭威要到河中地区平定李守贞的叛乱，特意指定韩通随行。到了战场，韩通冲锋陷阵，身上多处受伤仍奋战不止。战斗结束后，郭威发现他身上竟然有六处刀箭伤。叛乱被平定后，韩通被提升官职，从此成为郭威的心腹爱将。

后来，郭威当了皇帝，建立大周政权，韩通因功被封为刺史。到周世宗柴荣时期，韩通更是柴荣倚重的一员虎将。柴荣给予了韩通极高的信任，让他统领禁军侍卫，相当于把身家性命交给了他。柴荣临终前，曾特意召见韩通，嘱咐他继续保护符皇后和幼主的安全。周世宗驾崩，新主初立，朝中接到边关急报，范质、王溥推荐赵匡胤为统兵大元帅，韩通曾提出异议。他私下找到二人，问道："赵匡胤这次出征，带走了大部分禁军，他们都是镇守京师的精兵，万一京师出了问题怎么办？"

王溥不以为意，回答："赵匡胤是朝中重臣，久经考验，对先帝一片忠心，不会有什么问题。"

韩通则不无担忧地问："先帝在世时，赵匡胤的确忠勇可嘉。但现在先帝已经龙驭上宾，而赵匡胤手握重兵，将在外，君命有所不受，一旦他有了二心，谁能确保不出问题？"

范质听到这里，不由得有些生气起来，回答："先帝将整个大周江山托付于我们四人，要我们全力保护国家的安全。现在有外敌来犯，而你拦着不让赵匡胤出兵，是为何意？难道要任由辽国犯我边境吗？"

韩通在范质、王溥两人这里碰了一鼻子灰，又到宫中求见符太后，将事情的严重性重新讲述一遍，希望符太后慎重行事。然而，当局者迷，符太后并不听韩通的劝告，反而说："辽国犯我边境，贼焰猖狂，非重兵不足以压制，我不能让先帝创下的基业毁在我们母子手中。朝中除赵太尉之外，再没有合适的人选。我相信太尉此去，可以解我大周之忧。"

韩通仍不死心，问道："太后为江山社稷着想，臣可以理解，但赵匡胤掌握全国兵马，万一他有二心，谁能阻挡？"

符太后听了此话，沉默不语。这个问题她也想过，可是现在大军压境，除了赵匡胤，还有更加合适的人选吗？最后，她只好硬着头皮回答："赵太尉为人忠厚，跟随先帝多年，我和皇帝都相信他不会做出对不住先帝的事情。"

韩通看到太后如此固执，心中非常失望，他难掩沮丧地告辞，回府去了。

两日后，刚吃过早饭，他忽然听到一阵沉闷的征鼓之声，心中生出强烈的不祥之感。他急忙到朝堂，看到王溥、范质、魏仁浦和其他大臣也都在场，众人议论纷纷。韩通当即明白，自己担心的事情还是发生了，他怒气难抑，当庭怒斥赵匡胤的篡逆行为，之后转身冲出大殿，骑上马朝家中奔去。

回到家中，他拿起武器正要往外冲，迎面遇见儿子韩微，便气愤地说道："忤逆之臣赵匡胤图谋不轨，现在正是你我父子报效大周的时候，你快去召集兵马，随我前去讨杀逆贼！"韩微立即召集家丁随从，准备应战。

赵匡胤的先锋官王彦昇听潘美说韩通准备回家召集兵马，要和赵匡胤抗衡，便率兵来追，刚好和准备闯入赵府的韩通碰个照面，便明知故问道："韩将军莫非是听闻新天子登基，专程来接驾的吗？"

韩通怒火冲天，厉声喝道："当今天子正在宫中被逆臣围困，哪里冒出来一个新天子？尔等逆贼，背叛先帝，当杀！"说完，便提刀向着王彦昇杀去。

王彦昇早有准备，冲手下一声喝令道："此人与天子为敌，按罪当斩，快快将他拿下！"

王彦昇的手下得了命令，一下子便将韩通团团围住，刀枪棍棒一齐向他袭来。韩通纵然武艺高强，但猛虎不敌群狼，不一会儿便现出败势。王彦昇见状，快速绕到韩通背后，手起刀落，不偏不斜地砍在他的背上。韩通中了一刀，只觉得一阵剧烈的疼痛，他痛苦地嚎叫一声，身子晃了几晃，差点从马上栽落下来。

就在这时，韩微带人前来支援，却无论如何也冲不到父亲身边，最后被乱刀砍死。韩通目睹儿子被杀，悲痛欲绝，誓要为儿子报仇，但体力不支，无奈之下，他只好匆忙逃跑。王彦昇追赶了一阵，最终被韩通甩开。他气急败坏地回到赵匡胤的府中，向赵匡胤回禀消息。赵匡胤不动声色地听王彦昇将事情经过讲述一遍后说："韩通性子一向刚烈，不知变通，朝中敢于反对者，也只有他一人了。"

一旁的赵普不无担忧地说："现在正是陛下树立君威的时候，必须将韩通制服，否则其他朝臣必将效仿，到时恐将秩序大乱。"

赵匡胤想到自己的皇位得来不光彩，不知道有多少文臣武将对此口服而心不服，如果不借此事展示一下自己的威望，日后恐怕难以震慑群臣。为了以后管理朝政，万不得已时只好杀一儆百。他点头道："你见了他可好言相劝，他若执迷不悟，你就见机行事吧。"

赵普心领神会，对王彦昇说："韩通冥顽不化，决意和当今圣上作对，不除不足以稳定人心！"

王彦昇领命后，立即带领将士到处搜捕韩通。他们首先冲进韩府，仔细搜罗，却不见韩通的影子。王彦昇气急败坏，残忍地将韩通一家老小全部杀死。

在王彦昇搜捕韩通的同时，赵普也到了朝堂，劝说小皇帝、太后和文武百官接受既定的现实，然后又回到赵府，恭请赵匡胤到崇元殿接受禅让。赵匡胤满怀信心，骑着高头大马出了赵府，往崇元殿去。正行走间，他忽然看到韩通满身是血地提着大刀直奔自己而来。

转眼间，韩通就到了赵匡胤的马前，厉声喝道："叛贼赵匡胤，你好大的胆子，竟然谋权篡位。你大逆不道，当天诛地灭！"

赵匡胤很快平静下来，故作羞愧道："韩兄有所不知，在下并非蓄意谋反，实乃受众将之盛情，也是迫不得已呀！事已至此，韩兄之忠良，天地可鉴。不如就此打住，赵某定保你平安无事。"

韩通完全不为赵匡胤的话所动，冷笑道："哼，你是乱臣贼子，我乃忠臣义子，你我势不两立，休想让我为你效命！"说完，便挥刀朝赵匡胤砍去。

赵普见此情景，急忙命王彦昇护驾。王彦昇正愁找不到韩通，现在看到他竟然主动送上门来，当然不肯放过这次立功的机会，遂跃马挥刀，冲上前来，一刀砍中韩通的后背，韩通当场毙命。

赵匡胤本来有令，严禁杀戮，但韩通执意要与他为敌，杀他实属无奈之举。他看着韩通的尸体，非常痛惜，对身边的人说："韩通将军忠勇可嘉，务必厚葬之，还要安抚好他的家眷。"

王彦昇听了此话，顿感惶恐不安，面有愧色道："回陛下，韩通一家已经全被我杀了！"

赵匡胤大吃一惊，杀韩通已属无奈，他的家人更是无辜，怎可滥杀？他大怒道："岂有此理！你得了谁的命令要杀了他的家人？难道你忘了先前的军令吗？滥杀无辜者，立斩！"

王彦昇意识到自己闯了大祸，早已吓得魂不附体，连连磕头求饶。一旁的石守信看到自己的爱将命将不保，也急忙替王彦昇求情。

赵匡胤也不想临阵杀将，便退了一步，命人将王彦昇关押起来，待之后再作处理，并下令对他"终身不授节钺"。

无论如何，王彦昇此举毕竟是为了赵匡胤，赵匡胤登基之后，遂下令释放王彦昇，并派他接替了韩通在京巡检的要职。至于韩通，赵匡胤一来佩服他的忠勇，二来为了拉拢人心，因此不仅下令厚葬他及其家人，还追封其为中书令。

第七节　非凡的意义

纵观古今，每一次政权交替都是无数生命换来的，赵匡胤却创造了一个例外。他还有一个别人无法企及的创举，那就是充分利用智慧和手段，成功地挽留了大周除韩通之外所有的朝臣，让他们心甘情愿地为自己效力。这些朝臣都跟随周世宗多年，有丰富的治国经验，因此对赵匡胤登基后治理江山起到非常大的作用，也为之后大宋三百多年的统治打下了坚实的基础。

从陈桥驿兵变到赵匡胤在崇元殿登基，仅有三天时间。然而，这三天是赵匡胤一生中最辉煌的时刻，也是中国历史上最有划时代意义的一刻。它是自唐末以来中原政权由分裂走向统一的美好开端。此后，赵匡胤经过多年征战，彻底结束了政权割据、小朝廷频繁更迭的混乱局面。

另外，赵匡胤的宽大胸怀也是其他当权者望尘莫及的。大凡朝代更迭，后来居上者，大多会将前朝君臣斩草除根。即便当时不杀，过后也会利用各种手段除掉。然而，赵匡胤不但不杀柴宗训和符太后，还给予他们非常优厚的待遇。他封柴宗训为郑王，封符太后为周太后，让他们迁居西宫，享受富贵生活，一生衣食无忧。之后，他又宣布大赦天下，对内外马步军士大加封赏，命官员祭告天地，表明天授皇权，天使之然，并派传旨官到各地颁布昭告，对诸道节度使也分别诏赐。

分析客观条件，赵匡胤能成功地发动陈桥兵变，并非偶然，而是他充分把握好天时、地利、人和三个条件的结果。

首先是人和。赵匡胤是个饱经风霜的人物，丰富的人生阅历造就了他特殊的人格，也磨炼出了他过人的智慧。在兵变之前，他把所有事情准备妥当，滴水不漏。他利用自己在军中的威望、名声，以及职务，掌握了全国军队，并把众多文人将士聚集在自己麾下，干成了一番伟大的事业。

其次是天时。要想干一番事业，不抓住机遇是不可能成功的。赵匡胤胸怀远大，渴望能主宰天下，刚好这时候周世宗宾天，小皇帝继位，主幼国疑，可以说是千载难逢的机会，而他把握住了这次机会。

最后是地利。陈桥驿距离皇城四十余里，这段距离，既可以让军队避开皇帝和太后的视线，又不至于让军队距离京城太远，导致行军拖沓缓慢。离京城太近，军中稍有风吹草动，消息便会传入宫中；离京城太远，军队行军缓慢，同样有走漏消息的风险。按照当时的行军速度，陈桥驿是最合适的地点。

风云变幻过后，赵匡胤成功地将大周的江山掌握在自己手中。他没有忘记周世宗生前最大的愿望就是一统天下，建立太平盛世，他也将这一愿望作为自己毕生的奋斗目标。史学家对陈桥兵变的评价是，虽然从君臣之义的角度来看，赵匡胤背叛了柴荣，但从历史发展的角度来看，赵匡胤堪称柴荣最优秀的"接班人"。

新君收服旧臣心

第五章

第一节　笼络旧臣

既然要改朝换代，就不能沿用大周的国号，必须重新取一个新国号。文武百官反复商讨后统一意见，认为赵匡胤登基前是归德军节度使，属地在宋州，不如就用"宋"作为国号，以作纪念。年号则要吉祥而有气势，群臣又一番商量讨论后决定，以"建隆"为年号。"建"具有两重含义：一是建设，二是新建。"隆"有隆重、盛大、兴盛、深厚之意，兼含新皇帝对大臣隆恩之意。"建隆"二字体现了赵匡胤美好的愿景。因此，公元960年被定为建隆元年。

顺利坐上龙椅，只是一个良好的开端，后面还有纷繁复杂的工作亟待处理。国号、年号定好之后，接下来必须要考虑如何稳定人心。赵匡胤找来赵普和苗训，问道："二位先生，我们已经兵不血刃地建立了大宋，你们看接下来该当如何？"

赵普回答："当务之急是要稳定中央。只要中央不乱，地方上即便有一两个捣乱的，也是小打小闹，难成气候。"

赵匡胤点头道："先生所言极是，可是如何才能让中央在最短的时间内稳定下来呢？"

赵普回答："想要稳定中央，就必须把所有大臣的心拉拢过来，让他们心甘情愿地效忠新朝。"

赵匡胤面有难色，说道："先不说地方，单在京城任职的文武官员就不下千人。范质、王溥、魏仁浦这样的大臣，即便拥护我，也不过是为了保命，想要他们真心实意地为我效力，恐怕难之又难。"

苗训沉思片刻道："陛下，臣有一计，可以保证让旧臣全部归顺，让他们对您心服口服。"

赵匡胤大为惊喜，迫不及待地问："先生有何妙计？快快说来。"

苗训回答："旧臣怀念周世宗，我们不妨在当初拒绝大军入城的两位守门将军身上做点文章，给他们殊荣，以表示陛下对他们忠于周世宗之举的褒奖。那些旧臣看到您如此敬重周世宗，也就无话可说了。"

赵匡胤连连点头说："此计甚好！"

当初拒绝赵匡胤大军入城的陆姓和乔姓队长，在得知大军已经从北门进入城里后，知道自己凶多吉少，为了表示对周世宗的忠心，两人先后自杀身亡。赵匡胤下令，为陆、乔二位队长建庙纪念，赐名忠义庙。另外，他还下令将那天在北门轮值的守将斩首，以解那些效忠周世宗者的心头之恨。

柴宗训退位后被封为郑王，名义上，他的地位仅次于皇帝。符太后还称"太后"，但只能是后周朝的太后，所以称作"周太后"。他们在衣食住行方面仍然享受皇族待遇，有专门的太监侍候，可以说是衣食无忧。赵匡胤还特意派专人保护周室宗庙，每到祭拜的时间，他必亲往。符太后尽管心中十分不情愿，但也无可奈何。倒是柴宗训还没有认识到问题的严重性，只知道自己不当皇帝了，不用天天上朝理政，反倒倍感轻松。

周世宗一共有七个儿子，前三个被后汉隐帝刘承祐杀害，柴宗训为

第五章 / 新君收服旧臣心

四子,后面还有柴熙让、柴熙谨、柴熙诲。兵变时,柴熙诲还在襁褓之中,赵匡胤念及周世宗的恩情,让人好生抚养。他的这一举动在后周朝旧臣中产生了很大影响,那些本来效忠周世宗的大臣们看到周室后代得到如此优待,心中甚感宽慰。同时,他们也想到了自身的安危,赵匡胤既然能以仁慈之心对待后周朝遗孤,那么他对能帮助他治理天下的旧臣就更不会采取粗暴措施了。因此,这些旧臣大多希望留下来,继续替朝廷效力。

当然,赵匡胤也没有让他们失望,一番深思熟虑后,他向文武百官郑重宣布:凡是愿意留下来辅佐大宋的,全部录用;不愿意留下来的,准许衣锦还乡;范质、王溥、魏仁浦以及其他重臣,则加官晋爵。范质、王溥、魏仁浦三人在后周朝时便位同宰相,都供职于枢密院,可以说是后周朝的核心。面对政变的既定事实,他们尽管心中不服,但表面上还是答应了赵匡胤,成为大宋的开国宰相。赵匡胤为了笼络人心,加封范质兼侍中,王溥兼门下侍郎,魏仁浦兼中书侍郎。赵匡胤也明白,三个曾经的同僚并不是真心实意追随自己,因此撤销了他们的参知枢密院事职务。当时的枢密院总理全国军务,与中书门下共掌文武大权,号称东、西二府,为朝廷的关键部门。这说明,赵匡胤只愿意让他们参政,不愿意让他们掌军。

尽管如此,看到赵匡胤的安抚举措后,范质三人也都无话可说。毕竟,在经历了这番惊涛骇浪后,周世宗的后人家眷得以保全,旧臣也各得归属,而他们不仅平安地保住性命,还被加封了官职。这对于他们个人而言,可谓幸运。

不过,在这场政变中,并非后周的每个大臣都像范质、王溥那样改变初衷,心甘情愿地为赵匡胤效力。因此,赵匡胤登基之初,大宋江山还处于风雨飘摇之中。如果想要江山稳固,赵匡胤及其智囊团就必须妥善处理好三个矛盾:一是新皇帝和周朝旧臣之间的矛盾,二是皇帝和功臣宿将之间的矛盾，三是皇权与节镇之间的矛盾。

第一个问题所牵涉的核心人物，除了范质、王溥、魏仁浦三人外，还有一位重量级人物，那就是曾被赵匡胤无辜陷害的原殿前都点检张永德。

张永德对赵匡胤有知遇之恩，当初不但待他极优厚，而且在周世宗面前极力推荐他。因此，在很长一段时间里，赵匡胤都心怀愧疚，他特意将张永德请到宫中，摆酒设宴，真诚地说道："以前的事情，朕实属身不由己，多有得罪，还望你不计前嫌，为新朝效力。"

张永德受宠若惊，急忙起身说道："陛下言重了，大周气数已尽，陛下登基为天命所归，臣自当顺应天意，尽心竭力效忠陛下！"

就这样，两个人还和以前一样把酒言欢，气氛轻松，似乎没有受到政变的影响。事后，赵匡胤加封张永德为侍中，授武胜军节度使。

赵匡胤对后周的旧臣尚且如此，更不用说对那些拥立有功的文臣武将如何了。在整个政变过程中，首功当属赵普。赵普和赵匡胤情似亲兄弟，正因如此，为了避嫌，赵匡胤没有给赵普过高的官职，而是将他由掌书记提升为右谏议大夫、枢密直学士。赵普虽然也进入了权力机关枢密院，但位于宰相之下。赵普对此表示充分的理解，没有丝毫怨言。后来的史家赞美两人："太祖不亟于酬功""赵普不亟于得政"。之后，赵普晋升为枢密副使，位同副相。再后来，大宋内外稳定，赵普升任宰相，成为赵匡胤治理天下的左膀右臂。

另外，刘熙古由节度判官升为左谏议大夫；吕余庆由观察判官升为给事中，端明殿学士；沈义伦由管理财务的小吏升为户部郎中。同时，凡在这次事件中立功的武将，也都被越级提拔。石守信由殿前都指挥使升为侍卫马步军副都指挥使，高怀德由侍卫亲军马军都指挥使升为殿前副都点检，张令铎由侍卫亲军步军都指挥使升为侍卫亲军马步军都虞候，王审琦由殿前都虞候升为殿前都指挥使，张光翰由虎捷右厢都虞候升为侍卫亲军马军都指挥使,赵彦徽由虎捷右厢都指挥使升为武信军节度使。除此之外,赵匡胤还特别规定他们的"官爵阶勋并从超等"。即便是禁军中的普通军士,赵匡胤也按照功劳的不同全部进行封赏。

当时,除了京城内的禁军,京城外还部署了两支禁军,一支由韩令坤统率,一支由慕容延钊统领。这两人本来就是赵匡胤的坚定拥护者,又积极参与政变,理所当然地得到了厚待。韩令坤被封为侍卫司最高统帅——马步军都指挥使,慕容延钊则成为殿前司统帅——殿前都点检,另外赵匡胤还许二人便宜行事。

周世宗在位时,吏治清明,深得百姓拥护,因此有不少人怀念曾经的大周王朝,赵匡胤对此表现出极大的宽容和理解。有一个名叫李昉的读书人,为深州饶阳人,后汉时中进士,是周世宗亲自发掘的人才。后周显德二年(955年),李谷奉命征战南淮,李昉是记室,即代为起草奏章的秘书。有一次,周世宗阅读李谷送来的奏章,觉得每篇都写得十分漂亮,知道是出自李昉之手后,赞赏不已。又有一次,他到相国寺翻看文章,发现李昉的诗文采斐然,认为他是个了不起的人才,于是升他为知制诰、集贤殿直学士。后周显德四年(957年),周世宗又一次南征,特意带着李昉,战争结束后提升了他的官职。

李昉重情义,将周世宗的知遇之恩铭记在心,因此,他痛恨赵匡胤夺取大周江山。赵匡胤统领禁军时,"人望已归太祖,而昉不附,王师入京,昉又独不朝",李昉以此来表示对赵匡胤的不满。赵匡胤不仅不生气,而且还亲自登门拜访,请他入朝为官。

王著在当时也是非常著名的人物,深受周世宗的赏识。他同样反对赵匡胤,为了表达不满,一次朝廷宴会时,他故意装醉,大声喧哗,发酒疯道:"这是什么酒,竟如此难喝?我不喝,我要回家!"

赵匡胤早已看出王著是佯醉,他尽管心中很不悦,但只微微皱了一下眉头，随后平和地对一旁的侍卫吩咐说："王爱卿不胜酒力，快送他回家去吧。"

两个侍卫走过去，分别搀住王著的两只胳膊，要送他回家休息。王著却用力甩开两人，跟跟跄跄地走到屏风处，以袖掩面，放声痛哭道："先帝呀，你英年早逝，如今江山蒙尘，不复往日，你快睁开眼看看吧……"

御史台看到王著越闹越离谱，忍无可忍，站起身来对赵匡胤说道："陛下，王著冒犯龙颜，出言不逊，扰乱人心，应当严惩，请陛下将其治罪。"

赵匡胤却大度地摆了摆手道："王爱卿不过是喝多了酒，不必介意。"

在对待触犯国家法律的事情上，赵匡胤非常严苛，而在对待那些冒犯他个人的事情时，他又表现出超卓的襟怀，完美诠释了"海纳百川，有容乃大"的古话，充分显示了一代仁君的宽容风范。

赵匡胤最落魄的时候，四处流浪，曾经求助于父亲的故交，复州防御使王彦超，希望王彦超能收留他。可是，王彦超势利，听闻赵匡胤衣衫褴褛便拒绝收留他，只勉强看在故交赵弘殷的面子上给了他几两银子，便打发他走了。赵匡胤登上大位后，王彦超便成了他的部下。有一天，赵匡胤在皇宫内宴请群臣，王彦超也在场。赵匡胤想起了当年之事，便开玩笑道："你这家伙真不厚道。我当初穷困潦倒的时候，想让你施舍一口饭吃，你竟不答应，现在又跑我这里来蹭酒喝了。"

王彦超想到自己大祸临头，反而镇定下来，坦然说："圣上，一勺水难容神龙啊。卑职当初不过是一个小小的防御史，如果贸然收留陛下，陛下就会错失在沙场上建功立业的机会，又怎会有今天的大好河山？"

第五章 / 新君收服旧臣心

赵匡胤本来就不打算治王彦超的罪，现在听到他巧妙地周旋回答，忍不住拍掌大笑说："妙极妙极！"他说完，重新招呼大家饮酒，再不提这件事。

王彦超在这场虚惊之后，一直担心自己某日会遭报复。然而，一直到他去世，他的官场生涯都顺风顺水。

赵匡胤还有一个故人董遵诲。当年在随州时，赵匡胤曾经得到董遵诲的父亲随州刺史董宗本的颇多照顾，但董遵诲嫉妒赵匡胤，并设法将他排挤走。赵匡胤当了皇帝以后，董遵诲在朝中担任骁武指挥使。总害怕赵匡胤报复他，一直提心吊胆。有一次，赵匡胤召见他，他担心要重提那些陈年往事，准备自杀谢罪。他的妻子劝住他说："圣上乃一国之君，怎会小肚鸡肠，他如果想要杀你，早就杀了，哪会等到今天？你只管去面圣，他若真降罪于你，你再死不迟。"董遵诲听从妻子的劝说，准备去见赵匡胤。有一个人和董遵诲有私怨，他听说了董遵诲和赵匡胤过去的事情，猜测赵匡胤要治董遵诲的罪，便落井下石，跑到赵匡胤面前痛斥董遵诲。董遵诲见到赵匡胤后，立即下跪磕头，主动请罪。赵匡胤却哈哈一笑，命人将他搀扶起来，安慰说："朕从来没有想过要治你的罪，你只管放心地干，干好了照赏不误。"董遵诲听了这话，感激涕零，下决心效忠大宋。

不久，董遵诲奉命镇守边关，担任通远军使，他恪尽职守，立下了赫赫战功。为了报答赵匡胤的宽恕之恩，他特意派人向朝廷敬献良马。赵匡胤投桃报李，将自己随身穿的珍珠盘龙衣脱下来回赠给他。大臣们纷纷劝阻："董遵诲身为臣子，怎能穿圣上的龙衣？"

赵匡胤回答："朕当年不名一文时就和董遵诲有交情，况且他又为国家立下了大功，有何不可？无须计较太多。"

后来，赵匡胤得知董遵诲的母亲流落在幽州，又想方设法，不惜重金贿赂辽国边将，将其接回中原，使他们母子团聚。此后，董遵诲更是对赵匡胤感激涕零。

赵匡胤的这种怀柔手段立竿见影。以李昉为例，他虽然不满赵匡胤夺权，但官复原职后，还是尽心尽力地办事，曾多次出任权知贡举，为朝廷选拔优秀人才。太宗朝时，赵光义特意提拔其为宰相，官位显赫一时。

对京外的地方节度使，赵匡胤同样安抚有方。他们只要不公开和新朝作对，主动到京城述职，就能保留原来的官职。绝大多数节度使接到指令后，都到京城朝拜，表示拥护新朝，唯有潞州的李筠和扬州的李重进不愿意承认赵匡胤，举兵反抗，最后落得兵败身死的下场。

按照惯例，新帝登基的第一件事便是加封自己的祖上，然后才是处理朝政，但为了安抚人心，赵匡胤将这两件事情颠倒过来。他首先对朝臣进行封赏，然后才尊祖崇母，让大臣十分感动。

所谓"尊祖"，就是建立家族寺庙，制定祭祀制度；所谓"崇母"，是指崇拜皇帝的母亲，皇帝将母亲封为太后，在世者还要接受文武百官的朝拜。赵匡胤追封自己的高祖赵朓为僖祖，曾祖赵珽为顺祖，祖父赵敬为翼祖，父亲赵弘殷为宣祖，母亲杜氏为皇太后。赵匡胤的结发妻贺氏于后周显德五年（958年）病逝，生前育有二子二女：长子赵德秀早亡，追封为滕王；二子赵德昭，封萧懿王；两个女儿也早亡，一个被追封为申国公主，另一个被追封为成国公主。后来，赵匡胤又续弦彰德军节度使王饶的女儿王氏，登基后，他又封王氏为皇后。另外，他还封妹妹为燕国长公主，赐居宫中，封弟弟赵匡义、赵匡美为皇弟，因为避皇讳，分别让二人改名为赵光义、赵光美。

安抚了朝臣，稳定了民心，建好了祖庙，最后一件事便是选择都城。赵匡胤出生在洛阳夹马营，那里是他的故乡。他在那里生活了十二年，非常熟悉那里的环境，对那里充满了感情，但是选都城不能感情用事。既然是一国之都，就必须满足多种条件，如国防、政治、地理、经济、文化条件等。洛阳虽然也曾是商、周、东汉、曹魏、西晋、北魏、隋、唐等多个王朝的都城,但开封曾是后周的都城,更适合建都,于是赵匡胤便决定在开封定都。

第二节 严惩新贵

赵匡胤是从战场中走出来的皇帝,历经四朝,对朝代的频繁更迭有深刻的体会。他非常清楚"创业难,守业更难"的道理。在赵匡胤的执政生涯中,他始终谨慎处理朝政,尽力做到事必躬亲。他不但这样要求自己,还这样要求朝中的大臣,尤其是那些当初在陈桥兵变中立下大功的人。王彦昇就因为得意忘形而受到严厉的惩罚。

王彦昇是赵匡胤最忠实的拥护者,为了让赵匡胤平安坐上龙椅,他不惜杀死韩通及其家眷。据传,王彦昇有一个特殊嗜好,喜欢用人耳下酒,他曾先后"品尝"过几百人的耳朵。当初担任原州防御使期间,王彦昇的属下抓住一名罪犯,王彦昇找来同僚,竟徒手将那人的耳朵撕下来,让众人共同"品尝"。

赵匡胤登基后,为了拉拢范质、魏仁浦等后周旧臣,也为了平民愤,便有意打压王彦昇。王彦昇不服,他想来想去,在王溥身上打起了歪主意。

王溥是赵匡胤极力拉拢的对象,为了能让王溥安心辅佐新朝,赵匡胤还特别加封其父王祚为宿州防御使。王彦昇对此心生嫉妒,下定决心要"整垮"王溥。经过调查,他得知王祚是个理家的好手,家有良田万顷、房舍千间、金银财宝无数,于是便认为抓住了王溥的把柄。他挖空心思编造了一个罪名,到赵匡胤那里参劾王溥,说道:"陛下,据微臣长期观察,王溥囤积居奇,以举荐之名藏污纳垢,广置党羽,暗中招兵买马,打造兵器,图谋不轨,妄想复辟旧朝。"之后,他又说:"当初范质和王溥力荐陛下统兵北征，并非真心，而是欲将陛下调出京城，以便他们挟天子以令诸侯，假借朝廷之名，以陛下拥兵谋反之罪置陛下于死地。陛下顺承天命，荣登大位，王溥之流为此懊悔不迭，现虽迫不得已效忠我朝，但口是心非，心怀叵测，望陛下明鉴。"

赵匡胤接到王彦昇的奏折，笑道："王溥这个人，朕很了解。他不过一介书生，根本不会带兵，也没有领兵的权力，拿什么来对抗朝廷？况且，朕让他官居原职，他也表示愿臣服于朕，他根本没有造反的理由。"他说完，便将奏折扔在一旁。

王彦昇本来还想怂恿赵匡胤将王溥一家满门抄斩，然后给自己记功升官。可他等了很多天，也不见赵匡胤行动，只好心灰意冷地去恩州上任了。

几个月后，赵匡胤理顺了朝中错综复杂的关系，待局势逐渐稳定后，便又将王彦昇调回京城，让他做了京城巡检。赵匡胤表面上是提拔他，实际上是为了方便约束他。可是，王彦昇仍不忘对王溥进行报复。

有一天半夜时分，王彦昇到王溥家中，王溥急忙命下人送上茶水。可是，王彦昇只冷冷地看了一眼，便说："堂堂一国宰相，只用茶水招待客人，未免太小气了吧。"

王溥听出王彦昇来者不善，又命人置办了一桌丰盛的酒菜，并亲自为他斟酒。

王彦昇更加肆无忌惮，大口吃肉，大杯喝酒，纵声狂笑，毫无顾忌。直到酒足饭饱，他才对王溥说道："听说宰相大人富可敌国，我不过是个身无分文的武夫，负责保护京城安全，昼夜巡逻，十分辛苦，还望宰相大人体恤照拂。"

很明显，王彦昇是公开索贿。王溥只觉得胸中的怒火一阵阵往上冲。他很想将王彦昇狠狠地训斥一顿，但想到多一事不如少一事，就命人取出一些银两，送给王彦昇了事。

王溥送走了王彦昇，想到自己堂堂一国宰相，却被一个京城巡检如此戏侮，实在太窝囊了。他在愤怒之下，决定为自己讨回公道。

　　次日上过早朝，王溥故意等众人都走后，走到赵匡胤面前，忧心忡忡地说道："陛下建立新朝，是为了让黎民百姓安居乐业，却有不法之臣仗着手中的权力欺压百姓，为所欲为，如果不加以严惩，恐将引起民怨，有损我大宋国威。"

　　赵匡胤最恨的就是有人仗势欺压百姓，他顿时面露愠色，问道："这个人是谁，宰相只管说出来，我一定饶不了他！"

　　于是，王溥便将昨晚发生的事情一五一十地说了一遍，然后又说："王彦昇仗着陛下的恩宠，目无法纪，屡教不改，对大臣尚且如此，对平民百姓就更不用说了。"

　　赵匡胤听罢愤怒至极，拳头狠狠地捶在龙案上，咬着牙说："王彦昇弃命专杀，朕已经饶过他一次，他非但不知悔过，还变本加厉，实在可恨，必须严惩！"他说罢，命贬王彦昇为唐州团练使，即刻赴任。从此以后，王彦昇再也没有得到重用，直到去世。

　　为了维护法纪，赵匡胤甚至做到了大义灭亲。乾德三年（965年）十一月，赵匡胤接到报告，说禁军雄武军中有人违反军纪，在大街上强抢民女，影响极其恶劣。赵匡胤非常愤怒，下令彻查，将肇事者全部抓捕归案，一律处斩。黄门官闫承翰因为知情不报，被施以杖刑。雄武军当时的统帅是赵匡胤的内弟王继勋，他因为没有参与这件事，所以被免于追责，但次年六月，王继勋又因犯别的错误被革职查办。

　　王继勋自觉受了委屈，满腹的怨气无处发泄，便找家中奴婢撒气，不知有多少人受到伤害。消息封锁严密，外界对此事一概不知，直到有一天下大雨，雨水冲塌了他家的院墙，受到残害的奴婢终于逃出魔窟，集体到府衙告状。当地官员见事态严重，不敢隐瞒，立即上报。赵匡胤看着这些人身上的伤痕，气得咬牙切齿，下令免去王继勋所有官职，软禁私宅，后流放异地，直到最后将其斩杀。

第三节　李筠反叛

　　皇权与节镇之间的矛盾，也是最危险的矛盾，稍有不慎便会引发极端事件。

　　宋朝建立之初，朝廷只掌控着京都以及周边的地区，对手握重兵的节度使则鞭长莫及。为了尽快拉拢他们，赵匡胤特意多次派出钦差大臣，前往全国各地，向驻守在那里的官员传达自己的旨意，希望他们能够拥护自己。地方官员的反应并不统一。其中，正在北方巡边的韩令坤、慕容延钊本来就和赵匡胤交好，又积极参与了陈桥兵变，因此没有表现出丝毫反抗，很爽快地接受了任命。有一些人和赵匡胤的关系并不密切，对新建立的大宋王朝也持观望态度，但看到既定的事实，只得拥护赵匡胤。另外，还有一小部分人公开拒绝任命，并起兵反叛，其中最具代表性的便是"二李叛乱"，即李筠、李重进叛乱。

　　李筠为并州人，本名李荣。周世宗柴荣当了皇帝后，李荣为了避讳，遂改名李筠。李筠孔武有力，精于骑射，后唐时期的秦王李从荣招募勇士，李筠前去报名，手拿弓矢，"弓力及百斤，府中无能挽者"。李从荣要求李筠现场表演，"引满有余力，再发皆中"。李从荣十分高兴，当场录用了李筠。不久，李从荣起兵叛乱，李筠料到叛乱不会成功，因此拒绝参加，得以躲过一劫。后来，潞王李从珂当了皇帝，李筠应募为内殿直，迁控鹤指挥使。后晋开运末年，辽国对开封发起攻击，后晋大将赵延寿得知李筠勇猛过人，特意将其召到自己帐下，乘辽国国主死于北归途中的栾城之际，对其发起猛烈攻击，并取得重大胜利。李筠在此战中立下大功。后汉时期，李筠又被高祖刘知远任命为博州刺史。郭威建立后周后，李筠因功被任命为昭义军节度使，加检校太傅，同平章事。周世宗继位后,又加兼侍中。恭帝即位,加检校太尉。在整个大周朝廷中,无论是资历、威望和权力,任何人都不能与其相提并论。因此,想要夺取大周江山,李筠比赵匡胤更具优势。李筠重情重义,他感恩于郭威和周世宗,不愿夺取大周江山。可让他做梦都想不到的是,赵匡胤竟然不声不响地发动政变,窃取了大周江山,这让他无比愤怒。

赵匡胤看到李筠迟迟不来朝拜,料知他有意和自己对抗,想要出兵征讨,却又担心力不能逮,便决定拉拢他,加封其为中书令。李筠自恃实力雄厚,不但不接受封赏,还拒绝接见朝廷派来的钦差大臣,并打算起兵讨伐赵匡胤。后来,在幕僚的一再劝说下,李筠勉强让钦差进了家门,并沉着脸色接下赵匡胤的委任状。之后,他命人摆酒设宴,一是庆祝新帝登基,二是招待钦差。可是,正当大家酒兴正浓的时候,李筠突然让手下取出周世宗柴荣的画像,挂在正堂上,自己对着画像痛哭流涕,边哭边说:"先帝啊,你在世的时候,南征北战,苦心经营。可是,天不佑人,你英年早逝,撇下孤儿寡母,让他们受到那些忘恩负义之徒的欺辱。臣无法保护幼主和太后,只能眼睁睁看着江山易主,小人得志,实在愧对先帝的在天之灵啊!"

这时候,北汉统治者刘钧正因为高平大战对赵匡胤怀恨在心,他听探报回禀了李筠在钦差面前痛哭的事情,知道李筠对赵匡胤不满,认为这是一个难得的机会,于是便修书一封秘密送给李筠,表示愿意与其联手攻打赵匡胤。李筠看了信之后,立即给刘钧回信。没想到,送信的人反对李筠和北汉勾结,将书信改送到赵匡胤手中。赵匡胤看了信之后大惊,但考虑到李筠还没有付诸实践,他也没有立即动手,而是采取欲擒故纵之计,给李筠送去一封亲笔信,极力夸赞他为人忠义,并加封其子李守节为皇城使。这样做既起到了麻痹李筠的作用,又将李守节调离了上党,削弱了李筠的力量。

李筠也觉察出些许异样。不过，他认为儿子到了京城，可以随时掌握皇帝的动态，便于以后行动，便将计就计，让儿子进京赴任。然而，李守节远远没有他父亲的胆略，他对这次赴任顾虑重重，既害怕自己的行迹败露，被朝廷降罪，又不敢违抗父亲的命令，因此左右为难。考虑再三，他最终选择了去见赵匡胤。

　　赵匡胤得知李守节到来，心中大喜，亲自接见，开口便问："太子，你到此干什么？"

　　李守节闻言大惊失色，慌忙给赵匡胤下跪磕头道："臣惶恐，陛下切不可轻信谗言啊！"

　　赵匡胤微微一笑，坦率说道："你父亲让你到这里来，并非真心实意让你来当官，而是希望你做内应，再由我将你杀掉，然后他就有借口造反。你回去跟他说，朕敬他为人忠义，可朕也是大宋皇帝，不能放任他造反。希望他能回心转意，朕一定不会亏待他。"

　　李守节唯唯诺诺，又返回潞州，把赵匡胤的话说给父亲听，并劝父亲不要和皇帝作对。李筠看到事情已经败露，非但不听劝告，还公开起兵，扬言要讨伐赵匡胤。

　　宋建隆元年（960年）四月，李筠正式起兵。他发布宣战檄文，历数赵匡胤的条条罪状，并将朝廷派来的监军周光等人尽数逮捕，然后向北汉称臣纳贡，希望北汉共同出兵。同时，他还派兵火速袭击泽州，杀死宋将张福，占领城池。

　　刘钧得知李筠起兵的消息，非常兴奋，立即派人通知李筠，要亲自召见他，共同商议联手灭宋的事情。

　　双方见面后，李筠主动向刘钧称臣，刘钧当即赐给李筠三百匹良马。然而，交谈后，李筠失望地发现，北汉并没有自己想象的那么强大，刘钧也没有帝王之气。他心中转而后悔，言谈中也更频繁地提起他敬佩的周太祖郭威和周世宗柴荣。刘钧把这一切看在眼里，为了防止李筠生变，他特意派卢赞前往潞州监军。这样，双方还未行动便貌合神离。

潞州位于开封和北汉都城太原之间，地势险要，易守难攻，向南有泽州天井关，过了关便是太行山。李筠若采取固守潞州、泽州的策略，以不变应万变，静待时机而后再对宋发起突然袭击，是有一定把握取胜的，但是其谋士闾丘仲认为此法过于保守。他建议采取积极的进攻方式，"西下太行、直抵怀孟，塞虎牢，据洛邑，东向而争天下，计之上也"。李筠有勇无谋，高傲自大，既没有静待时机，也没有采纳"西下太行、直抵怀孟"的建议，而是命令儿子李守节守卫潞州，自己亲率三万兵马南下，直扑开封。

李筠错估了形势，他本以为赵匡胤会遭到大多数节度使的反对，只要他打着"光复大周"的旗号振臂一呼，必定会得到多数节度使响应。殊不知，这时候赵匡胤已经牢牢控制住了军队，所有将领也都归于他的麾下。除了北汉，李筠并没有得到其他方面的支持。实际上，北汉也靠不住，这就注定李筠会迎来失败的结局。

第四节　开国第一仗

李筠之所以敢公开对抗赵匡胤，无非因为手里攥着两张王牌：一是爱将儋圭，二是军中的骏马。儋圭武艺高强，尤善骑射，手中一杆长枪无人能挡。他胯下的战马也十分有名，据说可日驰七百里，绰号"拨汗马"。当初袭击泽州，便有儋圭的功劳。李筠自以为有了这两张王牌便胜券在握，殊不知结果并非如此。

赵匡胤得知叛军来袭，没有丝毫惊慌，召集群臣问道："众位爱卿，朕刚刚登基便遇李筠造反，沿途百姓刚脱苦海，又陷兵患，因此必须尽快消灭叛军。不知大家有何妙计？"

枢密使吴廷祚说:"潞州地势险要,李筠如果选择固守,这一战恐怕就会变成一场旷日持久的战役。可是,李筠心高气傲,有勇无谋,我们派一支队伍去叫阵,只要他一出城,必然兵败。"

赵匡胤采纳了吴廷祚的建议,为了防止辽国乘虚而入,他又派昝居润赴澶州巡检,授给郭进军事指挥权,兼任本州防御使和山西巡检,防备北汉支援李筠。之后,他命令自己最信任的石守信和高怀德任统军将领,慕容延钊、彰德军留后,王全斌从东路与石、高会合待命;责成张美征集粮草,高防、边光范任前军转运使,以保证后备物资的充足供应。

赵匡胤为了解决后顾之忧,特意命吴廷祚留守京都,另派吕余庆协助防卫工作,任命皇弟、都虞候赵光义为大内都点检,命韩令坤率兵在河阳驻守。在这次人事安排中,可以明显看出赵匡胤对吴廷祚的信任。吴廷祚严谨敦厚、少言寡语,为人厚道,深受赵匡胤的赏识,尤其是在这次李筠叛乱中,他见解独到,分析问题深刻全面,更加受到赵匡胤的青睐。周世宗时,他便做过京都留守,对京城的防卫有丰富的经验。由赵光义掌握控鹤军,京城更加无忧。而河阳又位于潞州和京都之间,可攻可守,即便战事不利,也可以据守河阳,以图东山再起。这次战争的布局再一次证明赵匡胤思维缜密、目光高远,把一切都谋划得滴水不漏。

泽州位于太行山的脊梁上,是河朔咽喉之地。对于李筠来说,这里的战略位置十分重要:向北可直达太原,进而可攻取河朔;向南出太行山可到达孟、怀二州,威胁京都。当然,这里对于赵匡胤来说也同样重要,于是赵匡胤命令石守信和高怀德:"勿纵筠下太行,急引兵扼其隘。"即一定要迅速将敌人堵在泽州一带,予以歼灭,坚决不能让李筠的军队自太行山南下。在出兵之前,他再三命令:"沿途不得扰民,违令者斩。"

第五章 / 新君收服旧臣心

建隆元年（960年）四月十九日，高怀德、石守信作为先锋军首先出发。不日来到孟津，渡过黄河，经过怀州，以迅雷不及掩耳之势抢占了天井关。

李筠和北汉的先锋卢赞一同回到潞州之后，便开始商议出兵之事，但因意见不合而迟迟不能达成一致。卢赞知道，这是李筠在故意为难自己，无奈之下只好暗中派人告知刘钧。刘钧又慌忙派宰相胡卫融前去调解。李筠迫于压力，只好让儿子李守节留守潞州，自己率亲兵，加上北汉的先锋军一起南下，到达长平关。这时候，石守信和高怀德也在长平关外安营扎寨。

五月五日，双方交战，李筠不敌，仓皇败退，宋军首战告捷。二十一日，赵匡胤率领大军从京城出发，之后抵达荥阳。向拱（原名向训）已经提前到这里迎接，他向赵匡胤建议说："陛下，兵贵神速，我军不宜在此地久留。"

赵匡胤听后，转向一旁的枢密直学士赵普道："我们该如何是好？"

赵普回答说："陛下，向拱说得对，我们应该加快行军速度，不给叛军留下喘息之机。"

赵匡胤遂采纳了向拱的意见，在荥阳短暂休整后，便率大军向太行山奔去。

山区道路崎岖，影响了行军速度。为了早日到达作战地点，赵匡胤不顾皇帝身份，下马步行，并用战马驮石修路。其他将士受到鼓舞，只用了一天时间便修筑了一条山中大道，大军得以顺利到达泽州城南，和先期到达的高怀德、石守信会合。

五月二十九日，双方经过激烈厮杀，李筠再次被打败，监军卢赞被杀，投降者众多。北汉前军将领、河阳节度使范守图见状，急忙率军支援，途中被宋军擒获。李筠退入城内，准备长期防守。

此时，北汉皇帝刘钧还在驻守太平驿，等待李筠胜利的消息。赵匡胤便命令永安节度使折德康从北汉的西北部发起猛烈攻击，占领沙石寨，从而达到牵制北汉军的目的。刘钧通过战报得知卢赞被杀、范守图被擒、李筠又被困泽州城内，预计败局已定，不敢再做停留，退出了太平驿。

宋军对泽州的进攻并不顺利，一连十几天都没有进展。正当赵匡胤一筹莫展时，李筠手下一个名叫王全德的将士竟然率部前来投降，局势得到扭转。

王全德是李筠下辖的吐浑府都留后、汾州团练使。泽州城南一战，李筠大败。王全德仓皇逃回潞州，准备和李守节一同守城，但是他得到赵匡胤御驾亲征的消息后，料定李筠大败，于是偷偷带领部下出城投降。李筠及其部下原计划固守待援，但当他们得知王全德投降后，军心大乱。

赵匡胤召集所有将领，商量破城办法。控鹤左厢都指挥使马全义说道："我军应该速战速决，以防夜长梦多。"

赵匡胤点头道："朕也是这个意思，奈何泽州城池坚固，一时无法攻取，不知哪位将军有破敌良策？"

马全义道："陛下如果信得过我，请给属下一支人马，我愿组成敢死队，以死破城。"

赵匡胤应允。

马全义为一名老将，后汉时期便跟随李守贞南征北战。后来，李守贞叛乱，郭威负责平叛，马全义多次带兵偷袭郭威的军营，屡屡得手。战争最终以郭威大获全胜而结束，马全义便隐姓埋名，逃到山中藏匿起来。郭威仰慕他的英名，特意请他出山，封其为殿前指挥使。周世宗继位后，马全义又跟随周世宗征战高平、淮南，立下了赫赫战功，升任殿前都指挥使。柴宗训继位后，他担任铁骑左第二军都校，领播州刺史职。赵匡胤即位后，他仍然担任要职。

王全德亲自带领敢死队数十人，冒着箭矢礌石架云梯爬上城墙。登城中，他的胳膊中了一箭，但是，他丝毫不退缩，咬紧牙关往上爬。战士们受到鼓舞，也都飞快地爬上城墙。经过奋战，宋军终于突破城防，登上城头。

赵匡胤看到敢死队已经登上了城头，信心倍增，亲自率领将士攻城。最终，泽州城告破。

李筠万念俱灰，决定自杀。他的侍妾劝他说："将军不如投降，或许还有条生路。"

李筠流着眼泪说："赵匡胤恨我入骨，我即便今日降了，也难逃一死，既然横竖都是死，不如死得壮烈一些。"于是，他将自己关在屋子里，点火自焚。

赵匡胤率一鼓作气向潞州进发。潞州守将李守节自知无法抵挡宋军，遂开城投降。至此，为期六十四天的李筠叛乱彻底平定。

赵匡胤赦免了李守节的叛乱之罪，任命他为舜州团练使。李守节本来只想保住性命，没想到还能升官，故而对赵匡胤感激涕零，尽心尽力效忠于赵匡胤。

第五节 平叛李重进

赵匡胤初登皇位，便御驾亲征，仅用了两个多月就平定了李筠发起的叛乱，对其他节度使起到了敲山震虎的效果。然而，仍有些节度使盲目自信，继续和朝廷对抗，其中之一便是李重进。

李重进是郭威的外甥，比柴荣年长几岁，武艺高强，早年跟随郭威征战天下。郭威登基后，李重进掌握了重兵。论资历，他比张永德还要老一些。李重进身材高大，皮肤黝黑，性格孤傲，绰号"黑大王"，除了舅舅郭威外，他对谁也不服气。郭威临终前，将皇帝的位置让给养子柴荣，他料到李重进心有不甘，特意让李重进当着范质、王溥、魏仁浦等人的面向柴荣下跪磕头。即使如此，李重进心里仍然不服，认为无论是从血缘关系还是从功劳上，自己都比柴荣更有资格继承皇位。但是，他又不敢违抗郭威的圣旨，只好忍气吞声。柴荣当上皇帝后，李重进尽管意难平，但还是尽忠职守，跟随周世宗征战高平、淮南，立下赫赫战功，也赢得了周世宗的信任。后来，他又接任了权高位重的侍卫司统帅职务。柴宗训继位后，李重进依然手握重权，兼任宿卫军指挥使、淮南节度使。不过，为了防止他叛乱，柴荣在驾崩前派他出镇扬州，远离开封。

赵匡胤登基后，为了拉拢李重进，同时也为了防备他，加封其为中书令，但撤销了他的淮南节度使之职。中书令是虚职，没有实权，无法掌控军队。李重进想到自己既是大周王朝的开国功臣，又是周世宗继位时的顾命大臣，再看赵匡胤，自己指挥千军万马征战沙场时，他还不过是一个无名小卒，短短几年间便爬到了都点检的位置。李重进当初迫于舅舅的压力，屈从于柴荣倒也罢了，现在又要向无论是资历还是战功都不及自己的赵匡胤磕头朝拜，还要交出手中的兵权，他心中百般不愿。日积月累的恼恨让他头脑一热，竟对外公然说道："赵匡胤乃无耻小人，窃取大周江山，自己当了皇帝，现在要本帅对他磕头称臣，痴心妄想！"

但是，相比于李筠，李重进表现得更加沉稳、练达，这点从他和张永德的交往中便可窥得一二。当初周世宗在位时，他和张永德共同驻守上蔡。张永德一向对李重进有意见，便在一次酒醉后说李重进心怀不轨，并派人密报周世宗。周世宗非常了解李重进，并没有相信张永德的话，此事不了了之。这件事传到李重进的耳朵里，他担心主帅之间的私人恩怨会影响军心，所以对张永德表现得更加敬重，特意亲自到张永德家中拜访。张永德非常羞愧，从此两人重修旧好。

第五章 / 新君收服旧臣心

李重进起初接到赵匡胤的委任状时唯唯诺诺，表示完全接受朝廷的安排。同时，为了试探赵匡胤，他拜托传达圣旨的钦差给赵匡胤回话，请求以节镇的名义入朝拜贺。然而，赵匡胤对李重进的心思也十分清楚，所以便委婉地拒绝了。李重进察觉到危机，开始暗中积蓄力量，伺机而动。

李筠在潞州宣布起兵时，李重进看准时机，也在扬州加固城池，加紧打造盔甲，并派自己的心腹翟守珣前往潞州，积极联络李筠。翟守珣认为，李重进虽然有勇有谋，但毕竟只是地方节度使，能征善战的大将也屈指可数，想和坐拥百万雄师、精兵强将如云的赵匡胤为敌，无异于以卵击石。虽然李重进执意选择了一条不归路，但翟守珣认为自己犯不着白白搭进自己的身家性命。于是，翟守珣决定弃暗投明，直接来到开封，找到好友李处耘。

李处耘急忙向宫中汇报。

不一会儿，李处耘返回家中，对翟守珣说："陛下宣你进宫。"

翟守珣对赵匡胤并不陌生，在后周朝时两人便已相识。周世宗北征时，弃用李重进而重用赵匡胤，翟守珣当时就有预感，赵匡胤日后必定大有作为。他将李重进欲联合李筠起兵叛乱的事情详述了一遍。

赵匡胤听后沉默不语，他自己虽然还在京都，但先锋军高怀德、石守信已在前方和李筠交战。他如果这时候去讨伐李重进，难免分心。思量再三，他认为应该先稳住李重进，等消灭了李筠，再抽出力量对付李重进。于是，赵匡胤奖赏给翟守珣许多金银，又"赐重进铁券"，并嘱咐说："你回到扬州，先想办法稳住李重进，让他稍缓起事，好为朝廷争取时间。事成的话，你就立下了大功。"

翟守珣回到扬州，告诉李重进："大人啊，属下到了潞州，见到李筠，但此人外强中干，兵少将寡，势单力薄，无法和朝廷抗衡。属下认为我们现在应按兵不动，坐山观虎斗，等李筠和宋军打得两败俱伤，然后再出击，坐收渔翁之利。"

李重进应允。

当年六月，李筠失败的消息传到了扬州，李重进这才意识到错失良机，既后悔又庆幸。他后悔的是自己没有和李筠联手，形成南北夹击之势，耽误了大事；庆幸的同样是自己没有和李筠结盟，否则自己的下场恐怕和李筠相同。就在这时候，赵匡胤特意派去钦差大臣陈思诲，表示对他的安抚。

陈思诲是横海军节度使加检校太傅陈思让之弟，其父陈审确在后唐至晋朝间曾先后担任八个州的刺史，陈思让也在地方任职多年。陈思诲不但给李重进带来大量的朝廷封赏，还有御赐铁券。券上丹书出自本朝著名文士、翰林学士兼中书舍人李昉之手。赵匡胤首先对李重进给予高度肯定，接着又表达了希望他效忠朝廷的意愿，最后许以高官厚禄，惠及子孙。李重进看后却更加不安。

陈思诲看到李重进满腹狐疑，便进一步劝他："新朝刚刚建立，根基未稳，当今天子求贤若渴，录用前朝官员，可谓襟怀宽广。至于征讨李筠，实为无奈之举。将军为前朝老臣，德高望重，圣上有意委以重任，还请将军不要有顾虑，应赤胆忠心，报效朝廷，共建大宋王朝才是。"

李重进被陈思诲说得心动了，于是答应随陈思诲入朝觐见。

当晚，李重进将部下召集到一处，表情凝重地说道："我自追随太祖以来，承蒙太祖和世宗厚待，没齿难忘。现在赵匡胤窃取大周江山，又派陈思诲持铁券而来，要我随他一同进京，诸位对此有何看法？"

第五章 / 新君收服旧臣心

偏将向美说道："将军为先帝的至亲，遂被委以重任。赵匡胤和将军无亲无故，今日不过是想诱将军入京，然后剥夺权力罢了。将军一旦离开扬州，便如羊入虎口，任人摆布。"

李重进点头道："我也这样想，可此番如果不去，便是抗命不遵，为杀头之罪。赵匡胤一旦兴兵讨伐，恐怕以我军之实力无力抵挡。"

向美又说道："古人云'宁我薄人，毋人薄我'，现在赵匡胤刚刚平定了潞州李筠部，将疲兵乏，我们不如先发制人，攻取京都，将军即可掌管天下。"

李重进摇头道："赵匡胤雄师百万，而我扬州不过几万兵马，岂可与之抗衡！"

又一个偏将说道："赵匡胤早年跟随先帝时，征战南唐，遭到南唐人的仇恨。将军不如派人到南唐面见其主，若两家联手，则大事可成。"

李重进沉默许久说："我和先帝为至亲，现在大权旁落，为了光复先朝，也只好如此了。"于是，他写了一封书信，派人送给南唐皇帝李璟。之后，他又下令扣押陈思诲，巩固城防，加紧练兵。主意既定，李重进命人取酒来，和众将歃血为盟，大家同生死共富贵，誓与赵匡胤拼个死活。

南唐李璟早就领教过赵匡胤的厉害，不愿意惹祸上身，但又不能对李重进置之不理，便劝说李重进应该效忠大宋。李重进无奈，决定单打独斗。可是，让李重进头疼的是，他到扬州任职时间不长，加之这里又曾是南唐的疆土，老百姓的心依然向着南唐，不愿意为李重进卖命。因此，他还没有发布起兵的命令，军中已经开始出现骚乱。扬州监军安友规看到李重进决意造反，便带着几个亲信偷偷溜走。李重进下令再有逃跑者斩无赦，同时又逮捕了几十个平时对他不服气的军校，下令将他们全部处死。其余将士看到这一幕，又惊又怒，更加不愿意为他卖命了。

九月，赵普带着南唐派来的使者面见赵匡胤，使者先转达了李璟对潞州大捷的祝贺，然后又将一封信交给赵匡胤，说道："大宋陛下，这是李重进写给我主的密信，想要联合南唐对抗大宋朝廷。"

赵匡胤在派陈思诲去扬州之前，就已经预料到结果。他赐李重进铁券，不过是告诉后周旧臣："我赵匡胤并非薄情寡义之人，对后周旧臣已是仁至义尽，可李重进非要与我作对，那就怪不得我了。"陈思诲已经被派往扬州一个月，仍然没有消息。赵匡胤正等得焦急，听说李重进竟然企图勾结南唐，这刚好给了他出兵的理由。他气呼呼地说："朕待李重进不薄，近日特赐他铁券，而他竟敢背叛朝廷，实在可恨！"他又冲来使说道："你回去告诉你的君主，朕感谢他的好意，请他一定把守关隘，不要放叛军进去！朕即刻发兵讨伐李重进。"

赵匡胤一切准备就绪后，就讨伐策略一事询问赵普的意见。

赵普早已替赵匡胤谋划好了，说道："扬州之地和潞州之地大不相同。扬州地势开阔，便于大军行进，除淮河外，再无可依靠的屏障。圣上可派石守信、王审琦、李处耘等为先锋军。圣上随后跟进，李重进兵败无疑。"

赵匡胤命石守信为扬州行营都部署，王审琦为副手，李处耘为都监，统领大军首先出发。他命皇弟赵光义任大内都部署，吴廷祚为开封留守，共同保证京都的安全。

大军出发之前，赵匡胤一再交代石守信："李重进以长江、淮河为依托，独守孤城以对抗朝廷。现在他外无救兵，内缺粮草，将士离心。我军缓攻是胜，速攻也是胜，但兵法讲究神速，因此我军要以最快的速度结束战斗。谨记,一路上要做到秋毫无犯,爱护百姓。"

十月二十四日,赵匡胤便召集大军,出了京城,由水路沿汴河东进,向扬州进发。经过十多天的行军,十一月,宋军来到汴河和淮河的交汇处泗州,之后改走陆路,一路击鼓前行,直奔东南的扬州。

大军经过宋州、宿州、泗州等地,有当地百姓的子弟在扬州当兵,他们看到朝廷的大军气势雄壮,无不替亲人担心。赵匡胤得知情况,为了安抚民心,派出人员向百姓宣讲朝廷政策,声明只征讨李重进,和其他将士无关。百姓纷纷写信给自己的亲人,劝他们尽快脱离李重进,向朝廷投诚。有的百姓干脆跟着军队,准备到阵前喊话。赵匡胤下令,要优待那些随军奔赴前线的家属。

赵匡胤御驾亲征的消息很快就传到扬州城内,军民顿时一片恐慌。李重进本想先发制人,谁料自己还没行动,朝廷的大军已经兵临城下。正在他六神无主的时候,手下将士闯进来,纷纷要求杀死陈思诲以解心头之恨。然而,此时的李重进已经完全丧失了斗志,他对将士说道:"我现在已经成了罪臣,依律当诛灭全族,杀一个陈思诲又有何用?"于是,他下令放掉陈思诲,自己则效仿李筠,点火自焚了。不过,陈思诲并没有逃过一劫,他最终还是被李重进的手下杀害了。

赵匡胤原以为会有一场大战,却不料不费一兵一卒便进入了扬州城,比征讨李筠更顺利。和以往不同的是,赵匡胤这次没有心慈手软,他下令将数百名李重进的同谋者全部斩首。李重进的哥哥李重兴早在听说李重进有意造反时便畏罪自杀了,赵匡胤便抓住李重进的弟弟李重赞和儿子李延福替罪。对那些无辜的城内百姓,他还是按照以往的怀柔政策进行安抚。随后,他对向自己告密的翟守珣进行封赏,补为殿直,不久后又升其为朝廷的供奉官。

平定了"二李叛乱"，赵匡胤有效地震慑了其他有二心的地方武官，尤其是那些手握重兵的节度使，让他们不敢再有不切实际的幻想。同时，赵匡胤也开始慎重思考一个问题：自己出生于五代乱世，从大周的手中接过江山，如何才能结束唐末以来藩镇割据的局面，让辛苦建立起来的大宋王朝能够长治久安，并将大好河山传给子孙万代？

以文治国施仁政

第六章

第一节　杯酒释兵权

赵匡胤是一位马背上的皇帝，身经百战，深知军权和军队的重要性。同时，他因为见惯了战场上的厮杀场面，所以有冷酷无情的一面。他知道，大宋的江山是他从别人手中夺得的，因此也总害怕再被别人夺去，而一旦皇位被别人夺去，他绝对不会像小皇帝柴宗训那样幸运，后果不堪设想。为了能让大宋江山传至千秋万代，让自己的子孙永享太平，他日思夜想，希望得一万全之策。

某一日，赵匡胤问计赵普："晚唐以来，皇帝轮流做，天下战火不断，百姓深受其苦。朕今日既然当了皇帝，分内之事便是保护百姓，不能让他们再受这样的苦。我有什么办法能避免兵乱呢？"

赵普回答："出现这种情况的根本原因是节镇权力太大，君弱臣强。只要削减节镇的权力，限制节镇的财力物力，再夺回兵权，陛下就能高枕无忧了。"

赵匡胤觉得赵普的话很有道理，但是他又想到，王审琦、高怀德这些大将都是忠心追随他的心腹，当初把他扶上皇位，后来又在平定"二李叛乱"中立下汗马功劳,现在猛然间要剥夺他们的兵权,未免有鸟尽弓藏的嫌疑,心中很是不忍,便说道:"有些人是早年跟朕出生入死的患难兄弟,朕对他们放一百个心,他们断不会背叛朕。"

赵普微微摇头,反问道:"臣斗胆,圣上当初也和周世宗为患难之交、生死兄弟,后来不是也顺应天命接过大周的江山吗?"赵普又说:"就算诸位将军没有异心,难保他们的部下不起妄念。一旦部下作乱,他们便会和陛下当初一样身不由己。"赵匡胤沉思良久,终于点了点头。

建隆二年(961年)七月初九,这日退朝后,赵匡胤特意将石守信等一众武将留下,吩咐摆酒设宴。众人饮酒正酣时,赵匡胤忽然紧皱眉头,长长地叹了口气。石守信等人十分不解,问道:"陛下为何犯愁?"

赵匡胤摆手,示意左右退下,回答:"实不相瞒,朕当初没当皇帝的时候,只知领兵打仗,不知道哀愁。现在当了皇帝,朕反倒寝食难安,细细琢磨,倒不如当初做人臣时快活。"

石守信等人更加不解,小心问道:"陛下,如今'二李叛乱'已平,天下安宁无战事,百姓深感皇恩浩荡,安居乐业,陛下还有什么烦忧之事呢?难道陛下是因为南唐、北汉那些小国而烦心吗?"

赵匡胤意味深长地说道:"南唐、北汉已是垂尽之国,不足为虑。朕的担忧,爱卿们不可能理解。"

高怀德是个急性子,他看到赵匡胤说话吞吞吐吐,有些着急,举杯说道:"陛下究竟有何担忧,不如说出来给臣等听听,臣等虽愚钝,但只要陛下一声令下,定当在所不辞。"

"也好。"赵匡胤点头说道,"朕以前没有做皇帝时,整日与你们一处吃住,也不知道做了皇帝后被文武百官朝拜敬仰是多么风光。朕想一定有很多人都在日夜惦记这个位置。朕得想办法保住这个皇位,一旦丢失，下一个皇帝的心性、手段难以预料，说不定朕和你们就会性命难保啊！你们说，朕的担忧是多余的吗？"

一众武将听了这话，以为自己说错了话、做错了事被赵匡胤抓住了把柄，吓得面色大变，急忙离席跪地，对赵匡胤磕头求饶说："陛下为真龙天子，登上皇位乃是天命使然，臣等凡身肉体，怎敢觊觎大位！臣等出身行征，言行难免粗野，如果不小心触犯龙颜，实为无心之举，还望陛下明示，臣等一定痛改前非！"

赵匡胤看到众臣如此恐慌，急忙起身将他们搀扶起来，和颜悦色道："诸位爱卿与朕出生入死多年，情同手足，当然不会有二心。不过，难保你们的部下没有人贪图富贵。他们如果也和当初你们拥立朕一样，把黄袍披在你们身上，纵然你们不想当皇帝，恐怕到时候也身不由己了。"

直到这时，高怀德等人才明白了赵匡胤的真正目的。他痛哭流涕道："陛下，臣等愚蠢，从不敢有此非分之想。今日，臣等竟让陛下有这种担忧，实乃臣等之罪过。还望陛下替臣等指一条明路，臣等定然万死不辞！"

赵匡胤要的就是这句话，他不再绕弯子，道："人生在世，如白驹过隙，是何等短暂。凡人们一辈子忙碌，不过是追求'富贵'二字。何为富贵？无非拥有取之不尽、用之不竭的金银财宝，即便自己百年之后，子孙后代也有享不尽的荣华。你们如果愿意，不如将手中的兵权交给朕来掌管，朕已经为你们安排好了去处，到京外做藩镇，经营庄园，为子孙后代积存家业，享受荣华富贵。今后，我们的子孙可以世代通婚，这样你们都成了皇亲贵戚，我们君臣之间亲上加亲，互相信任，岂不美哉！"

高怀德等人叩首道："陛下为臣等考虑得如此周全，臣等感激不尽，愿听从陛下的一切安排！"

次日，凡是头天晚上参加酒宴的大臣上朝的第一件事便是请退，理由也都出奇地一致：告老还乡。

七月，赵匡胤宣布最新任命：原侍卫都指挥使、归德军节度使石守信为天平节度使（治所在宋州）；原殿前都指挥使、武成军节度使王审琦为忠正军节度使（治所为许州、蔡州、陈州等），原殿前副都点检、忠武军节度使高怀德为归德军节度使（治所在今商丘）；原侍卫亲军马步军都虞候、镇安节度使张令铎为镇宁军节度使（治所在澶渊郡）。这些被重新任命的将领交出禁军的职务，仅保留节度使名号，然后带着皇帝赏赐的大量财物离开京都，去自己的治所。

撤去了高怀德的殿前副都点检的职务后，赵匡胤索性连这一官职也撤销，宋朝从此再没有"殿前都点检"的官职了。

赵匡胤说到做到，他先后将自己的两个女儿分别许配给石守信和王审琦的儿子，又让其弟赵光义娶了张令铎的女儿，还将自己寡居的妹妹燕国长公主嫁给了高怀德。那些被解除了兵权的将领看到赵匡胤言而有信，心中非常感激，踏实地过上了解甲归田的自在生活，再不敢有别的想法。况且，他们已经和皇帝结亲，从某种意义上说，维护皇权就是维护他们自己的利益，因此他们也愿意尽心而为。

经过这件事后，赵匡胤当年执掌兵权的结义兄弟全部被解除了禁军职务。之后，赵匡胤又派李汉超镇守关南，马仁瑀镇守瀛洲，韩令坤镇守常山，贺惟忠镇守易州，何继筠镇守棣州，郭进镇守西山，武守琪镇守晋阳，李谦溥镇守隰州，李继勋镇守昭义，赵赞镇守延州，姚内斌镇守庆州，董遵诲镇守环州，冯继业镇守灵武。

针对赵匡胤"杯酒释兵权"这一做法，历史学家们有不同的看法，但肯定者居多。自古以来，皇权至高无上，所谓"普天之下，莫非王土；率土之滨，莫非王臣"，因此皇帝非常害怕失去这一特权地位。同时，总有一些人觊觎皇位。皇帝为了保住皇位，不惜采取强硬手段对付那些威胁到他的人，而这些人往往又是皇帝的亲信。一旦这样的事情发生，这些亲信必然会被赶尽杀绝。赵匡胤算是一个例外，他采取和平手段，达到了预想的结果，是智谋之举。

第二节　改革禁军

通过"杯酒释兵权"的方式，赵匡胤成功地将军权控制在自己手中，杜绝高级将领以及他们的部下图谋不轨。作为一个掌管军队多年的首领，他知道自己接管的这支前朝军队还存在许多问题，必须对军队进行改革和整顿。

他特意询问赵普："现在的军队权力过于集中，一旦被野心勃勃的人掌控，朕的皇位便岌岌可危，愁煞人也！"

赵普沉思片刻道："陛下过虑了，既然军权过分集中，那就给它合理分开便是。"

赵匡胤又问："该怎么分呢？"

赵普回答："把军权从枢密院中分出一半，交给'三司'，今后一个负责领兵作战，一个负责调拨兵力。领兵的要想出动军队，就必须有调兵指令；调兵的只负责调集兵马，无法领兵。两方无论谁也不能单独行事，陛下也就不用担忧了。"

赵普提到的"三司"，指的是禁军殿前司、侍卫亲军步军都指挥司和侍卫亲军马军都指挥司。经过"杯酒释兵权"，慕容延钊、石守信等一些重要将领被解除了职务，导致禁军殿前司和侍卫亲军马步军司中大量职位空缺。其中侍卫亲军马步军司下辖两个单位，即侍卫亲军马军都指挥使司和侍卫亲军步军都指挥使司。这两个单位逐渐分开，形成独立的单位，即侍卫亲军步军司和侍卫亲军马军司，再加上原有的禁军殿前司，合称"三司"（又称"三衙"）。赵匡胤在这三个单位各自设立一名指挥使,称为"帅",即"三帅",每一个帅负责一个司,这三个司又直接归赵匡胤本人指挥。

三司的职责是管理禁军,负责他们的衣食、住宿、训练等工作,却没有调动和指挥的权力。在当时,"凡天下兵籍、武官选授及军师卒戍之政令,悉归枢密院",枢密院相当于现在的国防部,分正、副两个领导,只可以调动部队,但不能直接统帅部队。一旦有了战事,朝廷会选拔统兵将领或者临时委派将领。赵匡胤的这一措施在当时是很高明的,他成功地将调兵权和统兵权分开,使唐末五代以来的将领和士兵长期结合而形成的"亲党胶固"关系彻底断绝,即便有人想发动兵变,也是心有余而力不足。

分开了统兵权和调兵权,赵匡胤依然不能完全放心,又绞尽脑汁想出了"更戍法"。更戍法要求禁军不可以在一个地方长期镇守,每隔一段时间便换防一次,也许是三年,也许是两年,甚至是半年。军队换防,将领也随之更换,即"兵无常帅,帅无常师"。这样频繁地换防,有两个好处:一是丰富士兵们的训练经验,让他们熟悉山川地形;二是一定程度上缓解他们对家乡的思念之情。每一次换防,士兵们都要换一个统帅,上下级之间也成为陌生人,无论是将领还是士兵,都摸不透对方的心思,大家彼此顾忌,当然也就无法团结起来发动兵变了。

完成了军队上层机构的改革,赵匡胤又马不停蹄地开始下层机构的改革。关于这一问题,他再一次征求赵普的意见。

赵普说道:"臣闻当初高平之战时,军中将士老弱病残者居多,导致初战失利。我军应该接受教训,坚持优胜劣汰的原则,组建一支强壮精悍、战无不胜、攻无不克的部队。"

当时,赵匡胤刚刚平定了"二李叛乱",收服了大量降兵。在如何安置降兵的问题上,他很伤脑筋。如果把降兵全部遣送回家,他们可能会再次聚众反叛；如果把降兵全部收编，无疑会增加国家的财政负担，同时降兵中的老弱病残者也会削弱军队的战斗力。有了赵普的建议，赵匡胤很快便制定出一套具体的应对方案。他把老弱伤兵全部遣送回原籍，精壮者留在军中。这样既减轻了国家的负担，又增强了军队的战斗力，可谓一举两得。包括后来平定荆南和北汉交战，以及镇压农民起义时，他都采取这种方式来安置降兵。

作为一朝天子，赵匡胤当然要将自己的安全放在第一位。为此，他挑选精兵留在身边，编成一支作战力量强大的禁卫军。平定西蜀后，他又从降兵中选人组成川班内殿直，从江南的降兵中选人组成归化军、归圣军，从北汉降兵中选人组成效顺指挥。另外，他还分别组建了龙卫、神武、拱圣、忠节四支军队。这样一来，他极大地增强了中央的兵力，达到了"强干弱枝"的目的，同时也提高了军队的战斗力。在士兵的选拔上，赵匡胤的要求十分严格，坚决不予录用不符合条件者。

在军队的管理方面，赵匡胤要求纪律严明、奖惩分明。唐代末期以来，为了防止士兵逃跑，朝廷规定在他们的脸上、手上刺字。赵匡胤当了皇帝以后，不但继续执行这种刺字政策，还进一步制定了明确的阶级法，即从普通士兵到高级将领，不同的军职分为不同的等级，明确了各级军职的隶属关系。如有人胆敢越级办事，无论他有多么充足的理由，一律严惩。

另外，为了管好这些士兵，赵匡胤还专门制定了一系列法规，其中包括禁止斗伤、禁止博戏、禁止养禽犬、禁饮、禁滥、禁逃、禁盗、禁诡名、禁匿奸、禁结义社等十数种。阶级法和禁令的实施，有效防止了军人作乱。

建隆元年（960年）八月某日，赵匡胤正坐在朝堂上，彰义军节度使白重赟忽然闯进来，双膝跪地说："陛下，泾州马步军教练使李玉和臣素来不和，他们公报私仇，与部下阎承恕串通一气，诬赖臣谋反，并伪造陛下的圣旨，命令陈廷正对臣抄家灭门。如果不是陈廷正提前告知，臣现在恐怕已成刀下冤魂了！"

赵匡胤雷霆震怒，一拳捶在御案上，愤愤道："如此狂妄之徒，实在无法无天，不杀难以服众！"于是，他命人将李玉、阎承恕抓来，处以极刑。

这年十月，赵匡胤听说自己心爱的大将，晋州兵马钤辖、郑州防御使荆罕儒在和北汉作战时牺牲，十分心痛，命人查办这次战斗中有谁畏缩不前。结果，他斩首龙捷指挥使石进德等人，降职处分磁州团练使王继勋、毡毯副使阎彦进等多人。

有了严明的纪律还不够，赵匡胤还在"精"字上大做文章。

他戎马多年，当然明白"养兵千日，用兵一时"的道理。所谓"养"，并不是简单地供养士兵，而是辛苦地操练他们。自唐末五代以来，皇宫卫队从来不训练，导致战斗力衰弱。赵匡胤当了皇帝以后，坚决改变这种不良现象。他身体力行，亲自带领禁卫军训练，传授他们武术，将禁卫军培养成了一支战斗力强悍的军队。为此，他曾自豪地说："此殿间数百人耳，犹兵威可观，况堂堂之阵，数万成列乎！"

不仅是禁卫军，对其他军队的训练，赵匡胤也同样关心。建隆二年（961年）正月，他曾亲自检阅水军演习；次月，他又检阅了飞山营炮车的训练。建隆三年（962年）九月，他亲自主持了讲武殿阅兵活动；十一月，他又分两次在西郊举行大规模的阅兵活动。在他以后执政的十几年中，几乎每年都要举行几次阅兵活动，甚至有一次淘汰了三百多名不合格的禁卫军。

除了在正常的训练中严格要求士兵，在平时的生活中，赵匡胤同样注意培养士兵勤奋和吃苦耐劳的精神。比如，他规定军人只准穿褐色衣服，衣服长度不许过膝；韭菜、葱等香料食材不准进入军营，士兵不许买酒和鱼肉等。他为了锻炼士兵的脚力，在每月发口粮时，故意让城西的士兵到城东去领，城东的士兵到城西去领。凡领粮者，必须步行，而且必须把粮背着，不许偷懒。一有时间，他便亲自登上右掖门，观察是否有偷懒的士兵雇车或脚夫运粮，一旦发现，必定严惩。

经过这一系列改革后，赵匡胤既成功地将军权集中到自己手中，又训练出一支英勇彪悍的禁卫军。论理，改革到了这一步，他应该高枕无忧了。然而，他的忧患感不但没有消除，反而更加强烈了。他明白，军队的作战力越强，对朝廷的威胁也越大。为了尽可能地解除这种威胁，他又开始思索如何改革军队的布防。

当时的宋军分为四种，即禁军、厢军、乡兵和藩兵。其中禁军是国家的主力部队，为正规军，负责镇守战略要地和保护京师的安全；厢军为地方部队，由地方长官掌管；乡兵相当于现在的预备役士兵，由户籍内抽调出的壮丁经过训练后组成；藩兵则是由少数民族组成的部队。在这四大兵种中，乡兵和藩兵的人数很少，几乎可以忽略不计，主要力量是禁军和厢军。赵匡胤下令，将这部分兵力平均分为两部分，一部分驻守京城，另一部分镇守边疆。这样就形成了"内外相制"的局面，即京城内的驻军可以抗衡边疆诸军，边疆诸军合起来也可以制约京城驻军。

在这种"内外相制"的布局下，三司中的殿前司所掌管的禁军全部驻守京师，另外两个司的禁军虽然遍及全国，但主要力量还是在京城及附近地区，使京城的防御力量超过了全国任何一个地方。其实，这也是"强干弱枝"的一种做法，即通过强化京城的军事力量来弱化地方的军事力量。地方所保留的力量既可以镇压区域性的反抗，又可以在京城出现变故时，随时策应。

赵匡胤的良苦用心最终换来了他想要的结果，既成功地阻断了"兴亡以兵"的现象再次发生，有效地巩固了大宋王朝的统治，又通过改革军队大大提高了军队的作战能力。在以后的统一战争中，他训练出来的军队发挥了至关重要的作用。

第三节　扫清藩镇

"杯酒释兵权"之后，赵匡胤有条不紊地进行改革，最终文官代替武将负责统领禁军，而德高望重的将领全都退隐，也就没有人能威胁到他了。

但是，赵匡胤刚刚轻松了没几天，就又紧张起来。他突然想起一个必须要解决的问题，那就是地方藩镇的问题。

藩镇又称"方镇"，是唐朝中后期设立的军镇，其本意是为了保卫朝廷的安全。唐玄宗当时为了抵御边陲的侵犯，对边境军镇进行大规模扩充，设立节度使，统称"藩镇"。每个藩镇掌管一个地区的军权。后来，这些地区的长官不满足于仅掌握军权，还将手伸到了民政、财政，以及其他事务中去，最终割据一方，和朝廷对抗，直接导致唐朝灭亡。

到了五代时期，藩镇的势力更加强大，根本不服从皇帝的指挥，而且还发展成世袭制，即父亲死后，儿子继任节度使。对皇帝下达的诏令，节度使们看到对自己有利的就接受，对自己不利的就抵制。皇帝如果要调动节度使，必须先派出军队做好应变准备，然后才能下诏书。

大宋建立之初，也沿袭了唐末五代以来的制度，带有王爵和宰相称号的节度使多达几十人。这些节度使拥兵自重，形同"土皇帝"。他们在领地内是认真练兵保护边境，还是暗中招兵买马准备兵变，朝廷根本无从得知，因此，如何把他们的权力收归朝廷是事关大宋王朝安危的大问题。于是，赵匡胤又开始精心谋划削弱藩镇权力的事情。

建隆二年（961年）七月，宋太祖赵匡胤采纳赵普的建议，开始

第六章 / 以文治国施仁政

削藩。

郭崇性格内向，处事稳重，当初曾受后汉隐帝刘承祐的指派刺杀郭威未遂。郭威称帝后，封其为安武节度使。赵匡胤建立大宋后，依然对其采取安抚政策。

有一天，安武监军向赵匡胤报告："郭崇常常对着先帝的画像哭泣，疑是对陛下不满，陛下应当防备他生变。"

赵匡胤心中虽然不悦，表面上还是说道："郭崇重情重义，先帝在时待他不薄，而今他怀念先帝也是人之常情，不必大惊小怪。"尽管赵匡胤这么说，但他还是密派了一个人到郭崇身边，监视其行动。

不久，那人回来向赵匡胤禀报说："郭崇经常和下属们一起在池塘边的亭子里饮酒博戏，城内一切正常，陛下不必担忧。"

郭崇也察觉了赵匡胤的意图，为了免生事端，他请求到开封，并对赵匡胤说："臣年老体衰，恐难继续为朝廷效力，请陛下允许臣告老还乡。"赵匡胤正求之不得，当即答应，并赏赐他一大笔钱财。

袁彦也是后周旧臣，曾和赵匡胤为同僚，但两人是政敌，有着颇深的矛盾。赵匡胤当了皇帝之后，袁彦一是心中不服，二是害怕被赵匡胤暗害，所以不愿朝觐，还暗中招兵买马，做好应变的准备。赵匡胤也担心袁彦造反，便派潘美前去监视。

潘美只身一人到了保义军中，对袁彦说："新朝建立，天下稳定，陛下心胸宽广，不计过往，特意派我前来劝服，希望将军能够入京觐见。"

袁彦被赵匡胤的真诚感动，再加上他看到李筠叛乱失败，便在这年秋天跟随潘美到了京城，朝觐赵匡胤，交出了自己的兵权和领地。赵匡胤非常高兴，夸赞道："袁彦进京，乃潘美之功啊！"

然而，并不是所有的节度使都像郭崇和袁彦那样心甘情愿地交出兵权，更多的节度使对赵匡胤心怀不满。他们虽然不敢明目张胆地对抗朝廷，但对朝廷政策采取排斥态度。为了让他们顺利交出兵权，赵匡胤命人把他们召到开封，每人一匹战马、一副弓箭、一把长剑。之后，他不带一兵一卒，跟这些节度使出城到一片树林里。君臣下马后，赵匡胤取来随身携带的酒，与大家一同畅饮后说道："这里只有我们几个，你们当中有谁想当皇帝，大可以把我杀了，然后去登基。"众人都被赵匡胤如此强大的气魄给镇住了，个个吓得面如土色，磕头求饶道："臣等不敢，愿意效忠陛下！"

赵匡胤连问了三遍，众人全都俯身低头，不敢说话。赵匡胤遂提高了声音，训斥道："你们既然愿意效忠，就必须服从朕的命令，今后有不服从命令者，严惩不贷！"

建隆四年（963年），赵匡胤传下一道圣旨，下令取消各节度使驻扎州以外所兼管的支郡管辖权，由朝廷直接任命官员管理，所任命的州官直接向朝廷奏事，不再接受节度使的管辖。各州设知州管理行政事务，另外再设一通判，为知州的副手，二者地位相当。各州的文书必须由知州和通判连署，方可生效，以此达到二官互相牵制的效果。他的这一举措取得了很不错的效果：担任这些州官的全部是文人，对节度使有很大的牵制作用。例如，天雄军节度使符彦卿长期在大名任职，他的下属刘思遇巧取豪夺，每次收取百姓租税时都用大斗，给百姓造成沉重的负担。有了这一政策后，朝廷特意派一名文官常驻大名，担任参官，专门管理税收事务。从此以后，大名的百姓再也不用担心多交租税了。

以往每次征收完租税，当地节度使总是上缴很少的一部分当作皇粮，其余大部分则进了自己的"小仓库"。那些管理场院关市的人都是节度使的心腹，二者相互勾结，欺上瞒下，鱼肉百姓。赵匡胤按照赵普"制其钱谷"的建议，于乾德三年（965年）三月再下一道圣旨，命令各州的赋税收入，除留下必要开支外，其余全部送到京都皇家粮仓，同时下令关闭各地的场院，由朝廷统一派文臣进行管理。赵匡胤还下令在州以上行政区域设置转运使，专门掌管财政税收及水陆转运事务。担任转运使的一般都是京官，包括节度使、防御团练使、观察使、州刺史等在内的所有地方官员一律不得干涉钱粮之事。这一系列措施，有效地切断了节度使聚敛的源流，增加了国家的财政收入。

五代时期，各地节度使还控制着辖区的司法权。当时的司法单位称作"马步院"，由将校担任马步都虞候和判官，兼管刑法狱讼，朝廷无权干涉。对这种不良状况，赵匡胤认为五代藩镇骄横跋扈，目无法纪，随意杀戮，草菅人命，朝廷对此不闻不问。如今新朝初立，这种状况必须改变。任何人都不得滥用法纪，节度使也不例外。于是，他颁布诏书，各州审理命案，一律将案卷抄送刑部，由刑部审查批复，杜绝地方官吏随意行使生杀予夺之权。

为了彻底夺取藩镇的权力，赵匡胤第二次"杯酒释兵权"。开宝二年（969年）十月，凤翔节度使兼中书令王彦超、安远军节度使兼中书令武行德、护国军节度使郭从义、定国军节度使白重赞、保大军节度使杨廷璋这几位资历较深的节度使接到赵匡胤的邀请，到皇宫赴宴。

席间，赵匡胤说道："诸位都是国家的元勋，劳苦功高，长期在各重要兵镇担任要职，实在难为你们了，朕心中不忍啊！"

凤翔节度使王彦超听出了赵匡胤的言外之意，急忙下跪磕头，说道："臣功德浅薄，却长期蒙陛下不弃，得到这么多荣誉，实在受之有愧。现在，臣年事已高，身体也大不如从前，恐怕无法继续为陛下效力。请陛下恩准臣告老还乡，安享晚年。"

但是，同席的安远节度使武行德、定国节度使白重赞、保大节度使杨廷璋等人对赵匡胤的话多有不满，不愿意交出兵权，纷纷列举各自的战功，诉说镇守边疆的辛苦，希望能够留任。然而，赵匡胤心意已决，瞪了他们一眼，冷冷地说："那些都是过去的事情，说它还有何用？"这几个节度使料知大事不妙，再也不敢言语了。

次日，赵匡胤下旨，准许王彦超等五人辞官还乡，并加封武行德为太子太傅、王彦超为右金吾卫上将军、郭从义为左金吾卫上将军、杨廷璋为右千牛卫上将军、白重赞为左千牛卫上将军。

对于这些人来说，没有了领地和军权，再大的官职也形同虚设。不过，加封他们官职，还是体现了赵匡胤对他们的尊重。之后，赵匡胤又陆续解除了向拱和袁彦的藩镇职务。

开宝六年（973年）七月，赵匡胤下令罢免所有由地方任命的马步都虞候和判官，将马步院改为司寇院，由新进及第的进士、九经、五经等文官担任司寇参军，掌管各州的刑罚。

就这样，赵匡胤一方面削弱了节度使对禁军的控制权，另一方面又让文臣代替武将，逐渐减少节度使的数量。在一次和赵普的谈话中，赵匡胤曾说："五代时，那些藩镇横征暴敛，致使老百姓生活困苦不堪。现在，朕让那些有学识的文官去治理藩镇，即便这些人贪污，危害也不及那些蛮横无理的武将们。"可见，他虽然重视贪污问题，但在他心中，贪污的危害远不及拥兵自重。此后，只要一有机会，赵匡胤就将节度使撤回，派文官去代替。为了加快替换速度，他还下令取消节度使的世袭制，凡节度使去世，必须由朝廷派官员接任。

在赵匡胤这一系列举措的实施下，节度使的权力得到了限制，所有州县地方官员的任免以及地方的行政权、财政权和司法权全部收归朝廷，中央的权力得到加强，从根本上解决了唐末五代以来的藩镇割据、混战等问题。社会安定、经济蓬勃发展的良好局面自唐末五代以来首次出现。

第四节　纵容边将

尽管赵匡胤处处提防，牵制武将，但对待镇守边关的边将则例外。边将是否忠于朝廷，直接关系着国家的安全。因此，被赵匡胤派往边关镇守的全是他的心腹爱将。同时为了拉拢他们，让他们尽心竭力地为大宋效力，赵匡胤对他们展示了极其宽大的胸怀，甚至到了纵容的地步。

郭进性格豪爽，轻财好施，但脾气暴躁，嗜杀成性。他杀人从不讲道理，也不分身份和场合，想杀就杀。当初，赵匡胤为了防备北汉入侵，封他为山西巡检。在临上任前，赵匡胤特意召见郭进的下属，警告他们："你们跟随郭进，一定要小心，千万别干犯法的事情。要不然，就算朕不追究，郭进也会要你们的脑袋。"众人听了这话，无不心惊胆战。

有一次，赵匡胤特意从禁军中挑选了三十名精兵强将，负责给郭进压阵。不久，郭进和北汉交战，这三十人因为第一次上战场，所以有些怯阵，畏缩不前。按照当时的军纪，应该先逮捕关押这些人，上报朝廷后由朝廷处决。结果，郭进二话不说，当场就将他们砍了。

赵匡胤听说这件事后，生气道："这些人都是朕从禁军中挑选出来的精英，不过因为第一次上战场，有些胆怯罢了，郭进竟然把他们全都杀了，这还了得！"

众臣以为赵匡胤真生气了，谁也不敢为郭进求情。退朝之后，赵匡胤却派宦官到边境跟郭进说，那些人自认为高人一等，不服从命令，该杀！

郭进本以为会被赵匡胤处罚，没想到反而受到表扬，更加卖力地效忠朝廷。

赵匡胤对郭进的纵容远不止于此，为了表示对郭进的嘉奖，他特意下令完全按照公主、亲王的标准在京城为郭进盖了一栋豪宅。礼部官员认为建造规格僭越，请求赵匡胤撤回这一决定。赵匡胤十分生气，训斥道："郭进为朕镇守北部边境，立了大功，我以待儿女的情分对待他怎么了？你们毋庸赘言，赶快去办！"

郭进的一个部下曾偷偷跑回开封，向赵匡胤告状。赵匡胤并不相信他，并说："郭进治军严明，你肯定是犯了错误，惧怕惩罚，这才跑到京城来，企图诬告郭进。你如今从哪里来还是回到哪里去，让郭进自己处理吧。"

就这样，那人又被送回郭进的军营。想到郭进的性情，那人不禁吓得瑟瑟发抖。他做梦也没有想到，郭进见了他毫不气恼，反而宽容地说："你竟敢跑到京城告我，说明你胆量不小。这样吧，刚好现在北汉军队入侵，我暂留你一条命到战场上去打仗。你如果能打败敌人，我不但不杀你，还为你请功；如果打不过，就不用回来了。"

那人为了保命，在战场上奋勇杀敌，果然打败敌人。郭进也不食言，向赵匡胤如实汇报。赵匡胤一高兴，就提升了他的官职。

宋朝刚建立时，赵匡胤仅控制着中原地区，周围的势力，一个个像饿狼一样紧盯着赵匡胤辖治中的这片土地。赵匡胤不但不放手寸土，还要统一天下。在这种情况下，边境的安危对于国家形势而言就显得十分重要。尤其是北部边境，更是宋朝的"后院"。为了保证后院不起火，他必须最大限度地拉拢边将的心。除了在感情上加强联络外，在物质上也最大限度地满足对方的需求。所以，每当边将有事回到京城，他必定设宴款待，然后赏赐大量物品，并给予他们无微不至的关心。在权力方面，他能下放的就下放，给予他们充分信任，准许他们便宜行事。

第五节　文官分权

在经过两次"杯酒释兵权"后,赵匡胤把军权紧握手中,又大量任用文官牵制武将,他很快意识到另一个非常严重的问题,那就是文官的权力也过大。

自古以来,宰相位居一人之下、万人之上,其影响力仅次于皇帝,是满朝文武的首领。秦汉时期,宰相几乎和皇帝平起平坐,要一起接受百官的朝拜,途中相遇,宰相下车,皇帝也必须下车。宰相有病,皇帝必须亲自探望,因此称为"拜相"。到了隋唐时期,宰相的地位虽然有所降低,但在朝堂上依然享有座位。

宋朝建立初期,宰相沿袭旧制,掌握着军、政、财大权。赵匡胤想到,一旦宰相对自己有了二心,拉帮结派,伺机而动,后果不堪设想。

于是,他还是用了老办法——分权。

这时候,朝中宰相有三个人,分别为范质、王溥和魏仁浦,均是从后周过渡而来的旧臣。碍于面子,赵匡胤不好直接收回他们的权力,便用一把椅子轻而易举地解决了这一问题。

一天,下了早朝,赵匡胤故意叫住范质:"范爱卿慢走一步,朕有话要对你说。"

范质刚要起身离去,听到这话,又在椅子上坐下来,说道:"陛下请讲。"

赵匡胤漫无边际地和范质闲聊了一阵,忽然口气一转说:"朕最近眼神不好,请你把那份奏折拿过来给朕看看。"

范质不知是计,起身走到赵匡胤身边。赵匡胤趁机对一旁的侍者使了个眼色。侍者会意,快速走过来,将范质的椅子搬走。

范质何等聪明,看到椅子被搬走,立即明白了皇帝的意思,只好站着和赵匡胤说话。从此以后，朝堂上再也不专设宰相的位子。

赵匡胤就是利用这种形式向天下宣布：朕才是皇帝，谁也不可以和朕并肩而坐。

赵普可谓对赵匡胤贡献最大的人，但同样得不到他的完全信任。乾德二年（964年），范质、王溥、魏仁浦三位宰相请辞，赵普担任宰相。为了制衡赵普，赵匡胤又特意设了副宰相一职，即参知政事，担任此职的是吕余庆和薛居正二人。

刚开始，参知政事没有什么权力，不用押班、知印、设政事堂。后来，赵匡胤看到赵普大权独揽，便准许参知政事押班、知印、设政事堂，与宰相轮流值班，提高二人的权力，以制衡赵普。

即便这样，赵匡胤依然不放心，又设了枢密使一职，掌管全国的兵马，分走了宰相一大部分兵权。为了防止宰相和枢密使串通起来欺骗他，赵匡胤又让他们上朝奏事时不得见面，各说各的。如此一来，二者都害怕说瞎话露馅，因此谁也不敢撒谎欺瞒。

分走了宰相的兵权和政权，赵匡胤又进一步分化宰相的财权。他下令在宰相下面设立三司使，负责管理盐铁、度支、户部的政务，直接受皇帝管辖。这样一来，宰相只有管理日常政务的权力，手伸不到财政方面去，也就找不到捞钱的机会。

可是，新问题又来了，该如何防治这些新设立的部门官员营私舞弊呢？赵匡胤自有妙计，那就是给这些新部门的官员配上副手，让他们相互制约，谁也不能独揽大权，问题迎刃而解。

经过这一番改革，宰相的权力被完全分化，大权最终集中到赵匡胤一人手中。改革完中央后，他如法炮制，又对地方进行了一番改革，最终形成一套官与职、名与实，官、职、差遣分离的制度。

在宋朝以前，左仆射、右仆射、六部尚书等官员拥有相当大的权力。经过赵匡胤的改革，这些官职只代表职位的高低、俸禄的多少，以及章服、序迁等，被称为正官、本官、寄禄官；而大学士、学士则代表对官员学识和能力的肯定，不是实质的官位，被称作"贴职"。以上两者都没有实权，真正被赋予实权的是差遣，担负着一定的责任，被称作"职事官"。

改革之后，官员的职权出现了很大变化，即不经过皇帝的允许，官员不能管理本官署的事情，也就是说，不经过朝廷的委派，官员就可以只拿俸禄不用办事。赵匡胤的本意是分化权力，没想到却让下面的官员捡了便宜。那些官员当然求之不得，对赵匡胤感恩戴德，更加拥护他了。

在官员的任期上，赵匡胤同样做了严格限制，即文官三年、武官四年，到期必须更换。

赵匡胤虽然将中央和地方的大权都紧握在手中，但他依然不能完全放心，又千方百计地让官员彼此疏远，使他们不能结党营私。为此，他设立了御史台和谏院两个部门，表面上这两个部门负责向皇帝提意见，实际上是监督百官的言行举止。另外，其他部门的官员也可以直接向皇帝提意见，甚至抨击同僚，进一步降低了他们抱团生变的可能性。

这些官员为了保住官位，不被同僚抨击、弹劾，不得不小心翼翼地生活，事事检点。

任何事情都有正、反两个方面。赵匡胤所制定的这一系列政策，虽然达到了他集权的目的，但也造成了冗官、冗政的不良后果。在宋朝后期，其弊端愈发明显，引出几次历史上著名的变法运动。

第六节　再兴科举

隋文帝杨坚建立隋朝后，为了笼络人才、巩固统治，制定了科举制度，下令利用考试的方法在全国范围内选拔人才。隋开皇十八年（598

年),他诏"京官五品以上、总管、刺史,以志行修谨、清平干济二科举人",标志着科举制度正式开始。科举制度改变了魏晋以来豪门贵族垄断仕途的状况,让底层的读书人看到了入仕的希望。

唐朝初期,为了笼络豪强势力,依然采用豪门子弟为官。可是不久后,唐高祖李渊便发现了一个问题,这些世袭的豪门子弟当官后倚仗权势,为所欲为,很大程度上削弱了皇权。他认识到科举制度的优越性,于是放弃世袭制,改为科举制。就这样,科举制度逐渐被推广开来。

唐代所采取的科举方式主要有两种:贡举和制举。贡举每年分期举行,有固定的时间,又称常科;制举是皇帝下诏临时举行的考试,又称制科。两种考试的方式不同,选拔人才的目的也不相同。贡举以其长期性、固定性的优点在科举中占据主导地位,开设有明经、明法、明字、明算、秀才、进士、俊士等科,其中尤以进士和明经两科最受重视。那时候,考试录取的名额有限,进士命中率为百分之一到百分之二,明经稍微高一些。到了武则天在位时,又增设了武举、殿试。不过,在当时,殿试并没有形成固定的制度。

科举制度的产生,打破了豪门贵族对官吏选任的垄断,使许多不同阶层的人士入朝当官。他们在朝中毫无根基,也就对皇权产生不了威胁,有利于皇权的统治。另外,科举制度的兴起,调动了文人读书的积极性,推动了文化事业的发展,从整体上提高了官僚队伍的文化水平,给社会的教育事业发展营造了良好的氛围。

但是,唐代的科举制度并不完善,在实施过程中受到时局以及社会环境的影响,出现了不少问题。首先,为了求得功名,读书人将自己埋在书海中多年不出,脱离了实际生活,思想僵化。其次,科举考试的内容非常狭窄,仅限于经义,而且考试形式固化呆板。为了获得成功,学子们不得不死读书,读死书,久而久之便失去了创造和思考的能力。最

第六章 / 以文治国施仁政

后,科举考试仅限于儒学,使人们对其他学说失去了兴趣,限制了文化多样性的发展。

五代时期,国家四分五裂,兵乱不止,需要大量的武将带兵打仗,各国君主不自觉地忽视了文人的治国作用,因此科举制度渐渐被冷落。"十国"大多不举行科举考试,只有南唐、南汉、后蜀、闽诸国偶尔举行,但也不过是走形式,徇私舞弊者居多。

赵匡胤建立宋朝后,因为要扬文抑武,所以他将文人的地位提得很高,也将科举制度看得非常重要。他明确表示,要利用考试的办法发现和选拔优秀人才。当时,取士分为三科:一是贤良方正,敢于进谏;二是经术优深,可为师法;三是详娴吏治,达于教化。

宋朝的科举制度已经相当公平,不论是内外职官员还是平民百姓,不分门第、乡里,都可以应试,一视同仁。首先由专门的考官考论三道,然后过了关的士子再经过皇帝在朝亲自考核,最终决定录取与否。为了防止作弊,赵匡胤不但亲自主持殿试,还控制进士录取数量,每科仅取八至十名。对每名被录用的士子,他必定详细询问情况。

开宝元年(968年)三月,权知贡举王祐主考,录取了十名合格进士,其中有一个是翰林学士承旨、南郊礼仪使陶谷的儿子陶邴。赵匡胤早听说陶谷对儿子疏于管教,不相信陶邴能考中,于是便在次日陶谷上朝谢恩时,下诏让中书省官员对陶邴复试。结果出乎赵匡胤的意料,陶邴竟然又通过了。赵匡胤这才相信陶邴的学识能力,也当即认识到自己的错误,遂颁布诏书,其大意为:"选拔士人是为了国家,政府官员一定要严格要求自己,绝对不可以徇私枉法,相互包庇。考试是国家选拔人才的重要方式,绝不能出现冒名顶替和滥竽充数的现象。从今以后,在被录取的进士中,有高官子弟者,必须通过中书省的复试,合格以后才可以赐第。"

后来，大宋平定了荆湖川蜀等诸多割据政权的祸乱，每年参加科举应试的学子数量大增。为了解决这些学子的沿途食宿问题，赵匡胤特意下令，要求各县供给赶考经过该县的举人吃食。开宝三年（970年）三月，他又下诏礼部，统计出一份各州推举参加五次以上考试的举人名单，特别恩赐他们本科出身。这种以皇帝特恩的录取的方式在很大程度上鼓励了读书人的积极性，是赵匡胤笼络文人的新手段。

开宝五年（972年），主持科举的翰林学士弄虚作假，录取了不合格的士子。殿试时，进士武济川、刘睿在召对中表现得一塌糊涂，被赵匡胤当场废除了进士头衔。

恰在这时候，有人举报李昉以私人关系进行取舍。赵匡胤又将落第的人全部找来，从中挑选了一部分人，任命殿中侍御史李莹等人为考官，对他们进行现场诗赋考核，结果有人中进士，另有开元礼、五经、三礼、三史、三传、明法、学究等人也都符合要求。对这些合格者，他下令全部赐给及第，并设宴招待，之后又狠狠地处罚了李昉。事情过后，赵匡胤对主考官员说："科举过去被有钱有势的豪门大家垄断，现在不同了，朕一定要革除这一弊病，还读书人一个公道！"

宋朝正是采取科举这一途径，发现并录用了大批文人才子，通过委任他们为中央或者地方各级行政机构的官员，建立了一个庞大的封建官僚体制，有效地巩固了大宋王朝的政权。

宋朝初年大力推行的科举制度，不但适应了赵匡胤统治天下的需求，同时也推动了文化事业的快速发展。宋朝涌现出一大批著名的诗人、词人，以及经义研究者，他们都取得了丰硕的成果。赵匡胤去世后，其继任者赵光义以及后来的诸多皇帝，都沿袭了他的这一政策，使宋朝的文化事业得到长足发展，成就傲视百代。

第六章 / 以文治国施仁政

第七节　严惩贪腐

五代时期，藩镇割据，为了争夺领地和权力，各方相互征讨，致使黎民陷入水深火热之中。统治者大多不顾百姓的死活，趁乱巧取豪夺，大肆掳掠，因此失去民心，地位不保。有了这些前车之鉴，赵匡胤意识到，要想让自己建立的政权长久存在，就必须遏制贪污腐败之风。

待大宋政权稳定下来后，赵匡胤便迅速开始了整顿吏治的工作。建隆二年（961年），赵匡胤颁布了第一部法律《盗窃律》，其中就有涉及贪污腐败的条款。可惜的是，这部法律对官员的查处没有做出明确规定，加上当时官官相护之风盛行，致使其形同虚设，没有起到肃清风气的作用。赵匡胤对此非常失望，但他并没有气馁，而是继续加大对贪污腐败的惩处力度。

有一天，他召见大臣李承进，问道："后唐庄宗李存勖以勇武著称，统领中原，却未使国运长久，这是什么原因？"

李承进回答说："庄宗喜爱打猎，对将士管教不严。每次外出打猎，其随从都会拦在马前索取财物，庄宗不忍拒绝，尽数而给。如此一而再，再而三，最终失去民心。"

赵匡胤感叹道："想当初李存勖在黄河两岸征战二十年，才平定了天下，江山可谓来之不易，而他却不知道约束部下，视军纪为儿戏，结果自取灭亡。朕现在当了皇帝，虽然对部下奖励丰厚，但如果有人胆敢违反纪律，等待他的必定是刀剑！"

赵匡胤言出必行，对贪官的惩处毫不手软。当时商河县的县令李瑶贪污腐败，残害乡邻，老百姓苦不堪言，怨声载道。赵匡胤得知这件事后，非常自责，认为自己没有尽到皇帝的责任。他为了杀鸡儆猴，震慑群臣，亲自坐堂审案，将李瑶犯下的罪行诏告全国。在李瑶认罪后，他当着文武大臣的面，命人将其杖毙。之后，他面对群臣痛心疾首道："区区县令，竟然无视法度，为害一方，勾结恶霸，贪赃枉法，残害百姓，实在无法无天。众卿都是朝中重臣，为朕倚重，不知是不是也像李瑶这样鱼肉一方？"

文武百官听了赵匡胤的话，一个个吓得噤若寒蝉，低头不语。

赵匡胤又说道："众卿知道，大宋的江山来之不易。如果任由贪官污吏为非作歹，就会失去老百姓的拥护。到时朕的皇位难保，你们也都是过不了河的泥菩萨。惩处李瑶就是为了保大宋江山永固。"

处死李瑶后，赵匡胤又查到左赞善大夫申文纬和监察御史间丘舜知法犯法、盗用官银的证据，随即下令将二人斩首示众，暴尸三天。之后，他又先后处死了勾结下属官员盗取国库财宝的大将军桑进兴和卫将军石延祚，以及利用管理蔡河河道运输的便利，在军饷中掺糠掺土的王训等多名官员。

如果说赵匡胤处置李瑶、石延祚、间丘舜等都是拍"小苍蝇"，那么处置李守信就是打"大老虎"了。

开宝六年（973年），赵匡胤要修建宫殿，命李守信担任供备库使。这个官位并不高，却大有油水可捞。起初，李守信还能坚持原则，秉公办事，但时间一长就坚持不住了。

赵匡胤接到举报，说李守信借为朝廷采办木材的机会，中饱私囊，盗取官银巨万。赵匡胤怒火难遏，一拍桌子说："这还得了，把人给我抓过来，严加审讯！"

于是，官差立即行动，恰巧在中牟遇见正押着大批木材返回京城的李守信。

李守信生性胆小，他看到自己东窗事发，料到命将不保，对官差说:"你们在外面稍等一下,我进屋收拾收拾就来。"

官差信以为真,就放李守信进屋,自己在外面守着。可是,左等右等不见他出来,预感大事不妙,急忙踹开屋门进去,而这时的李守信已经自刎身亡了。

官差回到京城,将李守信畏罪自杀的消息回禀赵匡胤。赵匡胤并不罢休,说道:"人虽然死了,但案子要继续追查。无论官职大小,只要涉案,一律严惩!"

最后,这个案子共牵扯出几十名相关人员。经过审讯,有人供出了李守信的女婿、秦州通判马适也参与其中。负责侦办案件的苏晓立即带人到马适家中搜查,找出一封李守信写给马适的信。原来,两人串通一气,由李守信在上游将木材制成筏,任其顺水往下游漂流,马适在下游负责接收,之后将木材卖出,二人分赃。

苏晓将案件侦办的结果向赵匡胤做了汇报,赵匡胤不假思索道:"将马适等人全部斩首弃市,家产抄没!"

开宝七年(974年),赵匡胤又接到举报:胡德冲在担任延州通判期间,目无法纪,贪污大量国家财物。胡德冲为太子中书舍人,深得赵匡胤的信任,被委派到延州做了一名通判。通判是赵匡胤特别设立的职位,负责监督知州的一言一行,名义上是"二把手",但因为是由皇帝直接委派的,所以权势很大,甚至超过了"一把手"知州。没有通判的签字,知州拟定的文件就不能下发,通判还兼管着地方的钱谷、赋税、户口、案件等一系列杂务。胡德冲善于伪装,他在赵匡胤身边时兢兢业业,工作一丝不苟,一旦离开京都,远离天子耳目,就露出贪婪的本性,利用工作之便,干起了侵吞国家财产的勾当。

经过调查,胡德冲贪污金额之大,令人咂舌。

赵匡胤手里拿着调查结果,眼睛直直地盯着跪在朝堂上的胡德冲,痛心疾首道:"胡德冲啊胡德冲,朕让你去给老百姓办实事,你却背着朕贪污受贿,干这些肮脏的事情,实在太让朕失望了!"

胡德冲痛哭流涕地哀求道:"陛下,都怪臣一时糊涂,鬼迷心窍,请您再给罪臣一次机会,臣一定将功赎罪。"

"朕倒是想饶恕你,可律法不饶你,你也别怪朕不客气了。"赵匡胤叹了口气,又对左右道,"拉出去斩了,弃市三日!"

乾德五年(967年),节度使王全斌在平定后蜀回归的途中,克扣降军军饷,引发后蜀降兵叛乱。赵匡胤闻讯异常恼怒,但念及王全斌征战有功,只降了他的职,留他一条性命。同年三月,县令源铣和主簿郭彻犯了贪污罪,被判处死刑。赵匡胤借助源、郭案件警告全国各级官员,再有贪污者,一律严惩。

赵匡胤在位期间,惩办的最大一只"老虎"是赵普。赵匡胤初登基时,封赵普为谏议大夫,并充枢密直学士。后来,赵匡胤江山稳定,赵普被提拔为宰相,不禁有些"飘飘然"。开宝五年(972年),赵普收到吴越王钱俶送来的重礼,他还未来得及藏起来,就遇到赵匡胤正巧到他家。赵匡胤看到那些礼品箱子,便问道:"赵卿,这里面是什么东西?"

赵普只得回答:"回陛下,是钱俶刚送来的海货。"

赵匡胤顿时来了兴趣,说道:"既是海货,必然稀奇,何不打开让朕观瞧一番。"

赵普虽然不情愿,但还是命人将箱子打开,呈现在他们面前的却是十瓶瓜子金。赵普顿时大惊,急忙跪倒,向赵匡胤磕头请罪:"请陛下容臣解释,来人送进来时,臣并未细看礼单,只听钱俶说是海货,没想到会是这样。还望陛下明察!"赵匡胤虽然心中不悦,但碍于情面,什

第六章 / 以文治国施仁政

么也没说就离开了。

开宝六年（973年），赵匡胤要建设一批项目，需要从陕西关中和甘肃陇右运送大量木材，许多大臣利用这个机会中饱私囊。他们要么趁机用木材盖自己的宅院，要么倒卖木材牟私利。赵普便是后者，从中赚了不少钱。赵匡胤很快便听说了这件事，命王溥彻查。

加之后堂（皇帝的大殿在前院，宰相府和三省等其他部门在后院，故称后堂）中有一个名叫雷有邻的官吏，其父亲雷德骧因为揭发赵普贪污不成而被贬了官职，他本人也一直受到赵普的排挤，因此对赵普非常不满。他平日里多方搜集赵普犯法的证据，如实上报给了赵匡胤。赵匡胤更加生气，再次责成有关部门严查。调查结果很快便出来了。后堂官员相互勾结，依仗赵普的庇护，欺上瞒下，大肆贪污。其中有一个名叫刘伟的官员，为了得到提拔，居然私刻公章，伪造虚假身份和履历。还有一个名叫赵孚的官员，当初曾被调往四川，为了留在京城，他假说自己有病，并请赵普从中周旋，最终调令取消。赵匡胤掌握了这一切后，立即下令将刘伟弃市，赵孚杖责除名。

赵匡胤虽然没有责罚赵普，但失去了对他的信任，渐渐疏远他，开始重用参知政事吕余庆和薛居正。

不久，翰林学士卢多逊又烧了一把火，揭发赵普擅权越位、营私舞弊，拉拢和庇护后堂官员。赵匡胤忍无可忍，下诏书命参知政事和宰相轮流值班，执掌印绶，以削弱赵普的权力。开宝六年（973年），赵匡胤下诏罢免赵普的相位，将他贬为河阳三城节度使、同平章事，授检校太傅。

据《宋史·太祖本纪》记载，赵匡胤在位十七年，除了登基的那一年忙于接管朝政，其余时间都未放松反贪的工作。被处分、处死者涉及县令、通判、郎中、将军、监察御史、拦遗、太子中舍，以及太子洗马、内班等大小官员，甚至连皇弟赵光义的岳父符彦卿都没有幸免。

赵匡胤的这一系列举措，有力地震慑了当朝新贵，使他们不敢利用职权贪污，从而维护了大众的利益，也保障了大宋社会经济的平稳发展。

南征北战平天下

第七章

第一节 雪夜定策

大宋建立之初，政权还处于风雨飘摇之中。北方由契丹族建立的大辽国力强盛，彪悍好战，控制着燕云十六州和长城以北的广大地区，并大有入侵中原、称王称霸的雄心，是大宋王朝的劲敌。除此之外，在太原还有北汉刘钧政权占据了河北、山西、陕西部分地区，虽然北汉国力稍弱，但背后有辽国的支持，且因为后周开国皇帝郭威的原因，对大宋充满了仇恨，公开和大宋为敌。在西北，有正在崛起的党项族。这个马背上的民族，骄横野蛮，时刻觊觎中原疆土。在西南，有占据了四川全境的后蜀政权。该政权曾经一度把势力范围扩展到汉中盆地和甘肃东南一带，自后唐以来，时不时对中原发动袭击。在江淮以南，更有以杭州为中心的吴越政权，控制着浙江和苏南一带的太湖流域。同时还有南唐政权，控制着以江宁为中心的长江流域，虽然经过周世宗的征讨，国力有所减弱，但仍然是一股不容小觑的势力。另外，还有荆南、湖南、南汉、漳泉等割据政权分别占据湖北、湖南、广东、广西和福建等地区。这些小的国家或地方势力都有固定的地盘，个个野心勃勃，它们相互吞并,战火不熄。

此时的赵匡胤虽然刚刚步入中年,却已历经三朝,并侍奉了两朝君主,又亲自参加和指挥了多次战争,阅历十分丰富,这些都是他统一天下的资本。在他侍奉的后周三位皇帝中,他最敬佩的就是周世宗。周世宗雄才大略,不仅在战场上实现自己统一天下的雄心,而且在朝堂上也致力于国家的建设。可惜,周世宗英年早逝,赵匡胤遗憾的同时也迎来了难得的机遇。他登基后,依然不忘将周世宗作为自己学习的榜样,决心在治理好内政的前提下,完成统一大业。在他看来,统一不仅是延续先朝未竟的事业,更是新王朝必须完成的事业。

早在平定李筠叛乱之后,赵匡胤就准备出兵攻打黄河以东属北汉管辖的地区,但遭到华州团练使张晖的劝阻。张晖说道:"泽、潞战争创伤尚未痊愈,陛下不如收兵育民,等时机成熟再图进取。"大军因此回朝。

有一天,赵匡胤找来武胜军节度使张永德,问道:"现在朝中大事已经安排妥当,文臣武将各安其职,朕下一步准备统一天下,征讨北汉,你以为如何?"

张永德经过慎重思考之后说道:"陛下明鉴,北汉军虽然兵少将寡,但他们体格强悍,精于骑射,北汉地势险要,易守难攻,况且又有辽国相助,如若强取,胜算不大,因此不宜操之过急。依微臣之见,不如每岁多设游兵,侵扰北汉,再离间北汉与辽国的关系,让辽国不再援助北汉。我军徐徐图之,则大功可成矣。"赵匡胤虽然觉得张永德的话很有道理,但下不了决心。

几天后,赵匡胤又找到宰相魏仁浦,再一次说出自己准备征讨北汉的打算,得到的回应是:"欲速则不达,请陛下谨慎考虑。"赵匡胤意识到自己的计划为时尚早,于是便将它暂时搁置起来。

建隆元年(960年),在平定了李重进叛乱后,赵匡胤又开始思考起统一计划来。十一月的一天夜里，下着大雪，他和弟弟赵光义踏着积雪到了赵普府中。

赵普急忙命人置酒备宴，三人边喝酒边畅聊。席间，赵普看到赵匡胤愁眉紧锁，不解地问："臣斗胆，不知陛下为何事担忧？"

赵匡胤叹了口气说："一榻之外皆他人家，朕实在难以入睡呀！"

赵普立即明白了赵匡胤的心思，又问："陛下意欲何为？"

赵匡胤如实说道："朕想攻打北汉刘钧，收复太原。"

赵普沉思了一阵，摇头说："依微臣之见，就目前形势而言，此事万万不可。太原虽地域狭小，但北汉已和辽联手，一旦打起来，短时间内恐怕难有胜算。即便取得了胜利，在太原的西北有觊觎已久的契丹和党项族，边关防守也是问题。我们不如改变策略，先易后难，先南后北，待收复了南方领土，再专心攻打太原，则此事可成矣。"

这一建议和后周时期的宰相王朴在《平边策》中提出的"先南后北"计划如出一辙，赵匡胤醍醐灌顶，忍不住夸赞赵普："先生言之有理，真乃王朴再世啊！"

在军事上，赵匡胤选择先进攻北汉，无异于选择和辽交战。当时，辽和宋是最强的两个国家，但相比起来，辽实力更胜一筹。首先，在军事上，辽的军队人数众多，尤擅骑射，骑兵为军队主力；而宋初军队人数较少，又大多数是步兵，行动缓慢。如果将战场定在燕山以南的华北平原，那里地势开阔，更加利于骑兵作战，宋军的步兵就会处于被动地位。北汉虽然兵少，但精悍无比，且占据地形优势。在这种情况下，赵匡胤如果贸然出兵，不但没有取胜的把握，还可能遭遇重大损失，给刚刚建立的北宋王朝带来沉重打击。

其次，在经济上，自唐末五代以来，中原大地经历了大半个世纪的战火洗礼，经济凋敝，尽管在后周朝时期有了一定的好转，但发展依然缓慢。相比之下，这一时期的南方政权军事冲突较少，规模也较小，对社会经济的影响要小得多。再加上中原地区爆发战争以来，北方人口大量迁移南方，南方的经济实力比北方更强。

最后，在政治上，因为南方政权相对稳定，助长了统治者的惰性，导致军力衰弱，一旦开战，大宋更加容易取得胜利。

综合以上情况，赵匡胤在听取了赵普的建议后，决定首先统一南方。

乾德元年（963年），经过充分的准备，赵匡胤正式开始了他的雄伟计划。

第二节　收复荆南

赵匡胤第一战是荆湖地区的武平和南平割据势力。

当时，在荆南地方有一个高氏政权，即南平贞懿王高保融。高保融的祖父名叫高季兴，原名高季昌，字贻孙，为陕州硖石（今河南三门峡东南）人。早年间，高季兴曾是朱温义子朱友让的家奴，后来认朱友让为义父，遂成为朱温的亲随牙将。前蜀天复二年（902年），高季兴跟随朱温攻打凤翔，立下大功，被任命为检校大司空、宋州刺史，并授"迎銮毅勇功臣"称号，后又跟随朱温征战青州，因功被提拔为颍州防御使。后梁开平元年（907年），朱温称帝，高季兴被封为荆南节度使。后梁乾化四年（914年），他又被封为渤海王。后梁被后唐消灭后，高季兴主动向后唐称臣。后唐同光二年（924年），高季兴被唐庄宗封为南平王，成为南平国的开国君王。后唐同光四年（926年），高季兴拦截后蜀向后唐进贡的物品，被唐明宗罢黜。高季兴遂又向南吴称臣，被封为秦王。后唐天成四年（929年），高季兴病死，儿子高从诲继位，重新向后唐称臣，恢复荆南节度使一职，又兼侍中。后唐长兴三年（932年），高从诲又被封为渤海王。后唐应顺元年（934年），高从诲被后唐闵帝李从厚改封为南平王。后汉乾祐元年（948年），高从诲去世，其子高保融继位，成为新的南平王，辖治荆、归、峡三地，地方狭小，兵力薄弱。赵匡胤登基后，高保融依然当着南平王。根据史料记载，高保融比较迂腐迟钝，对政事不闻不问，一切都交给弟弟高保勖处理。

建隆元年（960年）八月，高保融去世，高保勖便理所当然地掌握了政权，被宋朝授予节度使的封号。建隆三年（962年）十一月，高保勖病逝，传位给侄子高继冲，即高保融的长子。因为高氏几代都没有什么政绩，所以引起当时荆、归、峡三州老百姓的不满，众人都盼望宋朝能够早点派兵收复三州。

和高氏政权并存的还有周氏政权，即武平（治所在郎州）节度使周行逢。后唐时期，这里本来是马氏政权的管辖地，不过很快就被南唐消灭了。到了周世宗时，周行逢开始统治这一地区，共有十州，除全州外，其余都在今湖南境内。周行逢俭省节约，勤于政事，但生性多疑，滥杀无辜。其夫人严氏多次劝阻，但周行逢依然我行我素。严氏失望至极，为此离开了周行逢。

建隆三年（962年）九月，周行逢重病在床，他将几个心腹爱将召到榻前，一再叮嘱："我贫苦出身，当年和我一起当兵、出生入死的十个兄弟，性情凶残，又不服管教，都被我杀了，只有张文表还活着。此人一向有反叛之心，我死后他必定有所行动。现在，我儿保权年幼，无力自保，我只好把他托付给诸公，希望你们尽自己的能力辅佐他，尽快平定叛乱。如果无法平定叛乱，你们就一同归附宋朝，切记大权千万不可落入张文表手中。"

这时候，张文表正担任衡州刺史，他早有反叛之心，听到周行逢去世、其子周保权继位的消息，认为时机到来，便和身边的将校说道："我和周行逢共患难，同生死，经过多少战争，总算有了今天。以前在周行逢手底下做事倒也罢了，现在乳臭未干的周保权有什么资格来指挥我！"他决定起兵叛乱。

建隆三年（962年）十月，周保权派一支队伍到永州换防，路过衡阳张文表的地盘时，被张文表拦下。张文表威胁他们穿上孝服，化装成去武陵（即朗州）奔丧的人，想要趁城内守军疏于防备之时，一举攻下常德城，杀死周保权。当队伍经过潭州时，潭州知州廖简正在宴请客人，他一向不将张文表放在眼里，对客人说道："张文表算什么东西，给他个胆子他也不敢进我的潭州城，大家尽管痛饮。他如若敢进城一步，我保证将他立即擒拿，给诸位助助酒兴。"

然而，廖简的话音刚落地，张文表便攻入城内，直奔刺史府。廖简听来人禀报说张文表已进城，惊慌失措，急忙伸手取弓箭，可他此时已经酩酊大醉，弓箭在手却拉不开，只能逞一时口舌之能，冲张文表一阵大骂："张文表你个无耻小人，先主尸骨未寒，你却公然造反，实在是狼心狗肺……"

张文表不屑和廖简理论，挥舞长剑将其及所有客人全部杀死，搜出刺史印符，自领潭州知州一职，并拟写文书给周保权。他在信中言辞十分激烈，威胁要攻取朗州，杀死周氏一族。

当时，周保权年仅十四岁，他看到文书，又惊又怒，情急之下，派大将杨师璠率领朗州的全部兵马讨伐张文表。他召见杨师璠时，痛哭流涕道："我父亲料事如神，早就知道张文表会造反，并将平叛的大事托付给将军您。现在他老人家尸骨未寒，这叛贼果然反了。朗州和我周家的安危就拜托将军了。请求将军看在先父的面子上，一定要剿灭叛贼。我必定终身感念将军大恩。"

杨师璠听了这话，禁不住潸然泪下。回到军中，他对将士们说道："诸位恐怕还没见过刚继位的新主，他小小年纪便遭此劫难，实在让人不忍。"之后，他又将周保权的话重复一遍，并说道："少主有如此贤德，我等必竭尽所能，保少主平安无事。"

将士们无不为之动容，士气大振，坚决打败张文表。周保权自知兵少将寡,不是张文表的对手,便又向大宋求援。

赵匡胤早有收复荆南的打算,为此,建隆三年(962年)特意派卢怀忠到荆南侦察。他交代卢怀忠说:"你到了那里,务必要考察荆南地方的山川地形、人情世事,然后拟成奏折报上来。"

卢怀忠果然不负所托,将荆南的情况了解得清清楚楚。他回来后上报赵匡胤:"高继冲军队虽然装备精良,但只有不到几万人。他不懂得体恤民情,多年来横征暴敛,因此荆南之地虽为鱼米之乡,物产丰富,但老百姓的日子并不好过。从地势上看,荆南南近长沙,东临建康,西迫巴蜀,北边的国家有意向我大宋称臣,因此荆南的形势很严峻。陛下若想取它,定是唾手可得。"

赵匡胤正愁找不到发兵荆南的理由,周保权的求援正给了他一个台阶。他告诉武平使者说:"你回去告诉周保权,我大宋马上就出兵,一定帮他消灭张文表。"

赵匡胤对群臣说:"荆南之地,东临建康,西望巴蜀,北为长江,过了长江便是我们的都城,自古以来就是兵家必争之地。想当初,刘备向东吴借荆州,却不愿归还,就是看中了这里独特的地理位置。现在荆南四分五裂,四面树敌。既然周保权向我们求救,不如我们先借道荆南,等平定了湖南,回来时再来个顺手牵羊,岂不两全其美?"

众人听了纷纷称赞说:"假虞伐虢,妙计,妙计!"

为了麻痹高继冲,赵匡胤特意为他加官晋爵,封他为荆南节度使。十二月四日,赵匡胤又封周保权为武平节度使。二十一日,赵璲奉赵匡胤之命带着诏书到湖南调解潭、朗之间的争执,表示可以接纳张文表入开封,同时,又命荆南高氏出兵救援周保权。

乾德元年(963年)正月初七,赵匡胤提升山南东道节度使兼侍中慕容延钊为湖南道行营前军都部署,枢密副使李处耘为行营都监,二人奉赵匡胤之命率领兵马向荆南进发。同时,赵匡胤又派十几人从京城出发,快马加鞭,分别通知安州、复州、郢州等十州发兵,约定在襄阳集合,共同讨伐张文表。

出征前,赵匡胤特意在讲武殿召见慕容延钊和李处耘,他说道:"这次南征事关我朝的威严。只有请二位挂帅,朕心里才踏实。"

慕容延钊和李处耘异口同声道:"请陛下放心,臣等一定竭尽所能,不负厚望。"

赵匡胤看到慕容延钊的气色晦暗,又关切地问道:"慕容将军的病情怎样?南方气候潮湿,一定要保重身体。"随后又向李处耘道,"慕容统帅的身体不好,你一定要多照顾。"之后,他又多派了两位太医随军出征。

慕容延钊获此殊荣,感激道:"承蒙陛下厚爱,臣感激不尽。请陛下放心,臣只要有一口气在,定不辱使命。"

荆南节度使高继冲接到赵匡胤的命令,不敢怠慢,急忙调遣三千水军,在大将李景威的率领下向潭州出发。慕容延钊和李处耘的军队也很快到达襄阳。丁德裕赶赴荆南传达圣旨,说朝廷大军要去湖南平叛,必须借道。

这时候,杨师璠和张文表正在激战。双方胶着,相持不下。当张文表的将士听说宋军即将到来的消息后,军心开始涣散。张文表心中也十分恐慌,他忙派使者到宋军中解释:"张将军本来率部下去朗州吊孝,路过潭州时受到廖简的羞辱,一气之下才杀了廖简,占据潭州,眼下只是暂管,并非造反。"

同时,张文表又加紧向杨师璠进攻,希望能在宋军到达之前取得胜利,并消灭周氏,这样朝廷便会委任他为节度使。结果反被杨师璠打败,自己成了俘虏。

张文表派出的使臣在半路上遇见赵璇,向他转达了张文表的意愿,说:"张将军有意归顺大宋朝廷。"

赵琏认为自己轻而易举地就完成了皇帝交代的任务，高兴得有点忘乎所以，说道："那太好了，我这就派人去潭州，同张文表商量归顺之事，我随后就到。"

可是，赵琏到达潭州时，张文表已经兵败被俘，杨师璠正放纵部下在城内烧杀抢掠。赵琏震怒，呵斥道："好你个杨师璠，竟敢对手无寸铁的百姓下此毒手，是何居心！"之后，他又说道："张文表已经承诺要归顺朝廷，他现在人在哪儿？快让他来见我！"

杨师璠的部下害怕张文表归顺大宋后，会对自己报复，便私自做主，将张文表拉到集市上杀死。

赵琏久等不到张文表来，就问杨师璠的手下怎么回事，其中一个名叫高超的人回答："张文表杀死了我们的卫士想要逃走，被我们乱刀砍死了。"赵琏见事已至此，只好作罢。

话分两头，李处耘和慕容延钊到达襄阳城内。李处耘派丁德裕通知荆南的高继冲，告诉他军队讨伐张文表必须借道荆南，并特意说："军队只是从这里路过，粮草准备充足，无须你们专门准备粮草，只要一些柴薪和茶水就行。"为了不引起高继冲的怀疑，他还让使者给高继冲的近臣高保寅和孙光宪送去了大礼。

高继冲接到消息，忙召来朝臣商议。荆南兵马副使李景威看透了宋军的计谋，劝高继冲说："宋军不要我们的粮草，执意进城，心怀叵测，我看他们借道是假，想要占据我荆南才是真。请主公给我一些人马，我愿意带这些兵马埋伏在险要之地，待宋军一到，发起突袭，将他们的主力一网打尽。同时，主公务必派人攻入湖南，活擒张文表献给朝廷，否则荆南恐将不保。"

高继冲却不以为然，说道："我每年都向宋廷纳贡朝拜，从来不曾怠慢。宋廷天子乃仁义之君，不会对我们下手的。宋军如果无意夺取荆南，而我们贸然出兵，惹怒宋军，下场可想而知。"

李景威又换了一个角度劝道:"主公难道忘了我们荆南流传千年的那个故事吗?荆南各处一共有九十九个洲,一旦满百,必定有王者出现。当初武信王时,江心就曾突然冒出一洲,凑够了一百。现在,这个新冒出的洲正在渐渐消失,是不祥之兆,我们必须加倍小心才行。"

荆南国的节度判官孙光宪说:"李景威出身平民,怎么会懂得天数?他纯粹是在胡说八道。大宋以仁义取信于天下,怎会做那鸡鸣狗盗之事?"

高继冲沉思良久,说道:"孙光宪的话说得不无道理,我们就不要多心了,还是答应宋军的请求吧。"

李景威看到高继冲冥顽不化,非常气愤,当即刎颈而亡。

李景威的死,并没有打破高继冲的黄粱梦,他仍命梁延嗣和高保寅带着酒肉前往宋营犒劳兵士。

九日,高保寅和梁延嗣到达宋军驻扎地荆门,得到李处耘热情的接待。李处耘说道:"二位只需在这里休息一晚,明日就可以回去。"

梁延嗣等人十分高兴,暗想:宋军若是有其他想法,此时正是扣留他们的大好机会,可现在宋军不但没有扣留他们,还礼数周全,看来是他们多虑了。于是,他们命人向高继冲报告:"一切正常,只管放心。"

当晚,慕容延钊设盛宴招待梁延嗣等人,宾主尽欢,热闹非常。与此同时,李处耘悄悄率轻骑数千人,火速赶往高继冲处。

高继冲得到梁延嗣的消息,正暗自庆幸逃过一劫。不料,忽然有亲随来报:"宋军的一支骑兵直奔这里。"

高继冲大吃一惊,赶紧命令部将布置防务,自己打马出城迎接宋军,以期给城中多争取些准备时间。他在城外十五里远处和李处耘相遇。李处耘先发话道:"高将军,慕容将军有要事与你相商,请吧!"

话未说完,李处耘就朝背后打了个手势,随即便窜出两人抓住高继冲的马缰，而李处耘则率领部众冲进城中。城中队伍还没有集结好，李处耘就已登上北门城楼。

天近晌午，慕容延钊才与大队人马一起缓缓到来。高继冲回到城中时，形势已在宋军控制之下，他只好投降，并将归降大宋的消息传达给归、峡二州，宋军兵不血刃便占领了荆南三州。

第三节　征服周保权

收复荆南之后，下一步就是收复周保权占领的湖南朗州。为了尽可能地避免战争，慕容延钊首先派丁德裕去朗州劝降。李处耘在宋军休整之后，也于乾德元年（963年）二月十日从荆南三州的服兵役者中挑选年轻力壮者，组织了一支队伍，日夜兼程，向朗州进发。

丁德裕来到朗州，见到周保权后，宣读了赵匡胤的诏书，并说道："宋主威震四方，志在天下一统，俗话说识时务者为俊杰。你若归顺大宋，还可以继续当节度使，保一生荣华富贵；你若执迷不悟，朗州弹丸之地，根本不是大宋的对手。"

周保权犹豫不决，向大臣们征求意见。

观察判官李观象说："现在荆楚已经归降，而朗州地域狭小，兵力上根本不是宋朝的对手，不如就势对其俯首称臣。这样做既可使百姓免受战争之苦，又可保我主一生荣华富贵，可谓两全其美。"

李观象的这一提议却遭到武将张从富的强烈反对。张从富说道："宋军千里而来，为疲劳之师，若我军将士上下一心，以逸待劳，必然可以取胜。"

最后，周保权听从了张从富的建议，派张从富带领将士迎战宋军。张从富指挥朗州的将士们将境内所有道路封堵，拆毁桥梁，沉没船只，要和宋军决一死战。

丁德裕看到自己劝降无果，只好回去向慕容延钊汇报。慕容延钊又将消息上奏给赵匡胤。

赵匡胤随即拟了一道圣旨，大意是批评周保权先向宋朝求援，后又拒绝宋军入境，出尔反尔，藐视大宋，当即刻讨伐。

慕容延钊得到命令，立即派战棹都监武怀节等分兵攻打岳州城。宋军来到三江口一带，和周保权的军队相遇，双方发生激烈战斗，结果宋军大获全胜，攻克了岳州城。

三月，宋军又来到澧州城南，遇上了张从富带领的军队。张从富手下的士兵早已听说宋军的威名，战斗还未开始便四散溃逃。李处耘带兵在后面追杀，一直追到张从富的大本营敖山寨，士兵们又弃寨逃跑，宋军攻入寨中，俘获大量士兵。李处耘下令将俘虏中的年轻少壮者脸上涂矾刺字放回。那些被放回的士兵回到朗州，将亲身见闻告诉其他士兵，吓得守城士兵心惊胆战，等不到宋军来便纷纷逃命去了，朗州成为一座空城。

李处耘随后率领大军赶来，不费吹灰之力便攻破城池，占领了朗州。张从富在西山下被宋军活捉并处死，周保权及其家眷在汪端的保护下逃到沅江（长江流域洞庭湖支流）南岸的一个庙中，也被李处耘抓获。至此，周氏政权宣告覆灭，所辖领地全部归顺大宋。

收复了荆、湖两地，后续问题也随之而来。这一带为僚族、瑶族、苗族等少数民族的聚集地，他们早在周行逢时期便经常侵犯边郡。周行逢对他们采取笼络政策，广封诸洞酋长为司空、太保等，边境逐渐安定。现在权力易主，这些首领们又开始蠢蠢欲动。为了彻底解决这一问题，赵匡胤在经过仔细思索后，决定就地找一个代理人帮他管理这些少数民族。最后，他找到辰州瑶族首领秦再雄。秦再雄高大威武，聪慧过人，深得少数民族首领的信任。赵匡胤将他召到京城，封他为辰州刺史，赏赐他大量财物，准许他随意任免刺史诸佐官，征收州租赋。秦再雄格外得意，拍着胸脯向赵匡胤保证："请陛下放一百个心，有我秦再雄在，保证没人敢跟朝廷作对！"

回到辰州，秦再雄马不停蹄地派人到各少数民族聚居区，对他们晓以利害，劝他们主动归顺宋朝，不要进行无谓的抗争。他在这些少数民族中的威信非常高，各族首领便听从他的劝告，纷纷表示效忠宋朝。赵匡胤对此很满意，再一次召见秦再雄，提拔他为辰州团练使，负责辰、锦、溪、叙、巫五州地区的治安。秦再雄更加尽心尽力，不敢有丝毫懈怠。在他的努力下，一直到赵匡胤去世，这一地区再也没有出现边患。

荆、湖两地入宋后，赵匡胤距离一统天下的目标更近了。

第四节　征讨后蜀

收复荆、湖两地后，宋朝的疆域出现变化，与宋相邻的小国家分别为东边的南唐、西边的后蜀，以及南边的南汉。赵匡胤在充分考虑并征求百官意见后，将下一个目标定为后蜀。

后蜀开国皇帝叫孟知祥，字保胤，邢州龙冈县（今河北邢台县）人。孟知祥早年追随李克用，深受赏识，被任命为左教练使。后来，李克用将自己的女儿琼华长公主嫁给了他，他因此成为皇亲国戚。天祐五年（908年），李克用病逝，其长子晋王李存勖继位，孟知祥被提拔为中门使。在此之前，有多位中门使因触怒李克用而被杀，所以孟知祥在这个位置上担惊受怕，便向李存勖请求改换职务。李存勖答应了他，但有一个条件，那就是孟知祥必须找到合适的接班人。孟知祥想到了郭崇韬，遂向李存勖推荐，得到应允后，他就改任马步军都虞候。之后，他又先后担任成都尹、剑南西川节度副大使、太原（北京）留守、太原尹。李存勖去世后，李嗣源继位，即后唐明宗。孟知祥权势渐大，逐渐产生了称帝的野心。

长兴四年（933年）二月，孟知祥担任检校太尉兼中书令，行成都尹、剑南东西两川节度使、关内观察处置，统押近界诸蛮，兼西山八国云南安抚制置等使。接着，后唐明宗又以工部尚书卢文纪为使，册封孟知祥为蜀王，赵季良五人也都被拜为节度使。同年十一月，后唐明宗驾崩，次年正月，孟知祥在成都即皇帝位，国号"蜀"，史称"后蜀"，改元明德，以赵季良为宰相。这年七月，孟知祥去世，其子孟昶继位。

孟昶为孟知祥和妻子李氏的儿子。李氏本是后唐庄宗李存勖的嫔妃，被赐给了孟知祥。后唐天祐十六年（919年）十一月十四日，孟昶出生。孟知祥在蜀地镇守时，孟昶和母亲跟随琼华长公主到父亲身边。后来，孟知祥担任两川节度使，孟昶为行军司马。

孟昶初登基时，朝中全部是先帝时期的旧臣。由于其父为人宽厚，对部下免不了有些放纵，便养成了他们骄狂的性格。这些旧臣把持朝政，贪污腐化，巧取豪夺，甚至挖坟盗墓，根本不把十几岁的孟昶放在眼里，其中尤以李仁罕、张业为甚。孟昶对此十分气愤，决定惩治他们。几个月后，孟昶突然宣布将李仁罕抓捕处死，并株连其族。因为李仁罕的外甥张业掌握着禁军统领权，孟昶害怕引起兵变，所以提拔其为丞相，兼任判度支。

当时，恰逢昭武军节度使李肇自镇来朝，在朝堂上他手拄拐杖，谎称自己身体有病，不能下跪。可是，当孟昶将李仁罕被正法的消息告诉他时，李肇便知道大事不妙，急忙扔下拐杖，磕头求饶。最终，李肇被孟昶勒令致仕，贬谪邛州，永不叙用。后蜀广政九年（946年），赵季良去世，张业在朝中一手遮天，在家中私设监狱，专门关押那些不向自己缴租税的人，百姓对他痛恨至极。

后蜀广政十一年（948年），在与匡圣指挥使安思谦精心计划后，孟昶下令将张业逮捕处死，后相继罢免了专权贪纵的王处回、穷极奢侈的赵廷隐，从此开始亲政。亲政之后，他勤于政事，励精图治，兴修水利，督促生产，同时还制定了许多惠农政策，极大地推动了后蜀的经济发展，也成功避开了战乱，其疆域一再扩大，边境北部甚至到了长安附近。

孟昶到了壮年时，本应在原来的基础上再接再厉，实现更伟大的抱负，然而谁也想不到他"画风突变"，竟然开始沉湎酒色。为了充实后宫，他下令在后蜀国内甄选美女，整日过着不理朝政、醉生梦死的生活，以至于大权落入王昭远、伊审征、韩保正、赵崇韬等人手中，蜀国的经济、军事实力也随之急速衰弱。

蜀中宰相李昊看到荆、湖两地已经归入宋朝版图，料定赵匡胤下一步必定是征讨蜀国，便对孟昶进言道："依臣之见，不如趁早投降，让老百姓免受战乱之苦。"

这时候的孟昶早已没有了雄心大志，只要怀里不离美人，杯中倒满美酒就行。他很快就接受了李昊的建议，准备主动投降。

然而，李昊的建议遭到王昭远等人的极力反对。王昭远认为，李昊简直是一派胡言，蜀中有山有水，富甲天下，经过先帝和陛下几十年的治理，老百姓安居乐业，万民称颂。如果把大好江山拱手让人，就是上对不起先帝，下对不起百姓。

孟昶毫无主见，他听了王昭远的话，也认为不无道理，遂又改变主意，下令后蜀大军即刻入驻峡州一带，截断宋军入川的通道，以御宋军。

赵匡胤得到这一消息，立即召集群臣道："孟昶不识大局，有意对抗王师，我们务必尽快解决问题，不可拖延太久。"之后，他封张晖为凤州团练使，要求其在最短的时间内打探出蜀中的虚实，仔细勘察地形，最好能绘制一幅后蜀山川形势以及军队部署地图，便于宋军根据这张地图制订具体的作战方案。

蜀山南节度使张廷伟看到宋军有进攻后蜀的意图，便向枢密院知事王昭远献策说:"大人,您天天都能面见圣上,掌管军政大权,但是大人您不知道,下面的官员对您有很多意见。他们说您身居高位却毫无建树。现在正是您树立威名的时候。您不妨说服圣上,和北汉联手,请北汉派兵南下,而我们则从黄花、子午谷出兵,南北夹击宋军,使宋军腹背受敌,我军必然大胜。我军到那时还可趁机占领崤函以西的土地。"

王昭远从普通士兵一路晋升到朝中大臣,并最终掌握枢密要职,最怕别人说他没有功绩。他听了张廷伟的这番话,马上就点头说道:"此计甚妙!"

次日,王昭远上朝对孟昶说:"圣上,如今大宋强大,单凭我一国之力,恐难应对,不如联合北汉共同御敌。"孟昶接受了王昭远的建议,派使臣悄悄出使北汉,准备和北汉达成协议,联手对付大宋。

巧的是,孟昶派去北汉的使臣是赵彦韬,而赵彦韬早就想投靠赵匡胤,只是苦于找不到机会,这下他直接拿着孟昶写给北汉皇帝的信给赵匡胤当见面礼了。赵匡胤看到信后,对着文武百官大笑道:"我军师出有名也!"

乾德二年(964年)十一月二日,赵匡胤任命忠武军节度使王全斌为西川行营前军都部署,武信军节度使、侍卫步军都指挥使崔彦进为副都部署,枢密副使王仁赡为都监,率领第一路大军从北面入川;任命江宁节度使、侍卫马军都指挥使刘廷让为归州路副都部署,内省使、枢密承旨曹彬为都监,率领第二路大军从东面进入四川;任命给事中沈义伦为随军转运使,主管北路军需;派西南诸州转运使、均州刺史曹翰操办东路军需。大军出发前,赵匡胤特意找到刘光义,指着地图上的夔州说:"后蜀军在江上布置了锁江工事,你们到了那里,千万不要先用水军,应当先用步骑突袭他们,等到他们退却时,再出动战船夹击,如此必然获胜。"此外,他还严禁大军入川后烧杀抢掠,违反者严惩不贷。

大军出发不久,开封即降下一场大雪。赵匡胤身穿紫貂大氅,头戴皮帽,坐在讲武堂内,看着外面大雪纷飞,忽然想起出征在外的将士,便对身边的近侍说:"朕穿得这么厚,还感觉得到寒冷,前不久刚开拔的那些西征将士们,衣衫单薄,又怎会不冷呢?"于是,他当即脱下大氅,摘下帽子,命人快马加鞭送给王全斌,并让他告诉将士:"眼下情势急迫,不能每人都发一身御寒的衣服,朕心甚愧。他日凯旋,定当厚赐诸位。"将士们听了,都十分感动,纷纷表示一定奋勇杀敌,决不辜负皇上的厚望。

宋军分两路入川的消息传到了后蜀。孟昶不敢大意,急忙调兵遣将,分两路迎击宋军。他任命王昭远为西南行营都统,左右卫圣马步军都指挥使赵崇韬为都监,韩保正为招讨使,李进为副招讨使,即刻出发御敌。

王全斌率领的第一路大军首先到达四川,接连攻下包括兴州城在内的数座蜀军营寨,迫使兴州刺史蓝思绾退保西县。宋军士气大振,一路攻城拔寨,又连下多座山寨。

后蜀招讨使韩保正得知兴州陷落的消息后,惊慌失措,急忙向西县撤退。大宋的马军都指挥使史延德紧追到西县城下。韩保正站在城头,看到城外宋军戈戟如林,吓得后背冷汗直冒。他强自镇定,派人在城外不同的地方安营扎寨,和县城互为呼应,牵制宋军。

史延德采取各个击破的方式,首先打败了城外的军队,然后对城内发起猛攻。经过激战,西县告破,史延德擒获韩保正和副招讨使李进。随后,后续部队在宋将崔彦进与康延泽的率领下,乘胜追击,一直将后蜀军追到嘉川城。

孟昶看到宋军来势汹汹,恐慌至极,急忙下令烧毁栈道,退保葭萌县。

大宋北路军取得一连串胜利的同时,东路军也在刘光义的率领下进入峡路,并很快攻占了蜀军的松木、巫山诸营寨,杀死后蜀大将南光海等多人，活捉战棹指挥使袁德宏及士兵多人，斩杀和俘虏蜀军水军多人，缴获战船多艘。

正如赵匡胤所料，蜀军提前在夔州江面上架设了一座浮桥，两岸布置炮石，以封锁江面。当刘光义率领水军到达此处后，他按照事先计划，上岸后沿着两岸前进，打得后蜀军措手不及。之后，他便率兵夺下浮桥，再乘船而上，到达白帝城安营扎寨。

守卫白帝城的是宁江节度使高彦俦，他看到宋军来势汹汹，便跟副将赵崇济、监军武守谦说道："敌人长途跋涉，必定急于交战，我们应当坚壁不出，挫其锋锐，待敌人疲劳之时，再寻战机。"

然而，武守谦不听从高彦俦的命令，还赌气质问道："敌人已经兵临城下，我们现在不出，更待何时？"武守谦向高彦俦请战，率领士兵出城迎敌。

刘光义命令马军都指挥使张廷翰迎战武守谦，双方激烈交战，结果武守谦大败，仓皇逃入城内。张廷翰奋起追击，攻入城中。激战中，高彦俦多处负伤，仍奋力拼杀，但是他的将士们四散溃逃。最后，他因寡不敌众，不得不退入节度使府。

节度判官罗济劝高彦俦："将军不如趁现在突围出去，回到成都再做打算。"

高彦俦摇头叹息道："以前秦川之战，我曾经战败弃城。现在，白帝城情况危急，我如果再逃跑，那么就算陛下愿意饶恕我，我也是无颜面对蜀中父老的。"

他说完，便将兵符、印信一齐交给罗济，纵火自焚而死。

再说北路军，因为各处的栈道都被蜀军烧毁，所以大军行进受阻。经过商议，王全斌将队伍分为两路，其中一路绕行罗川险隘，另一路修复栈道，两路在深渡汇合。经过数日行军，双方到达指定地点，又一路高歌猛进，不日便到达大漫天寨，活捉王审超、赵崇渥以及刘延祚等人。蜀军都统王昭远、都监赵崇韬率领大军前来挑战,但每战必败,最后王昭远仓皇逃回剑门。十二月三十日,北路大军顺利进入利州城。

赵匡胤接到大军一路取胜的消息,十分激动,命令西川行营发布文告:凡被克复州县中的原蜀中官员和将士,逃往民间隐匿者,一个月之内向朝廷自首,可以免罪。乾德三年(965年)正月初二,赵匡胤又发布文告:凡蜀中阵亡的将士,全部由宋朝的地方官负责安葬,以免曝尸荒野;受伤的宋军将士则由朝廷进行抚慰,奖励财物。

孟昶得到前线连连失利的消息,如坐针毡,哭丧着脸对众臣说:"都怪朕一时糊涂,没有听从李昊的建议,否则祸不及此。"

众臣纷纷劝说道:"陛下,事已至此,我们就应全力应敌。"

孟昶问道:"眼下我军将士乏力,如何应敌?"

一位大臣回答:"蜀地多有勇士,望陛下不吝重金招募,并以太子为元帅,镇守剑门关,以鼓舞士气。"

孟昶尽管心中不情愿,但还是重金招募勇士,并封太子元喆为元帅,让他亲自领兵驻守剑门关,另任命武信军节度使兼侍中李廷珪、前武定军节度使同平章事张惠安二人为副元帅,迎战宋军。

宋军在王全斌的率领下从利州城出发,到达距剑门关不远的益光。安顿下来后,王全斌亲自到前方勘察地形。剑门关两边山峰突起,中间只有一条仅容一人通过的小路,地势十分险要。回到营房后,他召集众将商议破敌之策,说道:"都说剑门关是一夫当关、万夫莫开,果然名不虚传。请各位将军说一说有什么破敌的好办法?"众将一时都没了主意。

正在大家一筹莫展之际,一个名叫向韬的侍卫司军头突然开口道:"将军,在下曾听投降的士兵牟进说过,从益光向东,翻过几座大山,有一条很窄的山路,这条山路被称为来苏道。顺着来苏道向南走很快就能看到一条江,过江后再向南到青疆店,然后走一条大官路,便可绕过剑门关。"

王全斌急忙下令将牟进找来，详细询问了情况，并让他带路，由史延德率领一支轻兵队伍，向来苏道飞奔而去。王全斌则率领大军留下来佯攻。

在牟进的带领下，史延德很快便绕到距离剑门关二十里的青疆店，然后在蜀军背后发起攻击。

王昭远惊慌失措，急忙率领一支队伍从剑门关南行，到汉源坡驻扎，想把宋军挡在这里，只留一员偏将率军与正面的宋军交战。然而，他刚走不久，正面的宋军便攻破剑门关，并追击到汉源坡下。

王昭远闻知剑门关失守，已是胆战心惊，现在又见宋军到来，更是惊慌失措，不得已匆忙迎战。他看到宋军布阵严整，气势雄壮，知道自己败局已定。

赵崇韬看到王昭远惊吓过度，便主动请战说："将军莫慌，待我出兵迎敌，将军在后面观阵。"说完，他便率领一队人马到阵前。他勒住马缰，正要叫阵，忽然一支利箭射来，不偏不倚射中赵崇韬的面门。他惨叫一声，跌落马下。

蜀军看到主将负伤落马，四散败逃。

王昭远见状，顾不上赵崇韬，慌不择路地逃跑了。王全斌率军穷追猛打，一路夺取了剑州城。王昭远逃到东川，最终还是被宋军俘虏。

这时候，太子元喆与随行将士等人还在行军途中，他们得知剑门关失守的消息后，吓得六神无主，准备退保东川。可是，他们又听说宋军已经到达东川，只得赶忙调头逃回成都。

孟昶还在等前线的好消息，却看到太子等人失魂落魄地逃了回来。他料知大事不妙，急忙召集群臣议事，一位大将说道："宋军长途跋涉，不过一时之勇，日久则疲，我军应避其锋芒，固守成都。宋军久攻不下，难以为继，必然撤退。"

孟昶此时全无自信，颓然说道："宋军来势汹汹。他们如若果真撤退，自然是好事；若不撤退，又该如何是好？"

这时候，李昊又一次劝道："宋军的力量是我军不能比的，如若再战，不但江山难保，百姓亦受牵连，伤及无辜，百害而无一利。不如变通，或许还有转机。"

孟昶犹豫再三，终于点头答应说："既然如此，那就请李卿草拟一份降书顺表，尽快送交宋军，早日结束乱局。"

李昊领命，很快便写好了一份降表，于正月初七派宣徽北院使伊审征送到了宋军大营中。

后蜀投降的消息被快马加鞭送到开封，赵匡胤非常高兴，命令蜀中宋军行营所经过的州县长吏犒劳将士。

正月十三，王全斌在魏城举行了隆重的受降仪式。他一边派先锋都监、通事舍人田钦祚向赵匡胤报告消息，一边派康延泽赶赴成都和孟昶见面，安抚成都军民。

东路军在刘光义等人的带领下，经夔州一路向西，先后收复万、施、开、忠等州，最后来到遂州，守臣陈愈自知不敌，遂开城投降。刘光义按照赵匡胤的指令，打开府库，将里面的金银财宝全都分给将士。

北路军到达成都郊外的升仙桥，孟昶赤裸上身，用绳子捆绑双手，背上插着荆条，走出城门请罪。王全斌忙走上前去，以大宋皇帝赵匡胤的名义给他松了绑，宣布他无罪。孟昶对此非常感激，又派弟弟保宁军节度使、雅王孟仁贽前往开封朝觐赵匡胤，并递上请求宽恕和优待的表章。

正月二十四，田钦祚带着孟昶的降表回到开封，向赵匡胤禀报："陛下，孟昶有一个请求，希望陛下能保全他的祖坟和老母亲。"

赵匡胤爽快地答应说："这些都是小事，你回去告诉孟昶，让他尽管放心。不止如此，我大宋军校对原西川的兵将、官吏和百姓秋毫无犯。"

次日，赵匡胤又宣布在蜀境内实行大赦，免除老百姓拖欠的官税，救济贫苦的百姓，降低盐价。

至此，后蜀正式并入宋朝版图。

然而，王全斌和刘光义两路大军因为争功而发生了内讧。北路将帅王全斌、崔彦进、王仁赡等满足于眼前的胜利，将赵匡胤的命令置若罔闻，只顾饮酒作乐，任凭部下四处烧杀抢掠，蜀中百姓深受其害，怨声载道。曹彬多次劝说几位将领撤兵回开封，王全斌却充耳不闻。

吕余庆被朝廷派往成都任知府，冯瓒暂时知梓州。两人到达成都时，看到宋军将士们正在大街上横行霸道，局面完全失控。

这一天，吕余庆正坐在衙署，忽然有人来报："一名宋军军校喝醉了酒，抢夺药商货物，还用上了兵器。"

吕余庆怒不可遏，当即传下命令："凡寻衅滋事者，格杀勿论！"其他将士看到新来的官员如此严厉，便再也不敢放肆了。

之后冯瓒到达梓州，一天夜里，忽然有人报告说："外面好多人在攻城。"

冯瓒急忙穿衣到了城头，看到是原蜀军小校上官进纠集逃亡士兵，又煽动村民，乘夜攻城。当时，敌我力量悬殊，如果出城迎敌，必然吃大亏。他认为外面攻城的人不过是乌合之众，乘夜攻城或许是为了抢夺财物，天亮后便会不战而逃。于是，他下令紧闭城门，不许应战，更夫将打更时间提前。

更夫领命，将打更时间提前了一半，还不到半夜时分，五更鼓便敲响。外面的人只顾攻城，谁也没有注意到打更时间提前，他们以为天马上就要亮了，害怕有援军赶来，果然不战而逃。

冯瓒趁机出城追击，擒获了为首的上官进，处以斩刑；而主动投降的则无罪释放。冯瓒凭此举受到老百姓的爱戴。

第七章 / 南征北战平天下

在这两位大宋官员的努力下,当地的老百姓很快安定下来,又过上了平静的生活。

二月十九,孟仁赟又带着孟昶的表章到达开封。赵匡胤再次颁下诏书,称孟昶的母亲为"国母",也不直呼孟昶的名号。他督促孟昶尽快入京,让人一路照顾好他的生活,消除了他投降后的顾虑。为了防止蜀中老百姓受到骚扰,赵匡胤还下令,凡入川任职的文武官员,一律不许带族眷,即便是仆从也要在临行前到枢密院登记,发给文卷后,才能动身。

为了抚慰投降的蜀军将士,赵匡胤下令给每位入开封的蜀军衣装钱作为盘缠。可是,这些钱被王全斌私自扣留。更得寸进尺的是,他还指示部下将已经发放的衣装钱再抢回来,因此遭到蜀军的仇恨。

这年三月,蜀军行至绵州,因为不堪宋军的欺压,遂宣布起义,响应者云集。他们自称"兴国军",大肆抢掠附近的县城。就在这时候,文州刺史全师雄携带亲眷入京,路过绵州。因为他出身行伍,善于带兵打仗,在蜀中又颇有名气,所以被推举为帅。

王全斌得知蜀军造反的消息,急忙派马军都监朱光绪到绵州,希望招安全师雄。可是,朱光绪杀死全师雄的亲眷,还强占其妻女为妾。全师雄悲痛欲绝,发誓为家人报仇,率兵对绵州发起猛烈攻击,却遭遇失败,随后又转攻彭州。彭州都监李德荣战死,刺史王继涛负伤逃往成都。

全师雄占领彭州后,得到成都周围十县响应。全师雄自称"兴蜀大王",并设置官位,任命二十多名节度使,分别治理灌口、导江、新繁、郫县、青城等县的要害地区。

宋军首领崔彦进与步军都指挥使张万友、先锋都指挥使高彦晖、通事舍人田钦祚等分别率兵对彭州发起攻击,均不能克,其中高彦晖战死沙场。王全斌又派张廷翰、张煦支援,也都失败而归,退回成都城内。

全师雄的势力急剧扩大，他扼守绵州、汉州，将成都通往汉中的道路截断，又沿岷江设立营寨，扬言要攻占成都。附近十七州也纷纷归到全师雄的麾下，切断与京城的联系。王全斌对此格外惊恐，为了防止成都城内的降兵再发动兵变，他下令将他们全部杀死。

五月十五，孟昶等人经过长途跋涉，终于来到京都城外，赵光义受皇兄委托，早已到郊外的玉津园迎接他们。

次日，赵匡胤特意在皇宫门前大摆仪仗，举行隆重的欢迎仪式。孟昶与弟孟仁赟，子元喆、元珏，宰相李昊等人全部穿着罪人的衣服，站在明德门外，等待赵匡胤降罪。赵匡胤不但没有治他们的罪，还赐予他们华丽冠服和大量财物，并将他们接到崇元殿。

六月初五，赵匡胤在崇元殿赐封孟昶，封其为开府仪同三司、检校太师兼中书令、秦国公，封其长子元喆为泰宁节度使，封伊审征为靖难节度使。九日，赵匡胤又封孟昶次子元珏为左千牛卫上将军，封其弟孟仁赟为右神武统军，封孟仁操为左监门卫上将军，封孟仁裕为右监门卫上将军，封李昊为工部尚书等。

让人意想不到的是，孟昶在大宋仅享受了一个星期的高官厚禄，便于六月十一日突然去世，时年四十七岁。赵匡胤得知孟昶的死讯，十分悲痛，为了表示哀悼，下令停早朝五日，并追封孟昶为楚王，以"孝恭"为其谥号，由官府负担他丧礼的费用。

乾德四年（966年），蜀中的叛军首领全师雄病死，叛军遂推举谢行车为主帅。这年十二月，康延泽奉命平叛，最后取得胜利。

乾德五年（967年）正月，赵匡胤下诏命令王全斌等伐蜀将帅全部返回开封，之后开始对这次战役中立功或犯过的将帅进行奖惩处置。王全斌、崔彦进、王仁赡等违背军令，纵容部下抢掠，分别被降职为崇义节度留后、昭化节度留后、右卫大将军；做事谨慎、清正廉洁的曹彬被予以奖励，加封为宣徽南院使、义成节度使。

消灭后蜀之后，宋军从后蜀国库中查获了大量财宝。赵匡胤对此十分满意，下令分水陆两路如数运回京城，由于数量巨大，数年之后才运完。他还下令将这些财宝单独存放，登记造册，谁也不准私自挪用。这批财宝在后来赵匡胤平定天下的过程中发挥了巨大的作用。

从宋太祖乾德二年（964年）十一月，王全斌奉命出征，到乾德三年（965年）正月，后蜀皇帝孟昶宣布归顺，共计六十余天的时间里，蜀国宣告灭亡。对于赵匡胤来说，这无疑又是一次重大胜利。

第五节　水淹太原

经过艰苦不懈的努力，赵匡胤顺利收复了南方，接下来，他又将目光投向北方。

北汉政权原本是刘知远所创建的后汉政权的延续。当初在后汉时期，高祖刘知远的弟弟刘崇为太原留守、河东节度使，镇守河东地区。公元951年，郭威推翻后汉，建立后周，刘崇便在太原称帝，建立北汉，仍然沿用兄长的年号，但统辖地域非常狭小，仅十州。都城并州，又称晋阳、太原府等，治所在今山西阳曲县。刘崇力量微薄，却一心想要光复后汉，因此向北面的辽国求援，并效仿石敬瑭，自称"侄皇帝"，称辽国皇帝为"叔父"，被辽国册封为"大汉神武皇帝"。在以后的几十年里，刘崇得到辽国的援助，对中原政权发起了多次战争，但都以失败告终。宋朝建立之后，他看到大宋的力量强大，知道北汉远不是它的对手，更加依靠辽国。

赵匡胤登基的当年（公元960年）夏天，刘崇之子刘钧联合李筠，欲对大宋发动攻击，很快便以失败告终。在之后的几年里，两国之间常有摩擦。

李筠被消灭后，刘钧不禁兔死狐悲，常常夜不能寐。当时，左仆射赵华告老还乡，枢密使段常和太原附近的抱腹山道士、谏议大夫、参议中书事郭无为把持朝政，另外还有几个五台山来的和尚参议国事。段常和侍卫亲军使蔚进等为同平章事。

就在这时，北汉朝廷出现了重大变故。刘钧身边的宠妃郭氏因其亲族和段常一向不和，便唆使刘钧将其杀死。此事惹恼了刘钧的叔皇帝耶律璟，耶律璟以此为借口，向刘钧索要大量财物，并罗列了他的三大罪状——擅改年号、帮助李筠、擅杀段常，然后派人到太原兴师问罪。刘钧大受惊吓，急忙按照耶律璟的要求，备齐所有财宝送到辽国。然而，耶律璟并不罢休，又将送礼的使者扣留。

探报将此事传回汴梁后，赵匡胤看出辽、汉两国间的嫌隙，认为大宋一统天下的机会来了，于是派盖留出使北汉。

建隆四年（963年），盖留到达太原，向刘钧讲明了赵匡胤的意思，说道："汉主和郭威为世仇，不服从他的统治尚可以理解，但现在周朝已成往事，而刚刚建立的大宋王朝和周朝并无关系。天下本是一家，所谓识时务者为俊杰，希望汉主能看明时势，早日归顺，免去百姓的战乱之苦。你如果执意与大宋为敌，我大宋也不惧带兵北上一决高下。"

刘钧拒绝道："我们国家的面积不及大宋，兵力更没有你们强盛，无法与宋军抗衡。我守在这里，并不是故意和大宋作对，而是为了保住我们刘家的宗祠。"

盖留回到开封向赵匡胤汇报。赵匡胤明白，刘钧不打算归顺，但这时他正忙着向南用兵，无法顾及北汉。

乾德五年（967年）底，北汉大臣王延嗣因痛恨刘钧强迫自己将女儿续弦给辽国元帅耶律挞烈为妻，带着家眷潜回中原，将亲手绘制的北汉山川地形及兵力分布图献给了赵匡胤。

之后，赵匡胤到了赵普家中，将王延嗣归降的事情告诉了他，并将那张地图展示给他看，说道："现在南方三国已经被收复，大宋国力强盛，北汉为强弩之末，其地形、兵力又尽在掌控之中。朕有意征讨北汉，赵卿以为如何？"

赵普沉思片刻说："依微臣之见，目前还不是征讨北汉的最佳时机。其一，太原为西、北两边的天然屏障，可以为我大宋隔离辽国的入侵；其二，北汉地域虽然狭小，但兵强马壮，粮草充足，不可轻视；其三，我军千里北上征讨，消耗巨大，必致国库空虚，若遇天灾，则无力应对。"

赵匡胤不悦道："前次我欲发兵，赵卿阻拦倒也罢了。现在时机大好，赵卿又阻拦，意欲何为？"

这时候，同来的赵光义也劝其兄道："臣以为他说的并非毫无道理。北汉与辽结盟，若强攻之，如同攻辽，胜算无有定数。"

赵匡胤更加生气，说道："朕难道就这样眼巴巴地看着他刘钧长期据守北方国土，与我抗衡吗？"

赵普耐心劝解说："陛下放心，北汉不过一促狭之地，不值得担忧，待时机成熟，可一举拿下。"

但是，赵匡胤并不甘心，次日上朝，他又问王延嗣："依王爱卿之意，若我朝现在出兵，有几分取胜把握？"

王延嗣回答说："臣斗胆进谏，目前辽、汉两国的兵力强过大宋，因此我方不应急于求成。待统一了南方，再取北汉不迟。"赵匡胤听到这里，才转变了立即出兵的想法。

开宝元年（968年）七月，刘钧病死，因为后继无人，只好将皇位传给刘继恩。

刘继恩本姓薛，是刘钧的姐姐和薛钊的儿子。薛钊英年早逝，刘氏又改嫁给一个姓何的男人，生下儿子何继元。不久，夫妇二人离世，薛继恩和何继元便成了孤儿。刘崇看到刘钧没有儿子，便让他收留两个外甥为养子，让两人都改姓刘。刘钧在世时，大权落入郭无为手中，而刘继恩懦弱无能，做事优柔寡断，郭无为更加一手遮天。

当时，北汉还有两个重要人物，即赵匡胤派来的间谍侯霸荣和惠璘，他们同样手握重权。

郭无为想要干一番大事业，但是看到刘继恩简直是扶不起的阿斗，对他十分失望，心中有了归顺大宋的想法。他得知侯霸荣和惠璘的身份后，便极力向二人靠拢。

开宝元年（968年）八月，赵匡胤命内客省使卢怀忠等将领率禁兵屯扎在潞州。隔日，他又任命昭义军节度使李继勋为河东行营前军都部署，侍卫亲军步军都指挥使党进为副职，宣徽南院使曹彬任都监，棣州防御使何继筠为部署，怀州康延昭为都监，建雄节度赵赞担任汾州路部署，绛州防御使司超为副职，隰州刺史李谦溥为都监。自潞、晋二州进攻太原。自此，大宋正式向北汉出兵。

就在宋军浩浩荡荡北进的时候，北汉的都城太原城内却又发生一件大事：刘继恩被郭无为杀害，刘继元当了皇帝。

当时，郭无为认为刘继恩性格懦弱，不适合当皇帝，但顾及刘钧的颜面，没有赞成也没有反对。刘继恩嫉妒心很强，他利用明升暗降的方式夺了郭无为的大权，加封其为司空，免了他的宰相一职。另外，他还杀死了刘钧的另一个养子刘继忠，以防他跟自己夺权。郭无为十分气恼，决定伺机除掉刘继恩。

刘继恩也非常想摆脱郭无为。在精心设计之后，九月十日晚，刘继恩在皇宫里宴请群臣，大摆筵宴，暗中让刀斧手事先埋伏起来，只要郭无为一到，立即动手。然而，凑巧的是，郭无为那一天因为别的事情耽搁了，结果刘继恩徒劳一场。后来，郭无为知道了刘继恩的阴谋，更加气愤，决定提前动手。他看准了刘继恩不信任禁卫军，便在一天夜里派侯霸荣带着十几个杀手闯进刘继恩的寝宫，乱刀将他砍死。为了推卸责任，郭无为将此事嫁祸给侯霸荣，并杀人灭口。之后，他以皇帝被刺杀为由，拥立刘继元为皇帝。

刘继元登位之后，大开杀戒，消除隐患。他杀的都是距离皇位很近的人，其中有刘镐、刘锴、刘锜、刘锡这四个刘崇的儿子，也是他的舅舅或叔叔。

刘继元听说宋军正气势汹汹地赶来后，急忙派侍卫都虞候刘继业、冯进珂率军到团柏谷把守，以枢密使马峰为监军。

刘继业本名杨重贵，从小跟随刘崇行军打仗，深得刘崇赏识，于是被赐刘姓，改名刘继业。后来，到宋太宗时，刘继业归降大宋，改回原姓，为杨业，即《杨家将》中金刀令公的原型。马峰为太原人，是刘继元的女婿。刘继业和马峰出发后，刘继元又派人向辽国求援。

当李继勋率领宋军到达铜锅河时，正遇上北汉牙队指挥使陈廷山率几百骑兵前来打探消息，双方相遇，陈廷山大败，投降了李继勋。刘继业、冯进珂得知消息，急忙领兵退回太原。

之后，宋军乘胜追击，攻克汾河桥，到达太原城外，又一把火烧了太原城的延夏门。刘继元惊慌失措，派殿直都知郭守斌率领内直兵出城迎战，结果再次惨败。郭守斌中箭负伤，退回城内。

刘继业、冯进珂退回太原是为了聚集力量，固守京城，以防兵力分散，被宋军各个击破。然而，刘继元误以为二人贪生怕死，一怒之下剥夺了他们的兵权。李继勋率领大军紧追而来，很快便兵临城下。就在此时，辽国前来册封北汉主的使臣也到达太原。刘继元命人趁夜色打开城门，放辽国使臣进城。次日，他不顾大军逼近，大摆酒席为辽国使臣接风洗尘，还要满朝文武作陪。

百官饮酒正酣时，郭无为突然放声大哭，众人不解，忙问其原因，郭无为说道："现在宋军就在城外，而辽国的援军却不见踪影。刀已经架在脖子上了，你们还有心思在这里吃喝玩乐！与其被宋军辱杀，还不如自我了断,以谢先帝!"他说完,便伸手去拔侍卫的佩刀,幸好被一旁的人拦住。

刘继元见状,也没有了喝酒的兴致,走下台来,问道:"以宰相之见,我们该如何是好?"

郭无为趁机劝道:"如今太原已是一座孤城,和大宋对抗,无异于以卵击石,望陛下早做定夺。"他的意思不言自明,就是劝刘继元赶紧投降。刘继元听罢,低头不语。

开封方面,赵匡胤得知大军得胜的消息,似乎已经看到了太原城头上飘扬着的宋军旗帜。他决定趁热打铁,于是写了一份诏书,派使者到太原招降刘继元。为表诚意,他还接连下达了四十余道圣旨,对北汉官员进行封赏,提前任命郭无为为安国节度使,马峰以下全部任为节度使。

然而刘继元不为所动,坚决不降,一直在等待辽国的救兵。宋军等不到刘继元投降的消息,继续攻城,刘继元下令奋死抵抗。郭无为见状,决定明哲保身,不再劝说刘继元,而是静待时机。

其间,郭无为从一名小校口中得知,北汉抓住了一个宋朝的奸细,竟然是准备逃回宋朝的惠璘。惠璘当供奉官正是郭无为安排的,郭无为想到惠璘如果被认定为奸细,自己必然要受牵连,于是他一并将惠璘及知情人李超杀害,一心期盼宋军尽快打进城来。

让郭无为失望的是,北宋在进攻太原时连连受阻,战事没有丝毫进展。

开宝元年(968年)十月,辽国的援军终于到达北汉,随即便向宋军发动猛攻。宋军腹背受敌,战况急转直下,统帅李继勋看到战局对己方不利,急忙下令撤退。北汉的军队趁势出城反攻,将宋军自八月以来占领的州县全部夺回,又攻入晋、绛二州,抢掠一番。

这样的结果让赵匡胤十分不甘心。为了实现天下一统,他决定御驾亲征，一定要把北汉拿下。然而，他的这一决定遭到以赵普为首的群臣的反对。

赵普说道："现在的天下形势，大宋，辽、汉，南方诸国形成三足鼎立的局面。辽、汉结盟，实力完全不输我大宋。南方诸国各自为政，形同散沙。若取得南方，则获取天下之二，再取北方，则唾手可得。臣观天象，近期将有灾难降临。陛下若一意孤行，恐致府库空虚。万一灾难突发，无力应对，将危及江山。"

然而赵匡胤心意已决，根本听不进去赵普等人的劝说，说道："众卿多次阻拦我出兵，难道是畏惧北汉不成？我大宋自建朝以来，风调雨顺，何来灾难一说？朕已经决定出兵，谁也不许阻拦！"众臣听了这话，无不暗自叹气。

开宝二年（969年）二月十六日，经过充足的准备，赵匡胤带领大军和随行的文武官员出了开封，向太原方向浩浩荡荡地出发了。但是，部队行到潞州，突然下起雨来。因为无法继续行军，所以大军只好原地休息。

赵匡胤在潞州滞留了将近一个月的时间，于三月十五日开拔，而后到达太原，双方随即展开一场大战。赵匡胤亲自督战，李继勋、张琼率军向北汉军发起攻击，迎战北汉大将刘继业、刘延庆父子二人。双方大战半个时辰，不分胜负。赵匡胤看得心急，大喝一声："待朕拿下这两个狂徒！"说完，便双腿猛夹马肚，冲出阵去。

负责护驾的王审琦看到赵匡胤冲了出去，来不及阻拦，随即也跟着冲了出去。

刘继业看到赵匡胤迎战，立功心切，虚晃一枪躲过李继勋，朝赵匡胤奔去，大喝道："宋朝皇帝，快快下马投降，否则让你死无全尸！"

话音未落，刘继业挺枪朝赵匡胤刺去，赵匡胤急忙抬棍磕开对方的枪头，只听"当啷"一声响，他只觉得虎口一阵酸麻，暗叫："好大的力气!"

两个人棋逢对手,不分胜负。正打得难解难分之时,赵匡胤只听"嗖"的一声响,他下意识地闪开身子,但还是晚了一步,胸口被暗箭射中。他定睛看去,只见射箭的是辽国元帅挞烈。他非常愤怒,将刘继业让给赶来支援的张琼和王审琦,自己则用力折断箭杆,打马冲向正在得意狂笑的挞烈。

挞烈本以为这一箭会让赵匡胤丧命,没想到赵匡胤竟然策马朝他袭来,于是匆忙迎战。他刚举起手中的狼牙棒,就被赵匡胤一棍打落马下,当场身亡。

辽军看到主帅战死,顿时军心涣散,纷纷败退。赵匡胤趁机大呼一声:"宋军的勇士们,跟我冲!"宋军看到赵匡胤身先士卒,士气大振,以排山倒海之势冲向北汉军队。

这一仗,双方各有伤亡,但相比起来,北汉伤亡更大。刘继元怯于宋军的威势,下令退守城内,闭门不出。

二十三日,赵匡胤下令对太原进行长期围困,四周修筑长连城,阻断城内与城外的联系。二十六日,北汉宪州判官史昭文被宋军的气势震慑,主动开城投降。赵匡胤封其为宪州刺史,赏赐他礼服、玉带等财物。二十八日,赵匡胤到达太原城。看到城下躺满了宋军的尸体,他心中十分沉重。太原已经被围困多日,宋军损失巨大,太原城却岿然不动。如果继续耗下去,即便能攻下太原,大宋军队的损失也是不可估量的。可是,战争已经进行到了这个地步,太原城就在眼前,如果撤退,又实在可惜。正在他一筹莫展的时候,左神武统军陈承诏突然提议:"陛下,既然强攻不成,我们何不用水攻?"

"水攻?"赵匡胤闻言一愣,突然灵光闪烁,双眼顿时明亮起来,道,"对,就用水攻!"

所谓水攻,就是把汾河水引过来,从城门口灌入太原城内。这样一来，宋军可以不伤一兵一卒地攻破太原城。于是，他当即任命陈承诏为引水总指挥，负责办理此事。

陈承诏走马上任，立即带领一支队伍开始挖渠引水。经过连续的艰苦作业，二十九日，水渠挖通，大水遂将太原城围住。为了防止敌人出城逃跑，三十日，赵匡胤下令李继勋、赵赞、曹彬、党进分别把守四门。

城里的守军看到大水漫灌，而且四周都是宋军，顿时惊慌失措，欲从西门突围。把守西门的是赵赞，他带领将士们奋勇作战拦截北汉军队。战斗进行得十分激烈，赵赞身负重伤，宋军处于不利地位，急得在后面观战的赵匡胤连连跺脚。危急时刻，把守东门的党进派出的伐木队伍赶来支援，终于击退了北汉军队。

刘继业率领另外一支队伍从东门突围，遭遇党进的阻拦，结果也被打败，仓皇之中，刘继业跳进漆黑的城壕内，得以逃脱。

因为北汉军无法突围，所以辽国一直到四月才得知太原被围的消息，急忙派兵救援。赵匡胤早就料到了这一步，提前安排棣州防御使何继筠为石岭关部署，驻守曲阳。赵匡胤得知辽军即将到来的消息，连忙召见何继筠，告诉他对付辽军的方法，并给他增派了精兵。何继筠按照赵匡胤的指示打败了辽军，缴获大量马匹和铠甲，活捉敌方将领王破得、武州刺史王彦符。之后，他派儿子何承睿向赵匡胤报捷。赵匡胤命令将辽军的铠甲与首级悬挂竿头，告诉城内的北汉军，他们的援军已被打败。城内的守军看到救援无望，军心更加涣散。

北汉麟州刺史结齐罗预料到北汉覆灭在即，遂开城投降。

五月，辽国又派一支队伍从定州出发，前去救援，结果行至半途遭遇韩重赟的埋伏，又一次大败而归。

五月十二日，赵匡胤看到城内守军仍然负隅顽抗，便下令水军乘船载弩箭攻城。激战中，横州团练使王廷义中箭身亡。十五日，石汉卿也中箭落水，当场死亡。二十日，水军改由城西进攻，仍然无功而返。赵匡胤又派了一支队伍攻打岚川，守官赵文度看到宋军强大，遂开城投降。

二十六日，经过长时间的围困，太原城内粮草断绝，军民虚弱。郭无为多次劝说刘继元投降都被拒绝。无奈之下，他决定自己投降，于是便以夜袭宋军为由，向刘继元要来精兵，刘继业、郭守斌二人为副将，打开城门向宋营而去。临行前，刘继元还亲自登上延夏门为他送行。可是，他们刚出城门，突然天降大雨，又刮狂风，刘继业的战马滑倒，扭伤了马蹄，无法作战，只好返回。郭守斌又因为天黑辨不清方向而迷了路，也不知去向。郭无为只好返回城中。

闰五月初二，宋军引水灌城取得初步效果。水从延夏门瓮城穿过外城的两重城墙入城，城中大乱，北汉军队急忙用竹笆、木桩等物堵塞入水口。赵匡胤早已在城外布下弓箭手，只要见到北汉军将，立时万箭齐发。眼看只差数米水就要漫过城头，北汉军队忽然看到一个巨大的草垛漂过来，他们非常欣喜，急忙跑过去，将草垛推向水口。因为有草垛挡着，宋军无法射中推草垛的北汉军，水口终于被堵住，宋军只好停止攻击。

郭无为再次劝刘继元投降，又被拒绝。宦官卫德贵乘机控告郭无为谋反，刘继元为了安抚人心，下令将郭无为斩首示众。之后，刘继元和众将商量出一个诈降之计，于夜半时分派一支队伍出城，突袭宋军，快到宋营时，领头人大喊："北汉主前来投降。"

赵匡胤信以为真，急忙下令说："快放降兵进来。"

有军将提醒说："请陛下三思，敌人若真心投降，大可以将投诚时间选在白天，何必在夜半时分率小股部队而来？我们应当小心才是。"赵匡胤立即醒悟，命人登上壁垒盘问，发现果然是诈降。

此时，宋军围城已经将近四个月，伤亡惨重。在一次激战中，东西班都指挥使李怀忠中了箭,命悬一线,他的好友殿前指挥使、都虞候赵廷翰率领诸班卫士找到赵匡胤,齐声说道:"请陛下允许我们出战,为李将军报仇雪恨!"

赵匡胤表情严肃地说:"你们都是我大宋的勇士,可以以一敌百,现在朕已经失去了那么多勇士,又怎能再让你们去冒险!太原城朕可以不取,将士的性命却不能不要。"众人听了这话,感激涕零,纷纷跪伏于地,山呼万岁。

就在这时,有探事官前来禀报:"辽国援兵已出燕京,正快速朝这里赶来。"

赵匡胤大吃一惊。太原已经被围困数月,濒临绝境,若此时撤退,就前功尽弃了,但一时又攻取不下。如辽军到来,内外夹击,宋军必处于险境。因此,是退是战,他犹豫不决。

李光赞看透了赵匡胤的心思,奏道:"河东乃苦寒之地,对于我大宋来说,可有可无,不劳陛下亲征。请陛下即刻回京,只要在上党屯驻精兵,夏天入北汉抢收麦子,秋天抢谷子,用不了几年,北汉不攻自亡。"

赵匡胤觉得很有道理,又问赵普道:"依赵卿之见,又该如何?"

赵普说道:"此时撤军,可减少我方损失,若等辽军到来,我军将腹背受敌,后果不堪设想。"

赵匡胤不再犹豫,下令撤军。

这次北征,既是宋和北汉之间的正面战争,也是宋和辽之间的彼此试探。连连取胜致使宋军兵骄将狂,产生了严重的轻敌思想,此次失败后,赵匡胤终于清醒地意识到宋和辽之间仍然存在不小的差距。他重新调整战略布局,再次转移战略重心,开始着手收复南方的南汉和南唐,但仍然将辽国视为最大的威胁。

第六节　江南收刘铁

南汉位于今广东、广西一带，其建立者为唐朝末年的封州（今广东封开）刺史刘谦。当时，刘谦拥兵过万，战舰百余，雄踞一方。刘谦死后，其子刘隐继承父职，经过一段时间的努力，他统一了岭南，被封为清海节度使。公元907年，后梁建立，封刘隐为大彭王。公元909年，刘隐被改封为南平王，次年又被改封为南海王。刘隐死后，他的弟弟刘龑继承了哥哥的皇位。后梁贞明三年（917年），刘龑在番禺（今广州）称帝，改广州为兴王府，国号"大越"。他追谥刘隐为襄皇帝，改元乾亨，立三庙，置百官，封杨洞潜为兵部侍郎、李衡为礼部侍郎、倪曙为工部侍郎、赵光裔为兵部尚书，皆平章事。南汉乾亨二年（918年）十一月，刘龑在南郊祭天，大赦境内，又改国号为"汉"，即南汉。

南汉大有十五年（942年），刘龑去世，其子刘玢继位。刘玢荒淫无度，穷奢极欲，不理朝政，于南汉光天二年（943年）被刘弘熙杀死。刘弘熙登基称帝，改名刘晟，即南汉中宗。南汉乾和十六年（958年），刘晟去世，其长子刘继兴继位，改名刘铁，改年号为"大宝"，史称"南汉后主"。

刘铁继位时才十六岁，庸懦无能，以至于大权落入宦官龚澄枢、陈延寿以及女侍中卢琼仙等人手中，朝政混乱。

早在开宝元年（968年）九月，宋道州刺史王继勋便向赵匡胤建议说："刘铁昏庸无道，荒淫无度，岭南百姓深受其苦。近年来，南汉又屡次出兵，对我边境无端骚扰，恳请陛下出兵讨伐。"

赵匡胤面带忧色，说道："我军对岭南的地形不熟悉，怎敢贸然出兵？再说了，将士们多为北方人，不服南方水土，恐不能获胜。"于是，他给南唐国主李煜写了一封信，希望李煜能劝说刘铁主动归顺宋朝。

刘铱年轻气盛，看到李煜的信，勃然大怒道："李煜是个软骨头，朕可不是好欺负的，让他赵匡胤尽管来攻，朕保证他有来无回！"他说完，便命人给赵匡胤回了一封信，语气十分强硬。

赵匡胤看了刘铱的信，咬牙切齿地说："刘铱小儿，过分猖狂，非逼朕出兵不可，那好，朕这就成全你！"

开宝三年（970年）九月一日，赵匡胤封潘美为贺州道行营兵马都部署、王继勋为行营马军都监、尹崇珂为行营马步军副部署，三方兵马在贺州城下相会。

九月二十九日，潘美旗开得胜，拿下了富州城，向朝廷奏捷。

当时，南汉有才能的将领以及刘氏宗室都因为受到诬陷而被相继杀害，能带兵的只有几个宦官，加之国库早已被刘晟、刘铱父子挥霍一空，船只和战甲得不到修缮，军队的战斗力非常弱。

贺州刺史陈守忠听说宋军即将到来，惊慌失措，急忙派人向南汉朝廷求援。刘铱派不出援兵，只好委托龚澄枢去贺州慰问将士。贺州的守将们以为皇帝送来了大批劳军物资，没想到只有几句安慰的空话，失望至极，军心涣散。宋前锋军到达芳林渡，后续部队也很快到达冯乘。龚澄枢料知贺州难保，遂乘船回广州。当月十五日，宋军兵临城下。

刘铱看到大军临近，知道大事不妙，找来群臣议事，说道："如今宋军临近，谁有应敌之策，快快说出来。"

众臣纷纷说道："朝中能应敌者，唯有潘崇彻将军一人。"

潘崇彻原是南汉旧将，骁勇善战，立下过汗马功劳。刘铱继位时，潘崇彻担任西北面都统，但是，刘铱对他并不信任，还曾经暗中命令郭崇岳调查他的"罪行"，并下令"一旦发现他形迹可疑，就地将其处死，无须回禀"。郭崇岳查来查去，并没有找到潘崇彻的罪证，最后不了了之。即便这样，刘铱依然剥夺了他的兵权。现在，刘铱对于自己的冒失行为追悔莫及。无奈之下，他只好亲自去求潘崇彻："潘爱卿，现在大敌当前，当上下一心，共御外敌，还望老将军不计前嫌，为国尽忠。"

然而，潘崇彻不愿意为刘𬬮卖命，推辞说："请陛下恕罪，老朽老矣，已无力上阵，望陛下另请高明。"

刘𬬮无奈，只好让伍彦柔率军救援贺州。

宋军得知伍彦柔率军来援的消息，后撤二十里，在南乡附近的贺江岸两侧埋伏，布下口袋阵。夜半时分，伍彦柔率军到达贺州，士兵正从船上走到岸上，宋军突然杀出，南汉军因措手不及而大败，伍彦柔被擒。

王明向潘美提议说："我们现在应该尽快攻取贺州，否则敌人再有增援，我军将腹背受敌，届时就胜负难料了。"

宋军的将领们因为有了太原城的遭遇，害怕再出现类似情况，所以犹豫不决。

王明又说："将军如果信得过末将，末将愿意领先锋令，出兵作战。"潘美思考再三，答应了王明的请求。

王明带领丁夫和运粮士兵填平壕沟，一直攻到城门下。守城将士看到宋军勇猛，知道大势已去，遂开城投降。潘美再获胜利，扬言要攻取广州。

刘𬬮得知贺州失守，心中非常惊恐，他再次恳求潘崇彻出马，并加封其为内太师、马步军都统，拨给他三万兵马，驻扎在贺江岸边，阻击宋军。然而，宋军声东击西，使用障眼法，攻取广州是假，西出昭州才是真。

十月二十三日，王继勋战死，朱宪奉命代理他的职务，继续向昭州进发。

大军到达昭州城外，击败了城外南汉开建寨军，大将靳晖被生擒。昭州刺史田行稠弃城而逃。桂州刺史李承进听说田行稠放弃了抵抗，也丢下城池逃跑了。宋军顺利地拿下昭、桂二州。十一月，宋军再取连州，南汉招讨使卢收急忙退入清远县。宋军到达韶州城。

韶州为南汉北部门户，战略意义重大。韶州都统李承渥看到宋军兵临城下，急忙带领人马在城外的莲花山下结营，同时又调动南汉极其倚重的象军，准备和宋军拼个死活。

待到两军对战时，宋军看到对面有千余头大象列阵，每头大象背上都驮着十几个头扎白巾、手持长矛的士兵。他们从来没有见过这样的阵势，不由得慌乱起来。

潘美采用出兵前赵匡胤教授他的战术，冲将士们喊道："大家不要害怕，赶快准备弓箭，瞄准大象射，同时敲锣、打鼓、放鞭炮，如此可破象阵。"

宋军依计而行，大象受到惊吓果然掉头逃跑，南汉军阵中大乱。宋军乘胜追击，大败南汉军，李崇渥仓皇而逃，韶州陷落，刺史辛延渥、谏议大夫邹文远等成了宋军的俘虏。

辛延渥投降了宋军，随后又派人找到刘𬬮，劝他投降。刘𬬮正要允诺，李讬却坚决反对。主降派和主战派争吵不休。消息传出宫外，又引起将士们的恐慌。最后，刘𬬮还是听从了主战派的意见，下令加固城壕，准备长期固守。他提拔郭崇岳为招讨使，在大将植廷晓的配合下，率领兵马驻扎在马迳。

开宝四年（971年）正月，宋军接连攻取英州、雄州，迫使南汉都统潘崇彻投降。随后，宋军又自英州南下，到达泷水头。这里地势险要，两侧为高山，中间是峡谷，易守难攻。宋军统帅担心中南汉军的埋伏，命令大军暂停行军。

刘𬬮得知潘崇彻投降的消息后，惊怒至极，困兽一般在大殿内暴怒狂走。他忽然站住，抽出腰中宝剑，猛地一下砍毁了面前的一张案几，咆哮道："朕自认平日待你们不薄，现在国家危难，你们却贪生怕死，无人愿意为朕分忧，一群废物！"

众人都被刘𬭚吓得身子一抖，卢琼仙冒死走上前去，劝说道："陛下，宋军勇猛无敌，我朝城中空虚，无力应对，不如议和，多献宋主美女金银，以求退兵。"

刘𬭚再也想不出更好的办法，跌坐在椅子上，有气无力地摆摆手说："也只有如此了。"于是，他派使者出城，向宋军求和。

南汉使者到了泷水头，恰遇原地休整的宋军。他向潘美表达了刘𬭚的意思，却遭到潘美的严词拒绝，潘美要求刘𬭚必须无条件投降。为了避免中埋伏，潘美下令将南汉来使捆绑着走在队伍前面，大军得以顺利通过山口，于正月二十七日到达栅口。二十八日，大军到达马迳。宋军站在这里，居高临下，将郭崇岳军的营盘看得一清二楚。

郭崇岳并没有真正的才能，其部下又大多是从英州等地逃回的兵士，早已失去斗志。面对宋军的挑战，他们往往高挂"免战牌"，在夜半时分求神拜佛，祈求神灵的保佑。

刘𬭚自知南汉灭亡在即，便准备收拾所有的财宝，带着家眷出城逃命，但因为他平时对人苛刻，身边的宦官对他早有不满，所以趁其不备将珠宝偷走了。他走投无路，只好宣布投降，派右仆射萧漼等人到宋军营中递降书顺表。投诚使者到达宋营后，潘美派人护送他们去开封面见赵匡胤，让刘𬭚在宫中等候回音。

一连数日，派出的使者都没有消息，刘𬭚的心中没了底，再次下令郭崇岳积极备战，并派自己的弟弟祯王刘保兴率领封国内的士兵辅助郭崇岳。面对强敌，郭崇岳一筹莫展。

大将植廷晓建议："宋军一路势如破竹，士气旺盛，而我军虽然人数不少，但面对强敌已经丧失了斗志。我们不妨使用置之死地而后生的方法，把将士们带到一个凶险的地方，让他们背水一战，激发他们的斗志。"

郭崇岳点头道："此计虽险却可行。"

二月四日，植廷晓带领前锋军到江边列阵，摆出了背水一战的架势。为了防止有人临阵脱逃，郭崇岳亲自在后面督战。然而，战斗刚开始，南汉军便一触即溃。植廷晓战死，郭崇岳侥幸逃脱。退回城后，他立即命令将士们紧闭大门，不再应战。

潘美在敌人的营前巡视一番后，对王明说道："他们的营栅都是用竹子做的，我们只要放一把火，敌军就会大乱，我军可趁乱而入，一举打败敌人。"

王明在夜半时分派人到敌人的军营前，火烧营栅。果然，熟睡中的南汉军察觉到营栅起火，顿时慌作一团。潘美率领宋军突入，将南汉军杀得四散溃逃，郭崇岳死于乱军之中。祯王刘保兴看到败局已定，也弃营逃入城中。

南汉所处的形势越发危急，龚澄枢、李托与内侍中薛崇誉等人聚在一处商议对策，龚澄枢说："宋军不远万里来攻打我南汉，无非看中了我们府库中的财宝。我们如果把那些财宝销毁，宋军无所图，自然会退兵。"

另外两人竟认为他说得有道理，三人便放火烧了皇宫。出乎他们意料的是，宋军并没有退兵，反而加紧了攻势。

二月五日，宋军到达白田。刘铱意识到南汉已经山穷水尽，万般无奈之下，只好打开城门，向宋军投降。潘美以宋廷的名义免去刘铱的罪，并带领大军入城。至此，南汉宣告灭亡。

结束了战事，潘美下令将刘铱以及眷属和朝臣共九十七人安置在龙德宫看守起来，又从老百姓家中搜查到在逃的刘宝兴，一并看管。之后，他张贴告示，安抚百姓，并派人火速回开封报捷。安排好这一切，他便率领大军返回。

当刘铱被押解着经过公安县时，管理县邸的官员庞师请求拜见刘铢。刘铢不知道庞师是谁，便问押解自己的黄德昭，黄德昭告诉他："他曾经是你手下的官员，特地来拜见自己以前的皇上。"

刘铢不解道："既然是我的官员，为何流落到此地？"

黄德昭回答："自从你的先祖建国起，就向中原皇帝纳贡。这里是必经之地，为了方便，你的先祖便在此处设置了官邸，打造车辆，转运贡品。"

刘铢恍然大悟道："原来我国本来就属于中原皇帝，如今不过是物归原主罢了，我也不必后悔了。"

到京城后，刘铢一行人被安排在京郊玉津园居住，赵匡胤派参知政事吕余庆对其进行审问。

吕余庆问刘铢道："你既然已经派使者向我大宋投降，为何又出尔反尔，还一把火烧掉了皇宫？"

刘铢痛哭流涕道："这一切都是大臣和近侍们背地里所为，我一概不知。"

吕余庆又问龚澄枢、李托、薛崇誉三人，谁也不说一句话。

二月二十三日，潘美回到京城，于次日上朝拜见赵匡胤。赵匡胤满心欢喜，文武百官也都表示祝贺。赵匡胤下令在皇宫内大摆宴席，为潘美等人接风洗尘。

南汉一战，从开宝三年（970年）九月一日点将发兵，到开宝四年（971年）二月二十三日奏凯还朝，前后共用了一百七十五日。

为了彰显天子的仁慈，赵匡胤下令，原南汉境内州县免租赦罪，废除一切妨碍百姓正常生活的政令。四月七日，他又任命潘美、尹崇珂同知广州。二十七日，他再次下令，由潘美就地负责选拔优秀人才担任广州知州。经过潘美等人的一番治理，岭南地区很快安定下来。

因为出尔反尔，刘铢的境遇与后蜀的孟昶截然不同。五月一日，赵匡胤下令将刘铢等人以帛系颈牵入太庙，举行献俘礼。之后，刑部尚书卢多逊就烧府库等事审讯刘铱,刘铱以自己年幼不懂朝政、所有朝中政务皆由大臣们掌管为由,推脱责任。卢多逊再三追问,他又将责任推到龚澄枢、李托、薛崇誉三人身上。于是,赵匡胤下令,将三人斩首正法,之后赦免了刘铱的罪,并封其为太保,每日上朝侍君。

有一天,刘铱正在玉津园的新家中,忽然接到皇帝的圣旨,要他到讲武殿面圣。刘铱以为赵匡胤要为难自己,吓得面如土色,流着泪告别妻妾,忐忑不安地到了讲武殿,却看到殿上已摆好酒席,群臣也先他一步到来。他询问后得知,原来皇帝是要犒赏南征的功臣。他这才稍稍平静一点。

赵匡胤看到刘铱,十分高兴,冲他招手说:"刘爱卿到这里来坐。"

刘铱受宠若惊,紧步走过去,赵匡胤随即赐刘铱一杯酒。

刘铱想到以往自己当皇帝时,常常赐大臣毒酒,现在见赵匡胤赐自己酒,怀疑他赐的是毒酒。他备受惊吓,扑通跪地,磕头求饶说:"罪臣昏庸,抗拒天朝,罪该万死,但罪臣现在已诚心归顺大宋,绝无二心!还望陛下开恩,容罪臣以布衣之身苟活于世,罪臣感恩戴德。"

赵匡胤猛然一愣,随即明白了刘铱的意思,哈哈大笑道:"朕一向光明正大,从不做小人之举,怎会当着群臣宴饮之时赐你毒酒?"说完,他便将那杯酒一饮而尽。

刘铱见状,羞愧难当,急忙谢罪说:"臣该死,竟妄测圣意,还请陛下恕罪!"

从此以后,刘铱在开封安心居住下来,直到宋太宗太平兴国五年(980年)时去世。

南汉从刘谦在广西盘踞开始,到刘铱归顺大宋,一共经历了六十五年。

刘铱虽然治国无能,但心灵手巧,他曾将亲手编制的珍珠玉龙献给赵匡胤。赵匡胤忍不住感叹道:"你如果能将这份巧思用在治理朝政上，南汉也不至于落到如此地步。"听着赵匡胤揶揄的话语，刘铱无言以对，羞愧地低下了头。

第七节　讨降南唐李煜

平定了南汉，赵匡胤在南方名声大振，被人们当作神明，传颂不休。大宋想要平定其他几个还在苟延残喘的小国，如探囊取物。在经过思考后，赵匡胤将下一个目标定为南唐。此时的南唐已经处在大宋的三面包围之中了。

赵匡胤登基时，南唐的皇帝还是李璟，他自知南唐国力和大宋相差甚远，为了自保，他派遣使者带着大量的绢布、银两等贡品到开封祝贺，想要向太宗示好。当时正逢李重进叛乱，赵匡胤加紧操练水军，为平叛做准备，没有心思考虑李璟的事情。

建隆二年（961年）二月，李璟下令将都城由建康迁往南都豫章城，太子从嘉留守建康，由汤悦辅佐。这年六月，李璟病逝，终年四十六岁，庙号元宗。七月，李从嘉在建康即位，改名李煜，为新一代的南唐国主。

李煜是李璟的第六子，自幼聪慧过人，又勤学好问，不但工于诗词，还精通音律，更擅长书画，可以说是个难得的才子。可惜的是，他的这种聪明才智并未用在治理国家上，以至于朝政之事一塌糊涂。他继位以后，也曾打算励精图治，将南唐发展成雄踞一方的强国，为此他还定期召见国中四品以下、九品以上的官员。乾德五年（967年）三月，他下令两省侍郎、谏议大夫、给事中、集贤殿学士、勤政殿学士等官员必须轮流在光政殿值夜，自己则与他们彻夜长谈，商讨国事。这些官员真心实意地提供了许多治国良策，可惜没有被采纳。

开宝元年（968年）三月，李煜封枢密使右仆射汤悦为左仆射，兼门下侍郎、平章事。五月，他又封勤政殿学士承旨、兵部尚书韩熙载为中书侍郎，充光政殿学士承旨。

乾德二年（964年），昭惠皇后周娥皇病逝。开宝元年（968年）十一月，李煜立娥皇的妹妹为皇后，史称"小周后"。小周后才貌双全，受到李煜的宠爱。两人日日在后宫研究音律，朝政大事愈加荒废。

开宝二年（969年）正月，李煜罢免了左仆射、平章事汤悦的宰相一职，贬其为镇海节度使。汤悦对此不服，多次上表申辩，李煜遂改变主意，改封其为太子太傅、监修国史，兼领节度使。这年三月，南唐简言不被重用，欲辞官，李煜极力挽留。

七月，李煜派遣自己的弟弟李从谦前往开封，为赵匡胤送去厚礼，并派水部员外郎查元方跟随，帮助李从谦掌管奏章的起草工作。

开宝三年（970年）七月，韩熙载病逝，被追封为平章事。同年，大宋开始了对南汉的用兵。

九月，赵匡胤出兵讨伐北汉。南都留守林仁肇看准了大宋在南方防守薄弱的时机，向李煜请求说："大宋刚刚消灭了后蜀，现在又对岭南用兵，来回有数千里之远，长途跋涉，大军必定劳累不堪。如今，赵匡胤首尾不能相顾，淮南诸郡防守薄弱。请陛下拨给末将数万兵马，我愿率军渡过长江，从寿春过淮河，进入正阳，一举收复被周世宗夺取的领土。宋军即便反击，我军也可凭借淮河这道天然屏障抵御。为了防备万一，陛下可先给赵匡胤写一封信，虚报末将已起兵造反。此番作战如果成功，便是陛下的功德；如果失败，陛下就拿我及我的家族来抵罪。这样，赵匡胤便不会怀疑陛下了。"

李煜一方面舍不得林仁肇，另一方面认为这一仗没有胜算，便摇头说道："此事关系重大，不可唐突，须从长计议。"

开宝四年（971年）十一月，李煜再一次派弟弟李从善到开封朝贡，为了讨好赵匡胤，他特意去掉国印中的"唐"字，改为"江南国印"，并恳请赵匡胤在以后对江南的诏书中直呼自己的名字。对李煜的请求，赵匡胤求之不得，很爽快地答应了。

南汉被消灭后，赵匡胤便将目光对准了南唐，恰逢李从善又来朝贡，于是下令将李从善扣留。李煜得到消息，非常惊恐，急忙派人到开封向赵匡胤请罪。

为了表明自己对赵匡胤的忠心，自开宝五年（972年）二月起，李煜便要求删去国内下达的文件中的"令"字，而改用"教"字，意思是自降位阶，由国主改为统辖地方的领主。随后，他又改中书门下省为左、右内史府，御史台为司宪府，尚书省为司会府，翰林院为修文馆，枢密院为光政院。另外，他还将当初被封王的兄弟全部改为国公，进一步表明江南只是大宋的附庸，而不是一个自主的国家。

为了让李煜自动归顺，赵匡胤想出一计，他封李从善为泰宁节度使，并在京城给他安排了一处豪华的宅院，然后让他转告李煜尽快到开封一趟。李煜当然明白，自己如果应邀去开封，那就是有去无回，因此始终不肯答应。不过，为了示弱，他表示可以增加每年的进贡。

赵匡胤并不满足，开始谋划攻取江南的具体计划，并采用离间计杀死了南唐重臣林仁肇。

开宝六年（973年）四月，南唐左右内史知事汤悦辞官，被李煜极力挽留。

朝中老臣张洎为南唐进士，少有俊才，博通坟典，当过上元尉和礼部员外郎，深受李煜喜爱。李煜特意在皇宫中设了一座清辉殿，封张洎为清辉殿学士，以便随时召见。另外，他为了方便和太子太傅徐辽、太子太保徐游及张洎商议大事，又设澄心堂，逐渐将中书省、枢密院这些机构架空了。

江南有一位名叫樊若冰的才子，科举落第。他看到南唐气数将尽，而大宋蒸蒸日上，推测大宋早晚有一天会吞掉南唐，于是投降大宋，并将精心绘制的长江水面宽窄和水流缓急图纸献给赵匡胤，建议他在采石矶江面上用船搭建浮桥，这样大军就可以轻而易举地跨过长江。

赵匡胤闻听，大喜过望，当即赐樊若冰进士及第，并授予舒州团练使一职，后又加封他为赞善大夫，并命令李煜即刻将其老母送往开封。之后，赵匡胤命令八作使郝守浚率领一批工匠到荆湖地区，建造大船和黄黑相间的龙头船，为大军跨江做准备。

和平征服南唐是赵匡胤多年的心愿，为此他特意在城南建造了规模宏大的离宫，名为"孔贤宅"，专门用来引诱南唐后主李煜和吴越王钱俶，并许诺李煜和钱俶，谁先归顺大宋，这座豪宅便归谁。然而，离宫已经建成数年，一直没有派上用场。不久，钱俶又派黄夷简来朝贡，赵匡胤再次说道："因为江南不愿意归顺，所以朕不久就会带兵征讨，回去告诉你们的君主，让他做好准备助朕一臂之力，事成之后这座离宫便是他的。"

吴越王钱俶听了黄夷简的回报，又派使者钱文赟来朝贡，赵匡胤赏给钱文赟许多财物，并告诉他大宋出兵江南的日期，要他转告钱俶，做好出兵的准备。

九月十八日，赵匡胤命令颍州团练使曹翰率领一支队伍奔赴荆南，准备从上流沿江东下，进攻南唐。二十一日，他又派宣徽南院使曹彬、侍卫马军都虞候李汉琼、判四方馆事田钦祚等率领大军跟进。

兵力部署前，赵匡胤特意派李穆出使南唐，下达最后通牒，要求李煜亲往开封，归顺大宋。赵匡胤的这一指令遭到南唐光政使、门下侍郎陈乔，清辉殿学士张洎的坚决反对。

李穆回到开封，将南唐君臣的态度告知了赵匡胤，赵匡胤二话不说，当即开始行动。他下令山南东道节度使潘美、侍卫步军都虞候刘遇、东上阁门使梁迥等领兵到荆南，准备出征。二十九日，赵匡胤又任命许仲宣负责管理大军的粮草器械。

大军出征前夕，赵匡胤特意在讲武殿大摆酒宴为曹彬等人送行。席间，曹彬向赵匡胤请教取胜的方法。

"所谓将在外君命有所不受，你既然身在江南，军中所有事务就由你全权决断。不过有一点你必须牢记，千万不可伤害百姓。不战而屈人之兵为上上策，城池攻不下，就不要强攻，要注意随时势改变策略。"随后，他从袖筒里取出提前写好的信笺，交给曹彬，又说，"这是朕的命令，自副将潘美以下，凡有不服从命令者，你拆开此笺，依言行事，可先斩后奏。"潘美等人闻听此言，无不紧张。

十月十八日，曹彬等人率领大军自荆南出发，直奔金陵。

二十三日，赵匡胤下达命令，由吴越王钱俶担任升州东南面行营招抚制置使，赐给他二百匹战马，要他务必在东南方起兵，协助曹彬等人。之后，他又派客省使丁德裕率领禁军，名义上是做钱俶的前锋，实际上是为了监视吴越王的军队。

二十五日，曹彬等人率军到达蕲阳，从这里渡江进入江南，率先攻破峡口寨，南唐池州城派来的牙校王仁震、王宴、钱兴三人遂成为俘虏。

三十日，赵匡胤任命曹彬为升州西南面行营马步军、战棹都部署，曹翰为先锋都指挥，潘美为行营都监。宋军沿江一路向东，到达池州。池州守将戈彦自知不敌，弃城逃走。闰十月五日，宋军顺利攻下池州。

这时候，郝守浚早已按照赵匡胤的命令在荆南造好大船，又在朗州造好黄黑龙船，静等曹彬大军的到来。曹彬命人用这些船在石牌口一带的江面上架起一座浮桥，然后又命曾任汝州防御使的陆万友率领一支队伍守护，防止敌人破坏。

从闰十月十五日到十一月一日，宋军渡过长江，先后取得南唐铜陵、芜湖、采石矶等多地，消灭南唐军无数，缴获大量物资和战船。

十一月一日，大宋的另一支军队从潭州进入南唐，向萍乡发起攻击,却被萍乡守将击败。这是南唐取得的第一场胜利,李煜似乎看到了希望,当即提拔刘茂忠为袁州刺史。九日,李煜下令将原泰宁节度使李从善所辖的军队以及江南其他归附的水军改编成禁军,称为"归圣军",准备对抗宋军。

十日,根据战事需要,赵匡胤下令将石牌口的浮桥移到采石矶,让步兵顺利通过。十五日,南唐水军和大宋李恕率领的地方军激战,结果大败,损失多艘战船。二十日,曹彬又在新林寨缴获多艘战船。

二十八日,南唐郑彦华和杜真率领的部队与宋军相遇。杜真率领的步兵和宋军展开激战,很快便处于劣势,情势十分危急。郑彦华率领的是水军,他看到杜真即将战败,选择袖手旁观,导致杜真不敌,最终大败。

这年十二月,宋军逼近金陵,金陵危在旦夕。李煜下令废除"开宝"年号,只以甲子纪年,称当年为甲戌年。为了对抗宋军,他在民间大量招募勇士,表示无论出力还是出粮,都将按照不同的数目给予官职,显示出了自己破釜沉舟、与宋军决一死战的决心。

四日,驻守在鄂州的水军北上抗宋,跨过长江,在北岸和宋汉阳兵马监宁光作相遇,结果再次被打败。

在宋军和南唐军激战之时,吴越王钱俶也率领队伍围住了常州,经过激战,俘虏了南唐守军,缴获了战马。二十日,钱俶又攻破利城寨,俘虏多人。

二十三日,曹彬率领的队伍来到新林港口,打败南唐守军。

二十八日,钱俶在常州出奇制胜,打败南唐人马,得到赵匡胤嘉奖。

开宝八年(975年)正月初三,暂时管理池州的樊若冰率领队伍又打败南唐人马。

之前,赵匡胤为了保证胜利,特意把韶州刺史王明调为黄州刺史,并授予进攻的具体计划。王明到黄州后,立即动员全部人马,修筑城池，训练将士。等到曹彬出征后，王明又改任池州到岳州江路巡检战棹都部署。八日，王明派兵马都监武守谦率领一支队伍跨过长江，到达武昌城下，和南唐兵相遇。经过激战，宋军击溃敌兵，占领了樊山寨。同时，曹彬也派行营左厢战棹都监田钦祚对溧水（金陵属县）发起进攻，杀死南唐统军使李雄父子。

十七日，曹彬统率大军直奔南唐都城，到达秦淮河畔。此时踞守秦淮河的南唐兵有十几万人，企图负隅顽抗。宋军因为没有渡船，只能隔江和南唐兵对峙。为了尽快取得胜利，潘美主动请战，率领大军于夜间泅水过河。其部将马军都指挥使李汉琼率领人马渡过秦淮河，首先对江南水寨发动火攻。水寨顿时火光四起，寨内守军一时大乱。李汉琼一马当先，冲进寨中，成功夺取了水寨。后来，浮桥搭起，后面的宋军通过浮桥过江，南唐军溯流而上，想要抢夺浮桥。潘美又率兵与之交战，俘获南唐神卫都军头郑宾等七人。

二月十三日，宋军到达金陵城外，对外城发起猛烈攻击，南唐军伤亡惨重。天德军都知兵马使张进等九人看到败局已定，无奈之下只好投降。

就在城外喊杀声震天动地之时，李煜还在皇宫内逍遥自在。张洎、陈乔曾经跟他说："宋军长途奔袭作战，粮草缺乏，师劳兵疲，必然会战败。"李煜对此深信不疑，整日在宫内谈经论道，两耳不闻窗外事。结果，金陵城被围困了一个多月，他竟然毫不知情。五月的一天，李煜突然心血来潮，想观赏外面的风景。他登上城头，看到城外宋军旌旗招展，这才知道金陵被围。惊怒之下，他下令立即将皇甫晖的儿子、掌管军权的皇甫继勋斩首，以正军法。之后，他又命湖口都虞候朱令赟率兵勤王。但是，朱令赟慑于宋军的威猛，迟迟不肯出兵。

到了九月，守卫润州的江南都虞候刘澄也宣布投降。因为润州和金陵相距很近，所以润州失守加剧了金陵的危机。

第七章 / 南征北战平天下

李煜久等不到朱令赟的救援,只得派道士周惟简和修文馆学士、承旨徐铉到开封去请求赵匡胤延缓进攻时日,给自己一些考虑的时间。

徐铉、周惟简二人要来开封的消息很快传入宋廷,群臣早已听说徐铉有辩才,纷纷提醒赵匡胤提前想好应对之法。赵匡胤对此不以为意,说道:"历来成大事者,必定文武兼备,逞口舌之能而退百万雄兵者,朕还未见过。"

不日,二人到达开封,被赵匡胤召见。徐铉果然能言善辩,说起话来滔滔不绝,他力争道:"自我主主位以来,给大宋的岁贡从来不少,如子事父一般,不敢有丝毫闪失。大宋以大欺小,今日竟出兵江南,实在有悖常理……"

赵匡胤耐心听着徐铉的诉说,一言不发,直到徐铉说完,他才不慌不忙地问道:"既然你说南唐对待我大宋如同儿子侍奉父亲一样,那么,南唐为何不愿意归顺大宋呢?"

徐铉张口结舌,答不上话来。一旁的周惟简只好将李煜写好的奏目呈交给赵匡胤,一句话也没说。

十月二十日,朱令赟率领勤王军从湖口出发,顺江东下,准备首先攻破宋军浮桥,切断敌人的后路和援军,再解金陵之危。王明得知消息,不敢大意,急忙在独树口屯兵,并派人疾驰入京,请求赵匡胤再增造三百艘战船。赵匡胤认为造船耗时太长,派人告诉王明,可在沿江洲浦不远的地方多竖一些长木,让对方误以为是埋伏的船只,朱令赟多疑,自会退兵。

果然,朱令赟远远看到两岸竖立着很多木头,以为是宋军埋伏的船只,再也不敢前进,只敢用火攻。他下令将士将小船浇上油,点燃后顺风向宋军冲去。让他意想不到的是,船刚驶出不远,风向突然变化,又被吹了回来,很快便点燃了己方的船,南唐军顿时大乱。宋军见状,趁乱发起猛攻。朱令赟投江而死。消息传到金陵城内,人心惶惶。

十一月初三，李煜走投无路，只好再次派徐铉、周惟简到开封求和。赵匡胤冷冷地说："朕早就说过，识时务者为俊杰，李煜当初如果听从天意，归顺我大宋，又怎会有今日的下场！"

徐铉说道："抵抗宋军为南唐朝廷所为，与城内百姓无关。王师攻城略地，百姓无辜遭殃，这不是仁义君王所为。"

赵匡胤说道："朕在大军出征前就已经下令，任何人都不得伤害城内百姓。"

徐铉又反复请求赵匡胤网开一面，赵匡胤听得心烦，生气道："你回去转告李煜，要战就战，不战就降。"

徐铉还要絮叨。

赵匡胤扶住剑柄，提高声音说："休要多费口舌！"

金陵素来富庶，尽管被宋军围困了将近一年，仍然粮食充足，只是柴薪渐渐供应不上。因为赵匡胤说"不可强攻""让州郡自降"，所以曹彬不敢贸然行事。曹彬看到城内的消耗日益增大，便派人告诉李煜："一年来，我大宋据守城外，无犯百姓，只等你主动投降，已经是仁至义尽。将士们现在失去了耐心，我军将于本月二十七日破城。是战是降，你们速做决定。"

李煜非常明白自己的处境，但不甘心就这样将大好江山拱手送人。为了稳住宋军，他派人告诉曹彬："将军请耐心等待，犬子清源郡公仲寓即将到开封商讨具体的投降条件。"

曹彬信以为真，可左等右等，迟迟不见李煜行动，再次派人催促道："我已恩尽，尔等若继续拖延，大军即刻攻城。"

李煜征求众臣的意见，有人劝说道："金陵有高大的城墙护佑，城墙外还有很深的战壕，宋军已经攻了一年多都不见成效，现在扬言二十七日破城，不过是虚张声势罢了。"

李煜仍然拿不定主意，便再次采取缓兵之计，他又派人告诉曹彬，李仲寓正在准备北上的行囊,大约二十七日能出城。

曹彬早已等待不及,气愤地说:"我已经言明,宋军将于二十七日破城,他仲寓就算二十六日出城也为时已晚。"

李煜对此置之不理。于是,曹彬加紧了攻城的准备,因为顾忌赵匡胤的命令,尤其是要保护好李煜一家老小的要求,所以心里七上八下。他知道,一旦强攻,必然会造成重大伤亡。将士们积怨已久,到时局面很可能会失控。思前想后,他竟积郁成疾,卧床不起。将士们来探望他,还请了名医诊断。曹彬苦笑道:"没用的,我这是不治之症。"

将士们误以为他得了绝症,忍不住哭起来。有人问道:"元帅何出此言?"

曹彬深深地叹了口气,回答:"其实我得的是心病。只要你们答应我攻入城内后不滥杀无辜,我的病就好了。"

众人听了,恍然大悟,纷纷抱拳答应,还焚香立誓,保证服从命令。曹彬得了这样的许诺,立即病愈。次日,他一声令下,大军向城门发起了进攻。

经过一天的激战,二十七日,宋军攻入金陵城内。南唐军在陈乔、张洎二人的率领下,仍然与宋军对抗,拒不投降。两人相约与城池共存亡,陈乔首先自杀殉国,张洎却突然害怕起来,他对李煜说:"臣也想和陈乔一样,以死报国,但是,臣现在还不能死。等到宋廷向陛下问罪时,臣可以替陛下辩解。"

宋军入城后果然纪律严明,对百姓秋毫无犯,对李煜和南唐的朝臣也都待之以礼,还让李煜回到皇宫内收拾行装,准备到开封受审。为了安全起见,曹彬还特意派精兵保护他。

十二月一日,赵匡胤得到江南传来的捷报,李煜已经宣布投降,南唐从此并入大宋版图。大宋新得州城十九座、郡三座、县城一百〇八座。在激动之余,他没有忘记百姓,说道:"虽然天下一统确实是可喜可贺的事情，但战争也给老百姓带来了伤害，我们必须想办法弥补他们的损失。"于是，他下令开仓放粮，赈济灾民。

李煜投降后，南唐的其他州郡也都相继投降。江州刺史谢彦章准备宣布投降时，遭到军校胡则、牙校宋德明的坚决反对。两人合谋将谢彦章杀死，下令守城士兵加固城池，准备坚守阵地。

曹彬闻知消息，当即派先锋曹翰率领一支队伍前去攻打江州城。江州城高大坚固，宋军屡屡受挫，伤亡惨重，到来年四月也没攻下。后来，胡则身患重病，无法指挥战斗，军队群龙无首，宋军看准时机，终于攻入城内。守城的将士依然拒不投降，坚持巷战。直到胡则和宋德明被宋军俘虏，江州城才终于被攻下。

李煜到了开封后，被赵匡胤封为违命侯，拜千牛卫将军，于宋太宗时去世，时年四十二岁。

大业未竟身先死

第八章

第一节 壮志未酬

征服南唐后,按照赵匡胤的计划,他的下一个目标就是吴越。吴越强盛时拥有十三州疆域,约为现今浙江省全境、江苏省东南部(苏州)、上海市和福建省东北部(福州)一带。吴越为钱镠在公元907年所建,国都杭州。吴越面积狭小,一直尊后梁、后唐、后晋、后汉、后周和北宋等中原王朝为正朔,并且接受册封。

钱镠,字具美,小字婆留,为杭州临安人,少年时为了讨生活曾贩卖私盐,后从军。唐乾符年间,他当过石镜将董昌的部校,后成为偏将,并逐渐升为一州之兵总管。唐光启三年(887年),董昌担任越州观察使,钱镠为杭州刺史。景福二年(893年),钱镠升任镇海军节度使,驻杭州,后被唐封为镇海、镇东两军节度使,治杭州。唐昭宗天复二年(902年),钱镠被封为越王。唐天祐元年(904年),钱镠被改封为吴王。后梁开平元年(907年),朱温建立梁朝,封钱镠为吴越王。

后唐长兴三年(932年),钱镠去世,由其第五子钱元瓘继位,即吴越文穆王。之后,王位传到忠懿王钱弘俶,即钱俶。

赵匡胤登基时，为了安抚钱俶，曾授其天下兵马大元帅之职。钱俶派人到开封道谢，祝贺赵匡胤当皇帝，许诺以后每年都向大宋纳贡，而且比后周时的贡品更加丰厚。

建隆三年（962年）八月，钱俶请求赵匡胤封自己的次子钱惟浚为建武节度使，获得准许。乾德元年（963年），钱俶呈送给赵匡胤一份厚礼，其中包括犀角、象牙、香药以及金银、珍珠、玳瑁器等。赵匡胤十分高兴，给了钱俶"承家保国、宣德守道、忠正恭顺功臣"的名号。

开宝三年（970年），钱惟浚到开封向宋廷朝贡，又被加封为镇海、镇东节度使，并获得赵匡胤的亲自接待，还获赐白玉带、缀珠衣、水晶鞍勒、御马等。临告辞时，赵匡胤又赏赐他袭衣、玉带、金鞍、勒马等作战之物。

开宝七年（974年）二月，宋右领卫大将军周广向赵匡胤提议说："朝廷每次派使臣到吴越，钱俶总是面南而坐，在一旁设立使者席位，这怎么能行？都说天无二日，国无二主，只有皇帝才可以面南而坐，钱俶此举明摆着是冒犯陛下，必须严惩，否则有损我大宋的威严。"

赵匡胤并没有生气，认为周广不过是小题大做，便道："无妨，只要钱俶及时纠正过来就行了。"

然而，在钱俶生日的时候，赵匡胤派周广前去祝贺。钱俶依然故我，周广便指责道："我们都是大宋的臣子，你怎么敢僭越而为，占了圣上面南背北的方位？"钱俶听了，尽管心里很不高兴，但还是调整了位置。

周广回到开封后，向赵匡胤炫耀自己的成绩，赵匡胤却不以为然道："你不过是借朝廷的威严吓唬人家罢了，有什么值得炫耀的？"

江南诗人黄夷简奉钱俶之命到开封来，赵匡胤指着豪华的离宫跟他说："这是朕专门为你们的国君准备的，麻烦你回去转告他，这座离宫规模宏大，装饰华丽，绝对比你们吴越的宫殿气派，朕还为它取了名字,叫'礼贤宅'。朕曾经说过,李煜和钱俶谁先归顺大宋我就将这座离宫赐给谁。现在看来,李煜是断无机会了。朕马上就要派兵去讨伐李煜,请你们的国君助朕一臂之力。事成之后,这座离宫就是他的。"

开宝七年(974年)七月,钱文赟奉命到开封,赵匡胤又把赏赐礼贤宅、赐金的诏书交给他,让他带回去交给钱俶。

在南唐的金陵城即将被攻破之际,吴越国进奏使任知果被赵匡胤召见。赵匡胤说道:"你们的国主帮助我大宋打下常州,功劳不可小觑,等平定了江南,朕请他来开封住一段时间。你让他放心,朕绝不强留他。"

任知果回到吴越,将赵匡胤的意思转达给钱俶,吴越新任丞相崔仁冀说道:"大宋现在兵强马壮,宋天子又谋略过人,用兵四方,每战必胜。现在,大宋已经平定了西蜀、荆湘、南汉,就连南唐那么强盛的国家也难逃灭亡,天下的形势已经非常明朗。为了让黎民免受战乱之苦,我们最好还是早日归顺大宋。"钱俶认为崔仁冀的话有道理,便于十二月二十九日到开封为赵匡胤祝寿,并答应了赵匡胤归顺的要求。

开宝九年(976年)正月,赵匡胤封吴越老将沈承礼为威武节度使,以表彰他在围攻润州时的贡献。

钱俶回到吴越,召集文武大臣,商定了归顺日期,即二月十四日。他在北上之前,特意派人将归顺日期告知赵匡胤。赵匡胤非常满意,急忙派长子兴元尹赵德昭前去睢阳迎接。在钱俶入开封之前,赵匡胤还特别贬丁德裕为光州刺史。他曾在对南唐用兵时负责吴越监军,借朝廷的威势,刚愎自用,贪得无厌,给钱俶及吴越军留下了非常不好的印象。

钱俶一家在赵德昭的陪同下进入开封。赵匡胤在崇德殿接见他们,钱俶奉上贡品。之后,赵匡胤命人在长春殿大摆酒宴,为钱俶接风洗尘,钱俶又贡乳香、绢等。另外,为了祝贺大宋平定南唐,钱俶再次送上绵、钱、茶、犀角、象牙、香药等重礼。赵匡胤也不食前言,当即将礼贤宅赐给他。钱俶安顿下来后，赵匡胤亲自来探望，钱俶再次奉上绢、乳香等。

赵匡胤也对钱俶进行封赏：赐钱俶剑履上殿，封其妻孙氏为吴国王妃，命其子钱惟浚宣读诏书。有人劝阻说："自古以来，没有封异姓王的妻子为妃的先例，望陛下三思。"

赵匡胤却大手一挥说："从现在开始，这个先例可以破了，对钱俶这样的功臣，必须特殊关照。"

钱俶在开封居住期间，赵匡胤经常抽出时间陪他们父子在皇宫后苑饮酒、射箭，其他陪同人员也都是王公贵族。钱俶每次给赵匡胤磕头行大礼，赵匡胤都让内侍把他搀扶起来。

有一天，赵匡胤、晋王赵光义、秦王赵廷美、钱俶四人又在后苑饮酒、射箭。赵匡胤看到钱俶身体壮硕，举止沉稳，忍不住笑着赞叹："真是王公之躯啊！"之后，他又让赵光义和钱俶论年龄大小，结拜为异姓兄弟。钱俶惊慌失措，急忙推辞道："臣万死不敢从命。"赵匡胤也不勉强他。

赵匡胤准备去洛阳祭祖，钱俶请求随行护驾，赵匡胤婉拒了。钱俶又请求在开封长住，赵匡胤说道："朕说过，你可以随时返回家乡，只要你不背叛朝廷，朕就保证不会对你用兵。"

钱俶非常感激，请求让自己的儿子钱惟浚留朝伴侍赵匡胤。赵匡胤允诺，在讲武殿设宴为钱俶饯行。席间，赵匡胤催促钱俶说："南北气候差别大，北方现在正值春天，江南已是夏日，你应该尽快启程，免得途中受炎热之苦。"

钱俶请求道："臣感恩陛下，愿三年来一次开封，以瞻圣容。"

赵匡胤说道："吴越离这里有千里之遥，来回一趟舟车劳顿，没事就不要来了，有事时自然会宣你进京。"

当时，朝中许多大臣都认为赵匡胤应该扣留钱俶，然后派兵攻取吴越,但赵匡胤没有听从他们的建议。临行时,赵匡胤命人送钱俶一个黄绢包裹,要他行至途中再打开看。

途中,钱俶打开包裹,里面是那十几位大臣写给赵匡胤要求扣留他并趁机攻占吴越的奏折。钱俶大惊,他感激赵匡胤的宽宥,并认为是自己送给赵匡胤的大量礼品打动了他。从此以后,钱俶每年都向开封朝贡丰厚的礼品。

钱俶对赵匡胤的尊敬绝不仅停留在表面,而是发自内心的。有一天,在处理政事时,他突然命人把案几挪到东侧。一旁的人非常不解,问其原因,他说道:"西北是天子所在的方位,虽然我们隔着千里路程,但我也不能越矩占了这个位置。"为了表示忠心,他到处搜罗能工巧匠,为赵匡胤精心打造各种各样的精美礼品。

开宝九年(976年)十月,赵匡胤突然身亡。他从登基到去世,共在位十七年。在位期间,他俭省节约,勤于朝政,励精图治,使百姓安居乐业,经济发展迅速,社会总体稳定。

纵观赵匡胤一生,其最大贡献主要为以下三个方面:第一,结束了五代以来天下四分五裂的混乱局面;第二,使中国大部分地区恢复了统一;第三,结束了五代时期的暴政,开创了文明与理性的新时代。

赵匡胤生前最大的遗憾就是没有完成一统天下的志愿。为了实现这个愿望,他曾做出许多努力,包括整编国家军队、采取"先南后北"的统一方针、先后多次对北汉发动进攻,这些都是在为收复燕云十六州做准备。他还专门设立了名为"封桩库"的金库,打算用重金赎回失地。若辽国不同意归还土地,则将其用作对辽作战的资金。可惜的是,赵匡胤最终没有等到那一天。

第二节　兄弟之争

　　赵匡胤当了皇帝以后，用一杯酒巧妙地夺回手下大将的兵权，消除了"窝里斗"的风险。之后，他以快刀斩乱麻的方式消灭了南方政权，有效扩大了宋朝的疆土，稳定了民心。经过这一系列的措施，他自认为大权在握，江山稳固，可以高枕无忧了。可是，他不知道，自己的弟弟赵光义正在暗中积聚力量，准备接替皇兄成为皇帝。

　　赵光义原名赵匡义，赵匡胤登基后，为了避讳，才改名赵光义。赵光义比赵匡胤小十二岁，他出生的时候，传说同样赤霞满屋，三日不退。

　　赵光义自幼聪慧好学，文武双全，尤善骑射，十六岁起便跟随父亲征战沙场，使一张弯弓，令敌人胆寒。当时，赵匡胤正在六合打仗，听说了弟弟的英雄事迹，十分高兴，他对手下夸耀说："我这个兄弟长大了肯定比我更有出息！"两年后，赵匡胤随同周世宗北伐，十八岁的赵光义也跟随在哥哥身边，在攻打瓦桥关、瀛洲、莫州时立下大功，得到周世宗的赏识，更得到哥哥的倚重。

　　赵光义二十二岁那年，赵匡胤发动陈桥兵变。赵光义想，要是哥哥当了皇帝，那自己就是皇弟，这可是一人之下、万人之上的位置，是何等的荣耀啊！于是，他积极活动，利用自己特殊的身份，到处拉拢将士，结交豪杰，最后和赵普等人一起将黄袍披在哥哥身上，他也如愿以偿地当上了皇弟。

　　赵匡胤本来就十分喜爱这位弟弟，又感激他的推戴，当然不会亏待他。赵匡胤当上皇帝后，封其为殿前都虞候，领睦州防御使。

　　建隆元年（960年）五月，李筠叛乱，赵匡胤御驾亲征。这时候的他刚坐上龙椅，害怕自己一旦离开，皇位就会被人抢去，便封最信任的

第八章 / 大业未竟身先死

赵光义为大内都点检，留下来看管京师。战争结束后，赵匡胤为了表达对弟弟的感谢之情，提拔其为泰宁军节度使。同年十月，李重进造反，赵匡胤再次御驾亲征，仍然让赵光义"看家"，并封其为大内都部署。赵光义两次看家有功，又是皇弟，因此在次年七月，荣升开封尹、同平章事。

赵光义虽然表面上老实厚道，骨子里却不安分。他当上开封尹后，私欲慢慢膨胀起来，开始在身边培植个人势力，为进一步高升打基础。

朝中大臣刘温叟，为人刚正不阿。按照规矩，皇帝经过，所有百姓都要回避，大臣都要恭迎，刘温叟却例外。据《宋史》记载，有一次，他坐着八抬大轿经过城门楼下，官役们鸣锣开道。当时赵匡胤正站在城门楼上眺望，刘温叟却视而不见，大摇大摆地过去了。对他这种脾性，赵匡胤不仅不计较，反而十分欣赏。

赵光义为了拉拢刘温叟，有一年给他送去了五百两白银。刘温叟不敢拒绝，只好收下。第二年又送给他角黍、执扇。使者打听到去年送的钱还原封不动地存放着，便回去将此事禀报赵光义。赵光义说道："他收下我的东西和钱，是不敢拒绝我，而他一直到现在都没有动用那些钱财，证明他为人正直。"

另外，身为重臣的武将田重进心直口快，性格刚烈，赵光义也多次想要拉拢他，但都被他拒绝。

刘温叟和田重进都是赵匡胤信任的大臣，赵光义对皇帝的心腹尚且如此，对其他大臣更不用说。他在开封城内一手遮天，为所欲为。陶谷在《清异录》中说，赵光义每一次出行，必定"羽仪散从，灿如图画，京师人叹'好一条软绣天街'"。这排场，连皇帝赵匡胤都无法相比。

宋朝僧人文莹在《玉壶清话》中记载，赵光义初当开封府尹的那几年，有一位殿前都虞候曾向赵匡胤进言，大意是，晋王有天子之相，恐怕拥护他的人不在少数。他现在当着开封府尹，纵容手下，恣意妄为，还暗中拉拢天下豪杰，有图谋不轨之心，还望圣上能早做决断。

赵匡胤认为此人挑拨离间，厉声喝道："离间兄弟之事为小人勾当，来人，把他拉出去斩了！"就这样，这位都虞候反丢了性命。

第三节　金匮之盟

金匮之盟，又称为"金柜之盟"，是指赵匡胤的母亲杜太后临终时强令赵匡胤将赵光义定为皇位继承人，并让赵普写成文件藏于金匮的事件。

据说，建隆二年（961年），杜太后身患重病，赵匡胤亲奉汤药，但杜太后的病情丝毫不见好转。杜太后自知将不久于人世，便让赵匡胤把赵普叫到床前，然后问赵匡胤："吾儿，你可记得这皇位是怎么得来的吗？"赵匡胤哽咽不语。杜氏连问几遍，赵匡胤终于回答："毕赖父母祖宗庇荫之功。"

杜氏微微摇头，说："非也，后周皇帝年幼，疏于防备，吾儿才有今日。后周假如有年长的君主，你便难遇良机。为了我赵家的基业长久，在你百年之后，一定要将皇位传给你弟弟。"

赵匡胤应允。

杜太后遂吩咐一旁的赵普把自己的话记下来，写成正式文件，藏于金匮中。

开宝九年（976年）十月，赵匡胤驾崩，理应由赵匡胤的儿子继承皇位，而赵光义却在灵前继位。五年后，赵普为了消除群臣的疑虑，便将那份文件拿出来昭告天下：赵光义不是篡权夺位，而是受命继位。这便是"金匮之盟"典故的来源。

第八章 / 大业未竟身先死

对于"金匮之盟"之说,历史学家们一直有疑问。

第一,当事人是谁?根据司马光《涑水记闻》记载,当初杜太后和赵匡胤、赵普立下这份契约时,赵光义并不在现场。可是,真宗咸平元年(998年)重修的《太祖实录》中,又提到当时赵光义和赵廷美都在现场,兄弟几人一起聆听了杜太后的临终遗言。

第二,杜太后的遗言究竟是什么?《宋史·后妃传》《涑水记闻》《宋史纪事本末》《续资治通鉴长编》中的相关内容都有不同之处。

第三,年龄是否有问题?按照史书记载,杜太后死于赵匡胤登基的第二年,即建隆二年(961年)。那时候,赵匡胤刚刚三十四岁,正是血气方刚的年纪,其长子德昭十岁。赵匡胤去世时,赵德昭也已经二十五岁了。杜太后"不用幼儿而立长君"之语又从何而出?

第四,杜太后是否有干预朝政的能力?杜太后去世时,大宋王朝刚刚建立一年。在此之前,她不过是地位稍高的官家女眷,评价她阅历丰富,有智有谋,这都不足为奇,但是,说她有能力干预朝政,似乎就有些言过其实了。

第五,公布"金匮之盟"文件的时间是否有问题?按照正常逻辑,赵匡胤去世、赵光义继位时,赵普就应该取出那份文件当众宣读,以示赵光义继位光明正大,而不是从侄子手中抢夺了皇位。只有这时候公布文件才能让众臣信服,消除大家的疑惑,而事实是赵匡胤离世五年之后,朝堂与坊间的议论不断,甚至出现了反对赵光义当皇帝的声音,赵光义这才让赵普公布了文件。

第六,"金匮之盟"公布前后,赵光义对赵普的态度为什么截然不同?在赵光义当皇帝前,赵普和赵光义之间存在很深的积怨,两人的关系甚至到了水火不容的地步。赵普看不起赵光义,一直牵制他。曾经有一次,冯瓒给赵光义的幕僚送了一些礼物,赵普知道后,上奏赵匡胤,力主将其处死,但被拒绝。同样,宋琪和赵普的关系较近,赵光义便拒绝见宋琪。赵光义继位后，赵普对其的态度来了180度大转弯。有一种说法是赵匡胤早就有意将皇位传给弟弟赵光义，因此一直培养他，但赵普希望赵匡胤传位给长子赵德昭，为此向赵匡胤提了很多意见，结果得罪了赵匡胤，被贬到河阳。之后，赵光义被封为晋王，在五代十国时期，相当于做了储君。据说，赵普认清了现实，特意给赵匡胤写了一封信为自己辩白。这封信和那份文件一起被藏进了金匮，也和那份文件一起被公布出来。不过，有人怀疑赵普的信是赵光义继位后赵普才写好放进去的，目的是拉近自己和赵光义的关系。

在"金匮之盟"的文件公布前，赵光义曾明明白白地说过"赵普如果还做宰相，我就不能坐皇位"以及"赵普向来与我有不和，众人所知"之类的话。然而，"金匮之盟"事件后，赵光义对赵普的态度突然出现大转折，说"人都有犯错的时候……从今往后，朕知道你是忠诚的"。

太平兴国三年（978年）始修、五年（980年）成书的《太祖实录》中对"金匮之盟"只字不提，而在后来赵光义重修的《太祖实录》中，又有了"金匮之盟"的内容。"金匮之盟"可以说是关乎大宋国家命运的大事，但历史文献往往语焉不详，给后人留下许多疑问。

按照皇家典仪，新帝继位，为了表示对先帝的尊敬，新帝都会在第二年才改年号，赵光义却一反常态，刚继位两个月便将年号改为"太平兴国"。据《皇宋通鉴长编纪事本末》记载，他曾解释："即位之始，览前王令典，睹五代弊政，以其习俗既久，乃革故鼎新，别作朝廷法度。于是远近腾口，咸以为非。至于二三大臣，皆旧德耆年，亦不能无异。朕执心坚固，靡以动摇，昼夜孜孜，勤行不息。"

据《辽史·景宗本纪》记载："宋主匡胤殂，其弟炅自立，遣使来告。""炅"为赵炅，是赵光义在当上皇帝后给自己改的新名。赵光义继位，何以称"自立"？这就完全否定了宋史中记载的"金匮之盟"一事。

赵匡胤有没有可能确实是将皇位传给了赵光义呢？

赵匡胤的父亲去世时，赵匡胤二十九岁，赵光义十七岁，赵廷美九岁。长兄如父，赵匡胤理所当然地承担起照顾两个弟弟的责任。在陈桥兵变之前，赵光义已经跟随哥哥戎马多年，具有一定的处理大事的能力。在兵变中，他积极参与，发挥了十分重要的作用。兵变成功后，赵匡胤当然要格外恩赏他。

赵匡胤独坐天下第一把交椅，难免有疑心病，因此他最需要真心实意的人帮他守住江山。谁最真心实意？当然是至亲的人。这时候，赵廷美和赵德昭还都是不经世事的孩童，根本没有能力帮他，他唯一能指望的就是赵光义。赵匡胤把赵光义留在身边，培养他处理朝政的能力，而赵光义也不负厚望，成为赵匡胤的得力助手。杜太后看到两个儿子的感情深厚，深感欣慰，为了赵家基业着想，有了"金匮之盟"的遗嘱，而赵匡胤又非常孝顺，无论情愿与否，他都不愿让母亲失望。

赵匡胤将皇位传给弟弟，还有一个更深层次的原因，那就是儿子的能力问题。

黄泉路上无老少，赵匡胤从后周的孤儿寡母手中夺过江山，谁也不能保证他不会像周世宗那样英年早逝。为了确保江山永远属于赵家，他必须选一个坚强有力的接班人，这个接班人就是赵光义。因此，他从即位开始，就一直大力扶植赵光义，甚至不惜压制自己的儿子，在位多年都没给儿子封王。赵匡胤去世的时候，他的儿子赵德昭二十五岁，已经成年。他如果这时候继承皇位，也已不是幼帝了，但相比赵光义，赵德昭有明显的缺点。他没有经受过战争的考验，也没有在朝中担任过要职，更谈不上绝顶聪明。在这种情况下，最合适的皇帝人选当然是履历丰富的赵光义了。

五代时期，皇储身份的代表是亲王封号与京城府尹职衔。后梁太祖朱温立养子博王、开封尹朱友文为储君,后唐明宗李嗣源立次子秦王、河南尹李从荣为储君,后周太祖郭威立养子晋王、开封尹柴荣为储君。

赵匡胤建立大宋之后,沿用唐末五代制度,没有太多创新,因此在确立皇储的事情上也受到五代制度的影响。他封赵光义为晋王、开封尹,便是将赵光义当作皇储培养。同样,赵光义即位后,封赵廷美为齐王、开封尹,也是要立他为皇储。不过,赵光义反悔,害死了赵廷美,改封自己的儿子赵恒为寿王、开封尹,后来又将其立为皇太子。由此可以看出,赵匡胤一直将弟弟赵光义视为储君,根本没有传位给儿子的打算。

不过,也有人认为,随着儿子渐渐长大,赵匡胤也有意将皇位传给儿子,因此大力提拔他。就在赵德昭距离封王只有一步之遥的时候,赵匡胤却突然去世。这时候,赵光义在朝中的势力已经形成,无人能撼动,赵德昭想要继位是不可能的。

时光荏苒,千年匆匆而过,金匮之盟的真假,恐怕将成为永久的历史之谜。

功过留待后人评

第一节 虚心纳谏

以铜为镜,可以正衣冠;以史为镜,可以知兴替;以人为镜,可以明得失。这句话用在赵匡胤身上,再合适不过了。他虽然是从战争中走出来的皇帝,但非常明白一个道理——马上得天下,不能马上治天下。他在执政期间,重用文臣,虚心纳谏,甚至还立下不杀大臣和言官的禁令。关于赵匡胤虚心纳谏的故事,史书上有很多记载,其中司马光的《涑水记闻》中就有这样一个故事。

有一天,赵匡胤闲来无事,带着几个贴身侍卫到后花园用弹弓射击鸟雀。他玩得正在兴头上,忽然有太监来报,有一位大臣求见,说有重要的事情汇报。

赵匡胤只得到大殿接见那位大臣。可让他失望的是,那位大臣汇报的并非重要的事情,不过是一些平常小事。他认为自己被大臣戏弄了,非常愤怒,大声斥责道:"朕还以为是什么大事,原来不过是一些琐碎的小事。这样的小事也来劳烦朕,真是多此一举!"

那位大臣挨了骂,却不生气,还辩解道:"陛下,今天微臣汇报的事情虽小,但总比陛下射鸟雀取乐的事情大吧。"

赵匡胤认为,这位大臣是在羞辱自己,禁不住气得暴跳如雷,随手拿起桌案上的东西朝大臣掷了过去,东西不偏不倚地砸在大臣脸上,生生将其两颗牙齿打掉。

近侍见此情景,无不面色大变。被打的大臣却非常淡定,他一手捂住嘴,一手将打落的牙齿拾起来,装进口袋里。

赵匡胤看到大臣的举动,更加生气,责问道:"你这是什么意思?难道要把那两颗牙齿留作状告朕的证据吗?"

大臣强忍着疼痛,不慌不忙地回答:"圣上贵为天子,没有人能状告圣上,但今天所发生的事情,史官们会一五一十地记入《起居注》。至于后人怎么评价这件事,臣也不知道。"

《起居注》是古代的一种史记材料,史官们详细记载皇帝的一言一行,以供后世编写正史所用。赵匡胤想到,如果这件事被写进《起居注》,自己必定会被后人唾骂。为了扭转形象,他急忙向那位挨打的大臣道歉:"刚才是朕一时冲动,犯了大错,让爱卿受委屈了,还请爱卿多多原谅!"之后他又说,"爱卿敢于直言进谏,为众臣表率,理当受到嘉奖,希望你不要计较今天的事情,以后继续进谏。"说完,他便下令赏赐那位大臣,以表歉意。

从此以后,赵匡胤再也不射鸟雀,而是一有时间就和大臣们探讨治国的策略,认真听取他人意见。

乾德元年(963年)二月,赵匡胤有意让弟弟赵光义的岳丈符彦卿统领禁军,但是遭到赵普的坚决反对。赵普认为符彦卿在朝中的地位高、名声响,容易功高震主,不适合再掌兵权。赵匡胤不把赵普的劝告放在心上,依然下达圣旨,提拔符彦卿为禁军统领。然而,圣旨到了赵普手中,他并没有传达,而是揣进怀里到皇宫找赵匡胤。赵匡胤一眼便看出了赵普的心思,说道:"符彦卿的事情,朕已经下过命令,宰相就

第九章 / 功过留待后人评

不要再说了。"

赵普不慌不忙说道："我们先不提符彦卿，说别的事情。"说完，他便从怀里掏出那道圣旨摆在赵匡胤面前。

赵匡胤十分生气，说道："这不还是要说符彦卿的事吗，难道你想抗旨不遵？"

赵普平静地回答："陛下既然让我处理朝政大事，臣就必须知无不言，言无不尽，让陛下权衡利弊，再做决断。"

赵匡胤非常了解赵普不达目的誓不罢休的性格，转念一想赵普也是为了大宋着想，于是怒气渐消，问道："既然这样，那就请赵卿直说，符彦卿为何不可以掌管禁军？"

赵普看到赵匡胤的态度稍转，便直言不讳道："陛下，请恕臣直言，陛下敢确保符彦卿忠心不二吗？还请陛下三思而后行。"赵匡胤听了赵普的这番话，心中一动，于是改变了主意，撤回任命。

赵匡胤曾经立过一块石碑，上面刻着三条戒律，其中一条就是不杀言官。在他执政期间，大臣们只要看到不平的事情，或看到皇帝犯了过错，都会大胆地向赵匡胤提出来。

史书中还记载了这样一则故事。有一天赵匡胤正在后花园里纳凉，礼部尚书窦仪奉命面圣。他到了宫门口，远远看到赵匡胤正坐在一块石头上，衣冠略显凌乱，还赤着双脚，于是就站在原地，不肯近前。

赵匡胤左等右等不见窦仪来，十分纳闷，问身边的内侍道："窦仪为何如此拖沓？快去催一催。"

内侍领了命令，来到宫门口，看到窦仪正站在那里，十分不解地问："大人为何不进去？陛下都等急了。"

窦仪回答："陛下衣衫不整，不合礼制，故臣在门外等候，待皇上衣衫整齐了，我再进去。"

内侍回到赵匡胤身边，将窦仪的话如实相告，赵匡胤非常惭愧，忙整理好衣冠，召窦仪进来。

窦仪到了赵匡胤面前，开口说道："陛下贵为一国之君，当明白以礼示天下的道理。我不过一个朝臣，陛下可以不看重我，但若天下臣民听说陛下如此对待朝臣，恐怕就不会忠于您了。"

赵匡胤立即坐直身子，并向窦仪道歉说："都怪朕一时大意，做出失礼之举，幸得爱卿提醒，朕以后一定注意。"

赵匡胤听说翰林学士欧阳炯善吹竹笛，便想听一听。这件事被御史中丞刘温叟听说了，他面见赵匡胤，开门见山地说："禁署之职，典司诰命，不可作伶人事。"

赵匡胤自知理亏，巧辩道："朕听说欧阳炯在蜀国当宰相时，精通此技，孟昶君臣皆沉溺其中，因此亡国。朕召见欧阳炯，不过是验证传言的真假罢了，不会沉溺其中的。"

刘温叟遂告辞道："臣生性愚钝，不明白陛下的意思。陛下既然能引以为戒，那臣也就放心了。"刘温叟走后，赵匡胤遂打消了召见欧阳炯的打算。

作为一国之君，赵匡胤日理万机，要处理的事情多如牛毛，其虚心纳谏之事无法一一列举。正因为如此，他在位十九年间，大宋王朝得以统一天下，并快速发展。

第二节　为国守财

赵匡胤是个非常"接地气"的皇帝，他虽然出生于战将世家，但年少时没有享受过官宦人家的富贵生活，反而因为遭遇动乱，早年时常陷入困窘之境。成年后，他又流浪江湖，历经沧桑，尝遍了人间冷暖，因此他十分了解百姓的疾苦。从军后，他虽然享受朝廷俸禄，但因为性格豪爽、乐善好施，所以生活依然清贫，最困难的时候衣食难以为继，需要依靠朋友的接济渡过难关。这些经历使他养成了吃苦耐劳、俭省节约的好习惯，而且这种习惯伴随他的一生。

赵匡胤当了皇帝以后，有大臣进言，应该重新装修皇宫以表新朝气象，但他坚决拒绝了。后宫中的窗帘仍然是最便宜的青布，家具也都是最简单的。他身上穿的衣服很少用珍贵面料制作，和普通小吏没什么区别。在历代帝王中，这是鲜有的事情。

在南宋周密所作的史料笔记《齐东野语》中记录了这样一则有趣的故事。赵匡胤寝殿的房梁坏了，必须更换。主管的官员写了奏章，请求动用府库中一根合抱粗的木材。这根木材又粗又大，不但要截短一部分，还必须缩小它的直径。赵匡胤认为太浪费，就拿起御笔，写下一行表示反对的字。主管的官员看到，立即改变原定计划，重新寻找木材。

赵匡胤执政十多年，出行一向从简，他所乘坐的交通工具只有两种——马和轿。他所乘坐的轿子还是周世宗的遗产，装饰简陋，和他的身份截然相反。

有一天，他的女儿永庆公主问他："父皇，您如今贵为皇帝，竟还坐这样的轿子，实在太寒酸了，为何不用黄金好好地装饰一下呢？"

赵匡胤不以为然道："要说装饰，凭国库里的财富，别说小小的一顶轿子，就算装饰整个皇宫也没问题。可是，国库里的财富不是朕一个人的财富，而是天下老百姓共同的财富，朕不过是替他们看守罢了。古人说过，皇帝之职在于治理天下，而不是让天下百姓侍奉皇帝一人。朕如果一味贪图享乐，那老百姓还会拥护朕吗？"永庆公主听了这话，沉默不语。

不久后的一天，永庆公主穿着一件用五彩金丝缝缀着孔雀羽毛的新衣在后宫玩耍，恰巧被赵匡胤看到。他很不高兴，沉着脸说："快把衣服换下来，以后再不许穿。"

永庆公主心中很委屈，不服气地说："我是公主，穿得好一点又怎么了？父皇何至于这般不悦？"

赵匡胤更加生气，说道："你只知道穿花衣，可知道做这件衣服要花费多少人力、物力吗？如果人人都跟你一样，全国又有多少资财要浪费？你既然是公主，就要以身作则，为天下人起到示范作用。"

永庆公主听完后，明白了父亲的良苦用心，当即回去换下那一身华丽的衣服，从此以后只穿普通衣服。

开宝二年（969年），北宋和北汉交战。这年的七夕节，赵匡胤特意给太后和皇后准备了礼物——太后三贯钱，皇后一贯半（千钱为一贯）。

为了节省财政开支，赵匡胤尽量减少后宫侍从的人数，仅留下宦官五十多人，宫女二百多人。即便这样，他仍然嫌多，又将五十多个自愿出宫的人送回家中。

赵匡胤不仅对亲人要求严格，更严于律己。据说，有一天夜里，他忽然很想吃羊肝，却一直犹豫着不肯吩咐下去。身边的人看出了他的心思，便说道："陛下若是腹饥了，想吃什么尽管吩咐，奴才这就去安排。"赵匡胤微微一笑说："朕如果说出来，必然有一头羊要被杀死，还是不说为好。"之后，他又躺下继续睡觉。

和赵匡胤形成鲜明对比的是其他几个小国的国君，他们在生活上一个比一个奢侈。后蜀被消灭后，国库里的珍宝要被悉数运到开封，这项工作足足花了十年时间才做完。期间，负责押运的官员得到一件镶着七彩宝珠的便器，便将它献给赵匡胤。赵匡胤看了十分生气，当场命人砸烂，说道："一个便器就这么豪奢，这样的皇帝岂有不亡国的道理！"

吴越王钱俶非常崇拜赵匡胤，他特意给赵匡胤定制了一条宝犀带。赵匡胤看后又还给他，并幽默地说："朕现在已经有三条宝带了，每一条都比你的贵重，这条就免了吧。"

钱俶非常好奇，说道："陛下的宝带定是罕见珍宝，不妨取出来让

第九章 / 功过留待后人评

我这粗野之人开开眼界。"

赵匡胤开怀大笑道:"朕的这三条宝带,一条为汴河,一条为五丈河,一条为惠民河,你说金贵不金贵?"钱俶恍然大悟,顿觉万分惭愧。

在南汉,刘龑倾全国之力建造了一座豪华无比的昭阳殿。他的孙子刘鋹更是有过之而无不及。用十二条铁柱作为支撑,建造了乾和殿,之后又建了一座万政殿,仅一根柱子的费用就是三千两白银,殿壁更是用白银和云母装饰。为了满足其宠妃的特殊爱好,他下令南汉渔民潜入深海寻找宝贝。他的奢侈作风导致民怨沸腾,国家陷入贫困,并最终走向灭亡。

赵匡胤正是看到了这一点,才非常节俭。他当上皇帝以后,为了改掉皇亲贵胄间奢侈腐化的不良风气,要求所有官员都节约自勉。绝大多数官员都能积极响应他的号召,奢靡之风得到明显遏制。在他执政期间,州官上任时大摆宴席、迎来送往的场面明显减少,甚至有很多小官穿着草鞋,拄着木杖,徒步上任。

赵匡胤这种勤俭节约的精神,为大宋王朝营造了健康向上的社会风气,也积累了大量的财富。另外,他还通过征服其他几个弱小国家,获取了大量金银财宝。他将这些财宝聚集在一起,堆满了三十余座国库。这些财宝在后来的赈灾、维护国家安定,以及对外战争上发挥了很大作用。

大宋建立之初,灾害频发,多地百姓受害。为了解救这些百姓,赵匡胤多次下诏,从京城调运粮食和钱财分发到受灾地区,起到了安抚民心、维护国家稳定的作用。

除了这些,赵匡胤还有一个更加伟大的构想,那就是用他辛苦积攒的财富换回被石敬瑭拱手让给辽国的燕云十六州。

大宋刚建立时,军队人数远不及辽国,且大多是步兵,而辽国则拥有几十万铁骑。从兵力上说,大宋根本不是辽国的对手。赵匡胤深知欲速则不达的道理,便开始积聚力量,为收复失地做准备。他每年都要节省下来一大笔资金,将其存在单独的仓库里,名为"封桩库"。他要用这笔钱和辽国谈判,高价赎回失地,如果谈判不成,就将其当作战备资金。可惜的是,赵匡胤壮志未酬便含恨早逝。

第三节　太祖誓碑

关于"太祖誓碑"的故事,叶梦得所著的《避暑录话》中有相关记载。

宋太祖于建隆三年(962年)曾密镌一碑,树立于太庙寝殿的夹室中,谓之誓碑。平时门钥封闭甚严,誓碑用肖金黄幔遮蔽,任何人都不得入观。宋律明文规定,太庙的门平时严禁打开,只能在四季祭奠和新皇帝继位的时候打开。皇帝先在门外祭拜,然后由一个不识字的黄门官陪同进入夹室,对石碑行叩拜大礼,跪瞻默诵之后,再拜而出。因为这一切都是秘密进行的,所以群臣及近侍都不知道誓碑的具体内容。北宋各代皇帝终生保守秘密,没有一人泄露。北宋灭亡前夕,金军攻入京城,大肆抢掠。有几个金兵砸开太庙夹室的门,想搜寻里面藏着的宝贝,却看到里面竖着一块高七八尺、宽四尺有余的石碑,上面刻录三条誓词:一、柴氏子孙如果犯了罪,不得加重刑罚,即便是叛乱之罪,最多在狱中赐其自尽,不得在集市上行刑,更不能连坐;二、不得杀士大夫,以及上书劝谏的大臣;三、子孙后代有违背此誓言者,必遭天谴。太祖誓碑的秘密直到这时才被发现。

据史料记载,宋太祖赵匡胤发动陈桥兵变后,成功登上了皇位。坐上了第一把交椅,他在感到荣耀的同时,也心怀愧疚。他和先帝周世宗关系密切,亲如兄弟,周世宗待他恩重如山,而他却从周世宗的遗孤手中夺取了江山。事已至此，他后悔也没有用，只能想办法补偿。于是，他立下契约，并将之刻在石碑上，警示子孙后代。如果说誓碑的第一条告诫是为了表达悔过之意，后面的告诫则体现了一代帝王的宽厚胸怀，这在中国历代帝王中是独一无二的。

据说，赵匡胤酷爱读书，行军打仗时也要随身携带书籍，一有空闲便拿出来读。他当初跟随周世宗攻打淮南时，就随军带着几辆马车的东西。有人传言车上载着的是他搜刮来的钱财，便跑到周世宗那里告状。周世宗不信，派人检查，结果是几车书。

赵匡胤自己喜爱读书，所以也特别看重文人，他登基以后，大力推行文人治国的政策方针。他曾对赵普说过："五代方镇残虐，百姓深受其害，朕以干练儒臣百余人，分治大藩，即便都是贪浊，也比不上一个武将。"

这项措施反映了赵匡胤的两层考虑：一是文臣即便掌握了兵权，也不懂得如何使用，因此对皇权不构成威胁；二是文人大都守礼，处事的方式相对温和，可以起到稳定人心的作用。

沙场征战多年，赵匡胤还有一个最大的优点，那就是打仗时坚持不杀降将。这点从他对待后蜀主孟昶和南汉主刘鋹的事件中就看得出来。当时很多大臣都建议赵匡胤将他们杀掉，以绝后患，赵匡胤非但不杀，还训斥那些人道："汝好雀儿心肠！"

有一个很具代表性的故事足以说明赵匡胤心胸宽广。他刚即位不久，有一天和大臣们从后花园经过，刚好看到一个宫女经过，怀里抱着一个婴儿。赵匡胤不认识，命人叫来询问。原来宫女所抱婴孩是周世宗的小儿子柴熙诲，赵匡胤便问左右大臣道："众卿都说说，这个孩子该如何处置？"

赵普等人纷纷回答："这是周室余孽，一定要杀掉。"赵匡胤摇头说："朕已经夺了柴家的江山，如果再杀人家的儿子，就太不讲道理了。"

赵匡胤又征求一旁潘美的意见，潘美耍滑头，说道："末将与陛下都曾跟随周世宗南征北战。末将今日若说杀了他，便对不起以前的主君；要说不杀，现在的主君又怀疑我。"

赵匡胤对潘美意味深长地笑了笑，便把那婴儿指给潘美做了养子，以后再也没有提起过。

清代史学家赵翼在《廿二史札记》中有"宋待周后之厚"这一说法。赵匡胤当了皇帝后，封柴宗训为郑王，把他和符太后迁到西宫居住，并在西京为他们建造祖庙，命周氏正宗按时节祭祀，每年还派人到周太祖、周世宗陵前祭拜。建隆三年（962年），他又将柴宗训迁往房州。开宝六年（973年），柴宗训过世，赵匡胤虽然贵为皇帝，但仍然身穿缟素，亲自为其送陵，并下令全体官员为其守孝十天（一说五天），以示哀悼。

在对待文人方面，赵匡胤也显示出宽阔的胸怀。翰林学士陶谷为三朝老臣，赵匡胤执政时，他负责起草各种文书公告。起初，他办事认真负责，但随着他的资格越来越老，人也变得越发懒惰起来。他每次起草文书，总是拿以前的文件套用，只拣重要的地方修改几个字，敷衍了事。时间久了，赵匡胤就对陶谷有些失望，并作诗嘲笑道："堪笑翰林陶学士，年年依样画葫芦。""依样画葫芦"这句话很快就流传开来，成为一个俗语。尽管这样，赵匡胤依然厚待陶谷。

王著是后周时期的大才子，后来跟随赵匡胤。有一次赵匡胤宴请群臣，王著借酒耍疯，以发泄对赵匡胤的不满。有人建议治他的罪，赵匡胤却大手一挥说："王著不过是怀旧，无他。"如此轻描淡写地处理了这件事。

从以上这些例子不难看出，在赵匡胤执政期间，文人享有优厚的待遇。像大宋皇帝这样优待亡国之君的后代和文人的，在中国几千年的封建历史上可谓绝无仅有。

第九章 / 功过留待后人评

第四节　文治盛世

赵匡胤在位期间，一直坚持的治国方针就是扬文抑武，即重用文臣，抑制武将。正是他的这一独特思想，开创了自唐太宗以来又一个太平盛世。

自五代起，国家四分五裂，朝代频繁更换，黎民饱受战乱之苦，社会经济严重衰退。造成这种局面的根本原因便是唐朝中后期实行的藩镇制度。各地节度使拥兵自重，朝廷失去了对他们的控制，以致地方势力严重威胁到皇权。赵匡胤吸取了这一教训，为了使刚建立起来的大宋王朝能够长治久安，采取了削夺禁军将领和藩镇兵权的策略。这样一来，便形成了强干弱枝、内外相维的局面。之后，他又加强禁军的训练，整顿军纪，将那些平时高傲自大的将领们收拾得服服帖帖，巩固了皇权。没有了兵权，那些旧藩镇再也兴不起大浪，对朝廷也没有威胁，国家就没有分裂的危险，百姓不再担心发生战争，安心生产，过上了太平的生活。

赵匡胤所推行的选用人才、惩治贪污、减轻刑罚、奖励生产等一系列措施，在很大程度上缓和了社会矛盾，增加了大宋的人口数量，扩大了垦田面积，为大宋王朝的长久统治打下了基础。乾德四年（966年），赵匡胤曾下诏书说："今年风调雨顺，农民收成很好，生活富裕。"由此可见，在他统治的末期，大宋的经济已经得到很好的发展，社会秩序也稳定下来。

另外，没有了战争，国家也可以将更多的物力、人力投入到基础建设当中，比如兴修水利、巩固边疆建设等，这些都对政权的稳固、经济的发展有至关重要的作用。

不过，还应当看到的是，赵匡胤所采取的一系列措施虽然在很大程度上推动了经济发展，但也带来不小的负面效应。许多重要商品都垄断在官府手中，控制规模超过了五代时期，成为统治阶级获取巨额财富的有效手段。出现这种情况，主要有两方面的原因：一是赵匡胤减轻农民负担后，国家财政收入减少，为了弥补这方面的损失，他将目光转向了商业方面；二是五代后期、宋朝初期的商业取得了一定发展，让统治阶级看到了增收的希望，于是利用专卖和商税增加国家财政。

另外，赵匡胤采取的"强干弱枝"的政策，虽然加强了中央集权，但他剥夺将帅的权力，致使军队的战斗力低下，无法抵御外敌入侵。这一点在赵匡胤统治时期就已经表现出来。起初，赵匡胤打算用大量金钱向辽国赎回土地，但始终不见行动。后来，辽国主动向宋提出建交，赵匡胤本来可以利用这一时机向对方提出归还领土的要求，然而，他不仅没有那样做，还打算迁都洛阳。

不过，从赵匡胤的初衷而言，他还是想收复失地的，为此他在位期间也多次对北汉发动战争，希望逼迫辽国妥协，不过都以失败而告终。在他执政的最后一年，大臣们要给他上尊号，名为"广运一统太平圣文神武明道至德仁孝皇帝"，他却说："北汉还没有平定，燕蓟还没有收复，怎么算是'一统'呢？"因此，他拒绝了尊号，这也说明他对不能收复燕云十六州的失望和不甘心。

概括起来，赵匡胤所在的时代，正是中国在经历了大半个世纪的混乱之后，社会经济刚刚出现转机，社会各阶层都希望统一的时期。他所处的中原地区，经过周世宗的统治，已经具备了统一的基础。他适时抓住了这一有利时机，顺应历史发展的潮流，建立了一个相对稳固的统治政权，并争取了全国百姓的支持，发动了声势浩大的统一战争。同时，他又采取一系列措施，强化中央集权，革除了五代时期残留的弊政，推出许多积极的惠民措施，推动了经济的发展。在他统治期间，国家长期分裂的局面基本结束，边疆地区的安全得到巩固，百姓拥有了安定生产的优良环境，宋朝的经济、文化等事业达到了历史的顶峰。

不过，我们必须看到，由于历史的局限性，以赵匡胤为代表的统治者本质仍然是为少数的地主阶级服务的，我们在肯定他功劳的同时也不能忽视他的过错。赵匡胤制定的各种制度，被他后来的继任者进一步发展，其消极影响渐渐暴露出来，导致宋朝长期羸弱。

所谓金无足赤，人无完人，赵匡胤也一样。他就像一颗流星，在历史的长河中一闪而陨落。